说著

芜湖数风流

胡传志◎主　编
沈世培◎副主编

安徽师范大学出版社
ANHUI NORMAL UNIVERSITY PRESS

·芜湖·

U0746725

图书在版编目(CIP)数据

说著芜湖数风流 / 胡传志主编 ; 沈世培副主编 .

芜湖 : 安徽师范大学出版社, 2024. 12. -- ISBN 978-7-5676-7050-1

Ⅰ. K820.854.3

中国国家版本馆 CIP 数据核字第 2024HC6606 号

说著芜湖数风流　　　　　　　　　　　　　　胡传志 主编　　沈世培 副主编

SHUOZHU WUHU SHU FENGLIU

策划编辑 : 李克非

责任编辑 : 李克非　　　　　　　责任校对 : 胡志恒

装帧设计 : 王晴晴　汤彬彬　　　责任印制 : 桑国磊

出版发行 : 安徽师范大学出版社

　　　　　芜湖市北京中路2号安徽师范大学赭山校区

网　　址 : http://www.ahnupress.com/

发 行 部 : 0553-3883578　5910327　5910310(传真)

印　　刷 : 江苏凤凰数码印务有限公司

版　　次 : 2024年12月第1版

印　　次 : 2024年12月第1次印刷

规　　格 : 700 mm × 1000 mm　1/16

印　　张 : 24.25

字　　数 : 364千字

书　　号 : 978-7-5676-7050-1

定　　价 : 139.00元

凡发现图书有质量问题,请与我社联系(联系电话:0553-5910315)

编委会

前　言

　　为全面学习贯彻习近平新时代中国特色社会主义思想，深入贯彻落实习近平总书记考察安徽重要讲话精神，进一步促进芜湖历史文化保护传承，中共芜湖市委宣传部牵头联合有关部门编纂了《说著芜湖数风流》一书。这本书收录了历史上生于斯、长于斯或在芜湖生活、流寓的百位名人的功绩，不仅是一部记录历史、传承文化的宝贵资料，更是一本弘扬正能量的励志篇章。

　　芜湖位于安徽省东南部、长江下游，是安徽省域副中心城市、长三角中心区城市，总面积6009平方公里，常住人口375.6万人。文字记载的历史已有2500多年，自古享有"江东名邑""吴楚名区"之美誉，长江文化、开放文化、徽文化在此交融，孕育了芜湖丰富又独特的历史文化，形成了芜湖"开放、诚信、务实、创新"的城市品格。这里学风浓厚，自古以来博大精深的民族文化传承绵延，育士取才，不同领域的精英人物脱颖而出，代不乏人，造福桑梓，功业昭昭；这里半城山半城水，风景秀美，是古人眼中的诗意之地，歌之咏之，名篇迭出，华美诗章，令人赞叹；这里作为中国第一批对外开放的港口城市，敢闯敢试、敢为人先的优良传统代代延续；这里深厚的红色基因书写壮丽革命历史，所体现的勤劳朴实、开放包容、崇尚教育以及勇于创新等特点，融汇成具有芜湖特色和区域竞争力的发展优势。

本书收录的百位名人，他们的生平功绩或道德文章构成了芜湖历史文化基因的一页，他们生动演绎的辉煌人生篇章，在芜湖的历史画卷上留下浓墨重彩的一笔。他们的付出和奉献，芜湖人民不会忘记，时代更不会忘记。

我们自信，站在新的历史起点，全面推进长江国家文化公园（芜湖段）建设，以"设计感、娱乐感、意义感""故事力、交响力、共情力"的全新思维打造安徽省域副中心，奋力谱写中国式现代化芜湖篇章。我们相信，芜湖的明天一定能飞得更高、更远，这是全市人民砥砺前行、奋发有为的坚定信念与决心。我们坚信，会有更多英才在芜湖这方热土奋发有为、大展宏图，成长为时代的佼佼者，在芜湖土地上留下永不磨灭的记录。

中共芜湖市委宣传部

2024 年 12 月 2 日

目　录

纵横政坛 // 079

驰骋疆场　//154

杜牧：说著芜湖是胜游

◇ 胡传志

北宋初年，以梅妻鹤子闻名的西湖处士林逋经过芜湖，想起晚唐著名诗人、池州刺史杜牧，说："诗中长爱杜池州，说著芜湖是胜游。"（《过芜湖县》）杜牧说了什么，激起他这位高人的"长爱"？可惜在杜牧现存诗歌中，只有一首诗歌题目含有芜湖却未写芜湖胜景。林逋所言一定有所依据，我们可以从其他诗中窥见杜牧笔下芜湖胜景之一斑。

五载工作地

杜牧（803—852）曾经两度在宣州任职。第一次是大和四年（830）九月，进入宣歙观察使沈传师幕僚，三年后，转赴扬州；第二次是开成二年（837），他应宣歙观察使崔郸的邀请，任宣州团练判官，两年后回长安。前后五年多时间，杜牧往返宣城途中，都要经过芜湖。开成四年（839），杜牧从宣州回长安，再次停泊芜湖，写下一首长诗，题为《往年随故府吴兴公夜泊芜湖口，今赴官西去，再宿芜湖，感旧伤怀，因成十六韵》，题目中的吴兴公是吴兴（今浙江湖州）人沈传师，芜湖口相当于芜湖码头。

更重要的是，今天的芜湖市（除无为市外）当年都隶属于宣州。两任宣州幕僚期间，出于工作需要，杜牧一定频繁往来于芜湖。只不过当时芜湖是个城镇级的小地名（五代时才恢复芜湖县建制），李白诗中多次写南陵，一次未写芜湖，杜牧诗两次提到南陵，只有一首提到芜湖，原因即在此。

两首南陵诗

姜夔说，杜郎俊赏，豆蔻词工。这位长安贵介公子极具才情，他多次路过南陵，或在南陵处理公务，现存两首与南陵相关的诗歌，都是具有很高审美价值的精品佳作。

第一首《南陵道中》："南陵水面漫悠悠，风紧云轻欲变秋。正是客心孤迥处，谁家红袖凭江楼。"首句写景，切合南陵河湖众多、地势平坦、水面开阔的特点，同时暗含漂泊不定之感慨，次句写天高云淡、由夏变秋的季节，能引发飘忽不定的身世感慨，激起悲秋的传统感叹，从而引起第三句漂泊他乡、孤独无聊之情。末句是点睛之笔，在青山绿水之中，一位红袖佳人、凭楼远眺，这一画面明艳亮丽，既能给单调的旅途带来一些慰藉，又能点燃起他温柔浪漫的遐想，从而加重其"孤迥"之感。该诗题目又作《寄远》，说明这一凭楼女子让他思念起远方的佳人。

青弋江与长江交汇处（曹峰 提供）

第二首《寄扬州韩绰判官》："青山隐隐水迢迢，秋尽江南草未凋。二十四桥明月夜，玉人何处教吹箫。"长期以来，人们普遍认为这首诗作于扬州，但扬州不在江南。据戴伟华教授考证，该诗作于南陵。"青山隐隐水迢迢"正是由江南水乡向皖南山区过渡的地理面貌，与我们今天所说的"半城山，半城水"相似。"秋尽江南草未凋"，是南陵给这位长安公子的突出印象，揭示了南陵不同于北方的气候特点。"秋尽江南"，似乎寒意逼人，"草未凋"，却依旧温暖，先抑后扬，感情绵长。后两句是对扬州友人韩绰的美好思念。

一腔离别情

开成四年（839），宣州判官裴坦离开宣城，前往舒州（今安徽潜山），杜牧也即将回长安，杜牧作诗为他送行，其中第二联是名句："九华山路云遮寺，青弋江村柳拂桥。"（《宣州送裴坦判官往舒州，时牧欲赴官归京》）上句展望裴坦的行程，九华山路方向，沿途多寺庙，云雾掩映，若隐若现；下句想象自己的归途，青弋江方向，沿岸多村庄，杨柳依依，画面鲜明，似有不舍之意。两句一写他人，一写自己；一写山程，一写水驿，对仗工整而自然。杜牧将沿着青弋江一路北上，到达芜湖，再北归长安。

据徐乃昌《南陵县志》卷四十八记载，光绪二十九年（1903），南陵出土一块石碑，刻有"柳拂庵"三字，下书"樊川杜牧题"。很可能，先有杜牧前引诗歌，后有新建的柳拂庵，杜牧受邀为其题名。不管这一推测是否符合实际，这方石碑都反映了芜湖人民对杜牧的怀念之情。

署名杜牧所题的"柳拂庵"

李白：诗赞芜湖山水与人物

◇ 胡传志

芜湖是南来北往、东下西上的交通要道，李白（701—763）往来金陵、扬州、宣州、池州，北上长安、东鲁等地，经常需要路过芜湖。李白平生多少次经过芜湖？难以确考，或许接近十次。他共留下20篇左右与芜湖相关的不朽之作，芜湖的山水、人文，何其有幸！

七写天门山

开元十三年（725），李白自四川顺江而下，第一次到达芜湖，发现两大山水"奇踪"：一是长江突然九十度转向，由大江东去变为大江北上；二是天门山一分为二，成为夹江对峙的东梁山、西梁山。他情不自禁地写下了辞采飞扬的《望天门山》："天门中断楚江开，碧水东流至此回。两岸青山相对出，孤帆一片日边来。"他在江中船上眺望天门山，由远及近，天门山慢慢出现在眼前，一左一右，如同打开的天门在迎接他

故宫南薰殿旧藏李白画像

这位大诗人。"孤帆一片日边来"，交代自己的行踪（从西边落日方向过来），叙事与写景结合，将自己置于芜湖山水间，丰富了山水内涵，很好地抒发他初见天门山的兴奋喜悦之情。

李白因此爱上天门山。他的《姑孰十咏》（天门山唐时属于当涂县）有

一首同题诗《天门山》："迥出江山上，双峰自相对。岸映松色寒，石分浪花碎。参差远天际，缥缈晴霞外。落日舟去遥，回首沉青霭。"这首五律比较平稳，似是从下游往上游行驶，"参差远天际"两句写出东、西梁山有所错落、美出天际的景观。

李白格外喜欢天门山的月光。南陵常赞府曾陪同他游览当涂一带，他们载歌载舞，"歌动白纻山，舞回天门月。"（《书怀赠南陵常赞府》）直到月落才尽兴而返。他欣赏天门山晓月，"月衔天门晓，霜落牛渚清"（《献从叔当涂宰阳冰》）。他还在江上"玩月"，"进帆天门山，回首牛渚没"（《自金陵溯流过白璧山，玩月达天门，寄句容王主簿》）。然而天有不测风云，《横江词》（其四）写狂风下的天门山："海神来过恶风回，浪打天门石壁开。浙江八月何如此？涛似连山喷雪来。"这场台风掀起的滔天巨浪，仿佛要撕开天门山的石壁，壮观澎湃的程度，甚至超过了举世闻名的钱塘江八月大潮。

除了上述诗歌之外，李白还专门写了篇散文《天门山铭》："梁山博望，关扃楚滨。夹据洪流，实为吴津。两坐错落，如鲸张鳞……"

天门山，东梁山位于芜湖市鸠江区，西梁山位于马鞍山市和县（姜辉 提供）

十题南陵

李白写芜湖市最多的地方是南陵县。仅题目中有"南陵"二字就有以下十篇：《书怀赠南陵常赞府》《于五松山赠南陵常赞府》《与南陵常赞府游五松山》《纪南陵题五松山》《南陵五松山别荀七》《江夏赠韦南陵冰》《寄韦南陵冰余江上乘兴访之遇寻颜尚书笑有此赠》《南陵别儿童入京》《送通禅师还南陵隐静寺》《酬张卿夜宿南陵见赠》。此外，《别内赴征三首》也可能作于南陵。唐代南陵属于宣州，辖今天的南陵、繁昌和铜陵部分地区。

李白是天下争抢的资源，上述诗中《南陵别儿童入京》《酬张卿夜宿南陵见赠》的写作地点就存在争议。有些学者认为南陵是山东曲阜的一个村庄，最关键的依据是《酬张卿夜宿南陵见赠》开头四句"月出鲁城东，明如天上雪。鲁女惊莎鸡，鸣机应秋节"，所写为鲁地风物，以此证明南陵在山东。张卿其人其诗都已失考，但将此这四句理解为张卿夜宿"南陵"所见景象，未必妥当，我们完全可以将之理解成李白在鲁地所见的景色。接下来的四句写双方相思之情："当君相思夜，火落金风高。河汉挂户牖，欲济无轻舠。"以银河阻隔来比喻，足见二人相距遥远。所以，此南陵不可能在李白山东住所附近，还是芜湖南陵更加合理。

其实，撇开具体的纷争，以常情推测，一个人笔下的同一地名，怎么可能是一南一北、一大一小的两个地方呢？更何况有山东学者通过实地考察、查阅文献，断言东鲁没有南陵这一地名。

李白的南陵诗涉及两座山（不包括今天属于铜陵的五松山）。

一是五华山（唐时位于南陵县，今属繁昌区），山中有隐静寺。《送通禅师还南陵隐静寺》兼写五华山和僧人："我闻隐静寺，山水多奇踪。岩种朗公橘，门深杜渡松。道人制猛虎，振锡还孤峰。他日南陵下，相期谷口逢。"前四句想象五华山景色。朗公是晋代禅师法朗，杜渡是创建隐静寺的南朝高僧，李白借他们写隐静寺参天的古树，悠久的历史，五六句称赞通禅师能降伏老虎的法力，兼及其行踪，最后相约未来，南陵山谷再相见。

二是寨山。据民国文献学家徐乃昌所撰《南陵县志》记载，李白在寨山（今南陵何湾镇）与客人饮酒时，接到诏命，当即创作《南陵别儿童入京》，"白酒新熟山中归，黄鸡啄黍秋正肥。……仰天大笑出门去，我辈岂是蓬蒿人"，激动之情，溢于言表。晚唐宣州刺史骆知祥曾命人将此诗刻石于寨山之上。

南陵寨山，传为李白寓居地（南陵县委宣传部 提供）

至于南陵人物，除卜面的通禅师之外，李白还写到两位地方官员。

一是常赞府，姓常的南陵县丞，他曾经陪同李白游览当涂凌歊（xiāo）台、铜陵五松山一带，李白称之为"名贤"，"远客投名贤，真堪写怀抱"；引为"同心人"，"愿君同心人，于我少留情"，"当时何特达，独与我心谐"。

一是南陵县令韦冰。韦冰曾任鄠（hù）县县令，与李白是故交。李白称他为"风流贤主人"。乾元二年（759），李白流放夜郎遇赦回到武昌，意外遇见韦冰，"惊喜茫如堕烟雾"，听到韦冰的一番"清论"之后，更是豁然开朗，"有似山开万里云，四望青天解人闷"。可见，这两位南陵地方官不仅给李白以物质资助，还给李白以精神宽慰。

安史之乱前夜，李白"窜身南国避胡尘"，来到宣州（包括南陵）。皖南的山水、人文成了他身心安顿之所，他最终病故当涂，长眠于芜湖附近的大青山。

梅尧臣：往来芜湖的邻家诗人

◇ 胡传志

梅尧臣（1002—1060）是北宋初年的著名诗人，被称为宋诗的开山之祖。他还是宣城庞大的梅氏家族的代表人物。无论是早年随叔父梅询宦游各地，还是中年任职河阳（今河南孟州）主簿、至德（今安徽东至）县令、尚书都官员外郎，都要经过芜湖。有时从家乡出发去外地，有时从外地回家乡探亲或守孝，有时是路过芜湖，有时则是专程来芜湖。究竟来过多少次芜湖？由于文献不全，难以确考。现存30首与芜湖相关的诗歌。

芜江景观奇

梅尧臣北上南下，以乘船为主。他称芜湖段长江为"芜江"，江行途上，他经常记录沿途风景、天气与风物。且举两例。

庆历八年（1048）夏天，梅尧臣偕夫人刁氏从汴京回宣城，到了芜湖四褐山，遭遇大风，卷起巨浪，"江心看白浪，卷起大于船"（《过褐山矶值风》）。傍晚时分，不得不停泊在褐山矶下，以求安全。好在有江景可观，"岸潮生蓼节，滩浪聚芦根"，更有江蟹下酒，"篙师知蟹窟，取以助清樽"（《褐山矶上港中泊》）。船工很内行，能够在风浪岸边，轻易发现螃蟹洞穴，捕获江蟹，作为美味晚餐。

皇祐五年（1053）秋天，梅尧臣嫡母束氏在汴京去世，这年冬天，梅尧臣将她的灵柩运回宣城，到当涂时，又遇大风，在波涛汹涌的宽阔江面，自下游往上游看前面的天门山，与李白所见的景象大不相同，他说："东梁如印（áng）蚕，西梁如游鱼。二山夹大江，早暮潮吸嘘。"（《阻风宿大信口》）。芜湖这边的东梁山像仰起身子的蚕，和县那边的西梁山像是江中的一条游鱼，两山夹江，潮起潮落，这是独特视角下的奇特景观。风停之后，梅尧臣一早再出发，"霜泥黏缆尾，冰水阁潮痕"（《早发大信口》）。

四褐山，位于芜湖市鸠江区（姜辉 提供）

隐静风情美

隐静山现名五华山，位于芜湖市繁昌区平铺镇，地处芜湖与宣城之间，因隐静寺而闻名遐迩。隐静寺为梁代高僧杯渡禅师所建。梅尧臣游览隐静山，与隐静寺几位僧人交往，主要在两次宣城守孝期间。

第一次在皇祐元年至皇祐三年（1049—1051），梅尧臣为其父亲梅让守孝。这期间，梅尧臣与隐静寺达观禅师昙颖、怀贤等僧人多次来往，留下十余首相关诗歌。

当年隐静山枇杷、野橘之类果树众多，猕猴成群结队，聚集于此。可奇怪的是，人们盛传，自从昙颖禅师入住隐静寺之后，猕猴都"散走不来"。难道昙颖与猕猴相克？人言可畏，昙颖请梅尧臣写诗为他辟谣。梅尧臣称这是自然现象，猕猴有果则来，无果则去，"居人切莫讹"，待枇杷等果实陆续成熟之后，猕猴自然再回来，昙颖禅师"未尝嫌此物，任挂古松柯"（《达观禅师昙颖住隐静兰若……》），颇有些爱护野生动物的意味。梅尧臣又作诗送他归山，昙颖归山后赠送梅尧臣茶叶、枇杷和诗歌，梅尧臣一一予以回应。梅尧臣收到一些尚未成熟的青青枇杷，作出善解："五月枇杷实，青青味尚酸。猕猴定撩乱，欲待熟应难。"（《隐静遗枇杷》）在他看来，昙颖之所以寄青枇杷，那一定是山中猕猴太多，等不到枇杷成熟时就被吃光，这实际上进一步为昙颖辟谣。

五华山中的隐静寺（姜辉 提供）

梅尧臣与隐静寺僧人们结下了深厚的友谊。丁忧期满之后，他至少写下4首诗歌，与他们一一道别。《别达观、文鉴二大士》写得很美："云衲山中来，画桡江上发。何日到山中，山花应未歇。"

第二次守孝在皇祐五年到至和二年（1053—1055）之间。这期间，梅尧臣有过隐静山一日游，留下两首诗歌——《隐静山访怀贤上人不遇》《游隐静山》。在他笔下，隐静山是他心中的名山，松林茂密，泉水清澈，"松上垂青蔓，蒲根泻碧泉"，不仅有巨大的古树，"长松如腾虬""苍髯叶修修"，还有柔软可爱的菖蒲，"溅溅涧水浅，苒苒菖蒲稠。菖蒲花已晚，菖蒲茸尚柔"。当然，枇杷与猕猴仍然是隐静山相关诗歌不可或缺的话题："山有枇杷树，树多猕猴群。高僧心不着，一似五峰云。随飚来溪口，石上起氤氲。果熟猕猴去，自向瀑涧分。"（《寄隐静山怀贤长老》）看来，枇杷与猕猴是隐静山的特产。此外，梅尧臣与隐静寺僧还有些其他互动，如与昙颖唱和（《依韵答达观禅师颖公》），隐静寺僧赠他榧树子、柏树子，等等。

隐静山的风光、人情很好地缓解了梅尧臣守孝期间孤独、忧伤的心情，梅尧臣的相关诗歌扩大了隐静山的名声，诚可谓相互成就。

杨杰：让苏轼羡慕的"无为子"

◇ 胡传志

北宋中期，文人辈出，星光灿烂。无为人杨杰（1037？—1106？）跻身其中，与欧阳修、王安石、苏轼这些顶流都有所交往。杨杰天资聪颖，"少有名于时"（《宋史·杨杰传》），嘉祐四年（1059），考中进士，"妙龄擢甲科"，精通礼学、佛学，曾任山阳（今江苏淮安）郡学教授、南丰（今江西南丰）县令、黄梅（今湖北黄梅）县令、太常院主簿、礼部员外郎、润州（今江苏镇江）知州、两浙提点刑狱等职。

杨杰的佛学造诣尤其精深，连好谈性理之学的王安石、苏轼等人都要"避路放一头地"（王之道语）。高丽文宗之子义天，法号僧统，喜好佛教，入宋求法。元丰八年（1085），宋哲宗让杨杰陪同他游览杭州等地名山古刹，苏轼在楚州（今

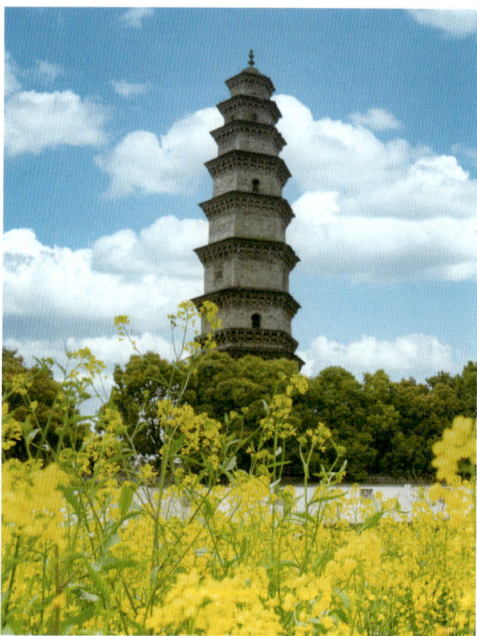

黄金塔，建于北宋咸平元年（998），第七批全国重点文物保护单位（李和平 提供）

江苏淮安）遇到杨杰，对他奉诏观光，公费出游，"以王事而从方外之乐"这种"未曾有"之事，羡慕不已（《送杨杰》），由此可见杨杰的地位与影响。

自号无为子，浓浓桑梓情

古人的名字，常来自长辈，寄托长辈的期望，而号多为自取，体现自己的志趣。杨杰字次公，号无为子。无为子，具有双关含义：一是无为军之人，二是无所作为之人。杨杰的作品集取名叫《无为集》，这些都寄寓了浓浓的家乡情怀。

在诗文中，杨杰自称无为子，如"我笑无为子，游山学古人"（《庐山五笑·无为子》）。苏轼也称他为无为子，如"在家头陀无为子，久与青山为弟昆"（《介亭饯杨杰次公》）。

无为市绣溪公园（宋怡嘉 提供）

杨杰热爱家乡，称无为"父母之邦"，与无为地方官多有交往。有位无为知军履新，他撰文祝贺，希望他能"分宵旰（gàn）之忧"，"为生灵之福"（《贺无为知郡启》）。无为籍的陈县令回家乡，杨杰写诗送行，想象春花飞舞的景象："楚水漾轻碧，楚花飞乱红。故人故乡去，半雨半晴中。"（《送陈令归无为》）无为父老也喜爱他这位游子。他在太常院任职，六年未回家乡，乡亲们希望能见上一面，他的门人请京师名家给他画像，寄回老家，并题诗一首："向道无为老居士，拟归先遣化身来。"（《无为子六年官太常，江上耆老思得一见，门人求京师名笔传写以归，因题之云》）。

杨杰喜欢无为的秀溪（一名绣溪）。寒食期间，秀溪河畔，美丽而热闹："花明柳暗丹青国，日薄云浓水墨天。游女践成芳草径，画船冲散碧溪烟。"（《秀溪寒食》）。

他最喜爱书法家米芾所建的九华楼（一名南楼），连写三首《登南楼》：

> 此楼此景它州无，山川形势吞三吴。
> 唯凭诗老写奇胜，纵有画笔难工夫。
>
> 此楼此景它州无，天高水阔连平芜。
> 绿杨深处杏花发，日暖数声山鹧鸪。
>
> 此楼此景它州无，栏干倚遍还踌躇。
> 主人有酒且共醉，骊歌不用催行车。

这是杨杰晚年回家乡时所作，竭力夸赞南楼面对九华山的独特美景，其中"诗老""主人"都是自指。

流连隐静寺，五华得知音

杨杰宦游四方，自然会前往一江之隔的芜湖县、繁昌县。他游览历史名胜玩鞭亭，感叹王敦谋反，晋朝衰微，"强臣驾驭无长策，追骑留连有宝鞭"（《玩鞭亭》）。当然，他最感兴趣的还是寺庙。

他游览繁昌的宝山寺，宝山寺比较普通，不见记载。乾道三年（1167）周必大路过宝山寺，失望地说"破屋破僧无足观"（《泛舟游山录》）。杨杰《书宝山寺壁》却将之视为"蓬莱山"，看来是爱屋及乌，爱佛及山。

繁昌最有名的寺庙是五华山隐静寺。李白有诗称赞隐静寺"山水多奇踪"（《送通禅师还南陵隐静寺》），杨杰在五华山一带盘桓多时，他赞美隐静寺"五岭碧崔嵬，云深隔世埃""锡井三泉进，松门十里开"的清幽环境（《隐静寺》）；他欣赏五华山的高大松树，希望能成为栋梁之材，"今日明堂求巨栋，好教天下匠师知"（《隐静十八松》）；他甚至还喜爱隐静寺后的泉水鱼，告诫鱼儿泉水比江湖更安全："岩深荫薜萝，金鬣弄寒波。莫爱江湖好，江湖罾网多。"（《碧霄泉鱼》）

面对五华山这一隐居胜地，杨杰还写下一篇奇作《南山移文》。五华山在繁昌之南，杨杰称它为南山，有意要与孔稚珪的名作《北山移文》中的北山相对。《北山移文》讽刺假隐士周颙（yóng）沽名钓誉，不许他再回山中。《南山移文》虚构一位"吴越江逸人"，喜爱隐静寺林泉之胜，隐居在此，后来，"出山久而未归"，杨杰撰文"督之以归"。文中铺写隐静寺的松林茂秀、石径修长、溪水淙淙、昼夜鸟鸣等美景，杯渡禅师以来的禅宗内涵，以及山中饮食之充备，名利之外的清静，呼唤他早日归来，鲜明地体现了他的隐逸思想。

黄庭坚：宦游四度过芜湖

◇ 胡传志

黄庭坚（1045—1105）是北宋著名诗人和书法家，毕生宦海浮沉，至少四次经过芜湖，无意间为芜湖的历史文化增添了光彩。

晤会李之仪

元丰三年（1080），黄庭坚受苏轼乌台诗案牵连，由北京（治在今河北大名）国子监教授改任泰和（今江西泰和）县令。盛夏时节，他到达芜湖，拜会在此居住的好友李之仪。他们同是治平四年（1067）进士。元丰二年（1079），李之仪因母亲去世由河中府万全（今山西万荣县）县令任上回楚州山阳（今江苏淮安）守孝。根据黄庭坚《行行重行行赠别李之仪》题下自注，元丰三年，李之仪"寓居芜湖"。

他乡遇故知，一切皆美好。在黄庭坚看来，芜湖的山水，清明悦目，"我观江南山，如目不受垢"；芜湖的野菜，清香可口，"忆食江南薇，子独于我厚"；李之仪的谈话，娓娓动听，听之不厌。"支颐听晤语，愿君喙三尺"（《赠别李端叔》），黄庭坚用手托着面颊，听得入迷，"喙三尺"出自《庄子》，这里用来形容李之仪能言善道。"喜接高谈若饮冰"（《次韵答李端叔》），他们相谈甚欢，李之仪的高情厚谊令人感动："惟君好怀抱，高义动颜色。"（《行行重行行赠别李之仪》）

庙里书法课

元祐六年（1091）六月，黄庭坚因母亲病故从汴京回老家分宁（今江西修水），十月，到达芜湖，遭遇大风，不得不泊船上岸。黄庭坚行色匆匆，情绪低落，只在吉祥寺留下一篇不足百字的《评书》：

> 今时学《兰亭》者，不师其笔意，便作行势，正如美西子捧心，而不自寤其丑也。余尝观汉时石刻篆隶，颇得楷法。后生若以余说学《兰亭》，当得之。元祐六年十月丙子阻风于芜湖县，后经行于吉祥寺，鲁直题。

王羲之《兰亭集序》被无数书法爱好者追捧，"兰亭热"盛行天下，黄庭坚别具慧眼，从汉代的石刻篆书和隶书中看出楷书笔法，告诫大家学习《兰亭集序》不能没有楷书作为基础。这番话给在场之人上了一堂书法课。

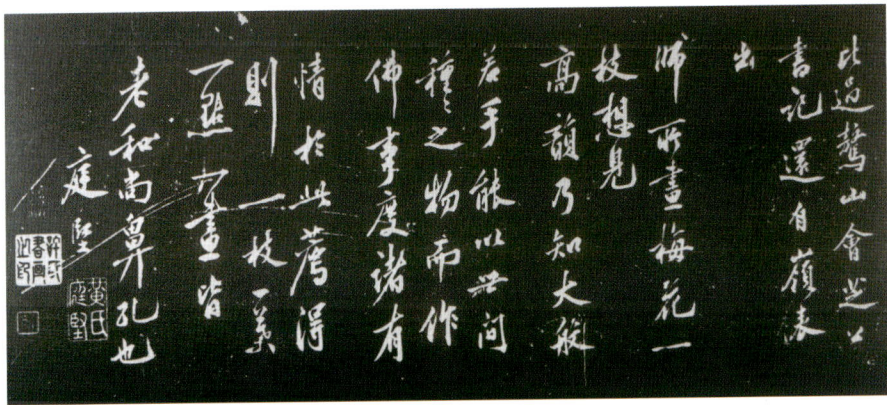

米公祠所藏黄庭坚《题画梅花》碑刻

山中读书人

绍圣元年（1094），宋哲宗即位，新党得势，政局波谲云诡。黄庭坚丁忧期满，何去何从，备受作弄。先是受命知宣州，接着改知鄂州（今湖北武汉），又被改任管理亳州明道观，最后责令他在开封府居住，等待接受审查，真是一波三折。九十月间，黄庭坚滞留芜湖，所幸在他的眼中，芜湖是座"三好"城市：人好，"湖阴邑中士大夫多可人"；物品好，"百物价平，于贫家寓食甚宜"；治安好，"无盗贼之忧"（《答太平州梁大夫》）。

明末清初芜湖画家萧云从《太平山水图·赭山图》说黄庭坚"读书其间"，所题诗歌，"墨迹尚存"，康熙《太平府志》卷三十九亦录该诗，应该较为可信。诗如下：

> 读书在赤铸，风雪弥青萝。汲绠愁冰断，村醅怯路蹉。玉峰凝万象，绿萼啄轻螺。古剑摩空宇，寒光启太阿。

全诗所写都是赤铸山的景象，没有涉及赭山广济寺、宋塔以及滨江位置等信息，很可能萧云从将题写于赭山某处的《赤铸山》张冠李戴。赤铸山相传是干将、莫邪铸剑之地。风雪弥漫，覆盖在苍翠的草木上，天寒地冻，去井里汲水，担心井绳被冰割断，去山下买些土酒，害怕摔跤。眺望屹立的高山，气象万千，群山拱卫，主峰如同干将等人所铸造的太阿宝剑，横亘空中，发出耀眼的寒光。全诗冷气逼人，磅礴壮观。

赤铸山，位于芜湖市城中与城东交界处（姜辉 提供）

就在这期间，芜湖本地诗人石懋（mào，字敏若）不失时机前来请教。

石懋很有才华，他的《绝句》诗"我比杨花更飘荡，杨花只是一春忙"获得普遍好评，大概就是黄庭坚所说的"可人"。黄庭坚《赠石敏若》将他与李白相比："才似谪仙惟欠酒，情如宋玉更逢秋。相看领会一谈胜，注目长江天际流。"虽然有些过誉，但无疑大大激励了这位青年诗人。

九日地方官

崇宁元年（1102）六月，黄庭坚被任命为"权知太平州事"，即临时代理太平知州，朝廷对这一任命原本就有所迟疑，果不其然，到任九天后，即被免职，黄庭坚成为芜湖史上任职时间最短的地方官。

太平州州治在当涂，芜湖县隶属于太平州。黄庭坚受到郭祥正、李之仪等人的热情欢迎，与他们多有酬唱。闰六月十一日离开当涂，到达芜湖，盘桓数日，留下一些宝贵的篇章。如《太平州芜湖县吉祥禅院记》详细记载吉祥寺的兴废，充分肯定僧庆馀兴建吉祥寺之功，《石待问墓表》称赞葬于芜湖的太平州通判石待问"贤良方正""九谪而不悔"。

获益最多的是芜湖人韦许。韦许追随李之仪，却不事科举，号芜阴居士，将住所命名为独乐堂、寄傲轩，遍请苏轼、李之仪、陈瓘（guàn）、游酢等名流为其题诗作词，他当然不会错过就在身边的黄庭坚。说来奇怪，黄庭坚与他特别投缘，为他改字，由"邦任"改为"深道"（《韦许字说》）；为他题扇，有"以能问于不能，人之道"（《书韦许扇》）等语；为他品鉴他收藏的名家书法，《书韦深道诸帖》现存七则之多，各具妙论，如评范仲淹书法"殊有古气"，"骨气劲而少肉"；评苏辙书法"瘦劲可喜"，可惜"捉笔甚急而腕著纸，故少雍容耳"。他们互赠礼物，韦许赠黄庭坚"蜂蜡十斤""绩溪八百"等，黄庭坚回赠双井茶、荔枝等，现存黄庭坚写给韦许八封书信，足见二人交往频繁。

大概在闰六月底，58岁的黄庭坚永远离开了芜湖。芜湖人民怀念他，广济寺滴翠轩至今仍保存清人所刻黄庭坚像，上有清人翁方纲所书山谷像赞："似僧有发，似俗无尘，作梦中梦，见身外身。"

王之道：三桂芬芳，诗韵家乡

◇ 何章宝

王之道（1093—1169），字彦猷，号相山居士，无为军（今无为市）人。有《相山集》传世。北宋宣和六年（1124），王之道和他两位兄弟同科进士，地方引以为荣，题榜其居处为"三桂"，今天王氏祠堂有号"三桂堂"，即源于此。

退守胡避山，力主抗金

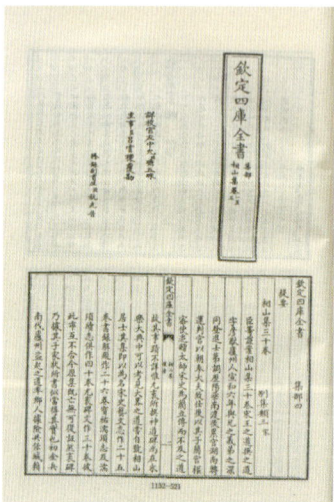

《四库全书·相山集》书影

王之道的生平事迹颇有传奇色彩。他虽然得中进士，却在对策时直言时事，受到考官的忌恨，被置于下等，不受重用。靖康二年（1127），他奉二亲还乡无为，充任战时临时军政参谋官。过了两年，金人大举南侵，攻无为，守臣朝散大夫李知几携家眷仓皇南逃，王之道以一文弱书生率领乡人退至胡避山，令其弟王之深依险据守山中，自己率部与敌周旋山外，众人敬重他德才兼备，都听从调遣。他鼓励乡民往山上运送粮草，承诺日后加付一半作为报酬，乡民纷纷响应，积极运粮，保障了军需供给。

此时，各地盗贼丛生，社会混乱不堪。胡避山之西有毛公寨，受盗贼李伸围攻甚急，王之道率精锐之卒乘其不备大败李伸。毛公寨人认为他有勇有谋，拔寨合兵胡避山，壮大了御敌之军。后来李伸和无为城内盗贼张琪合兵十万余众猛攻胡避山寨，扬言破寨之后将寨内数万民众全部屠戮。

　　自知寡不敌众，王之道要挺身说服贼寇，大家都不同意，他说："吾以一身救数万老幼，何畏死？"遂率数十骑亲往敌营，贼寇大惊，感叹其德勇，竟停止攻寨，簇拥王之道回到无城。当时李伸与张琪火并，李伸败逃。张琪软硬兼施，诱降王之道，他不畏淫威，用计脱身，返回胡避山。其时两淮间到处腥风血雨，生灵涂炭，唯独胡避山军民得以安生。

　　南宋朝廷建立后他任职地方小官，但心忧天下。时秦桧用事，力主和议，王之道给时任吏部侍郎并反对和议的魏矼（gāng）上书，提出"九不可和"的谏言。王之道反对和议的主张忤逆了宰相秦桧，因而一贬再贬，后来干脆辞官不就，卜居相山二十年，直到秦桧死后，才得以重新起用，最后以朝奉大夫致仕还乡。

探寻毛公洞，赋诗记游

　　在无为市开城镇境内，有一座毛公山，山上有毛公洞，相传为东汉末年孝子毛义读书之所。嘉庆《无为州志》载："毛公洞在毛公山下，南界庐江，西属州境，抱白阳谷据虎陵山三坞六岛，环二十里，胜甲西南诸峰。汉安阳令毛义读书处，中有石莲花仙人掌。"

　　王之道曾探寻游览过毛公洞，并写了《游毛公洞》六首七绝记述游览经历。从他的诗中还可以得知，至少在宋代，毛公洞因石壁上可能刻有"毛诗"（毛亨、毛苌所注的《诗经》），被传为大毛公毛亨、小毛公毛苌避秦时之乱，来此刻石读书之地。《游毛公洞》其一："说诗人去想云车，千古青岩倚碧虚。训诂未容端拜议，一言聊复问《关雎》。"说明王之道是认可这个传说的。训诂指的是毛亨对《诗经》的诠释，《关雎》则是《诗经》首篇；王之道在诗中表达了对毛公洞中石刻"毛诗"的向往之情。但是，游览过程很艰辛，第二至第五首诗写了披荆斩棘、桃源迷路、询问樵人、青鸟指津等，既说明当时的毛公山一带未经开发、山势险峻、毛公洞难以探寻等情况，也表达了诗人不畏艰险、希望一窥毛公洞真相的迫切心情。那么，王之道是否见到了洞壁上的"毛诗"呢？《游毛公洞》其六写道："偶因青鸟遂幽寻，翠壁苍崖白日阴。三扣石扉人不识，满山松竹自悲吟。"在他迷路不知归处的艰难中，一只青鸟仿佛懂得他的心思，引着他飞往毛公洞口，他终于来到了目的地。但是，或许他在石壁上并没有看到"毛诗"，或许他没有找到真正的"毛公洞"，此番游览的结果应该不理想，仅仅是三扣石扉、松竹悲吟而已。

毛公山，位于无为市开城镇（童有兵 提供）

真能撩开岁月的面纱，一睹石壁"毛诗"的真容吗？如今，汽车已经能够开到半山腰，步行不需半小时就能到达传说中的"毛公洞"，但由于洞穴幽深，时代久远，要探寻到石壁"毛诗"还有待时日。

观礼鹿鸣宴，勉励后学

宋孝宗乾道元年（1165）十一月，无为太守吕公设鹿鸣宴，宴请在解试中成绩优秀的举子。王之道作为老一辈进士，在家乡有着很高的威望，也在宴请之列。他想到当初在宣和年间，自己和兄王之义、弟王之深一同考中进士，是年无为军共有六人金榜题名的盛事，而后几十年来，无为士风不振，鲜有斩获，颇为感慨，于是作《鹿鸣宴》诗，记述其事。此番无为军有多名读书子弟脱颖而出，参加次年春闱的角逐，慰藉了士民，提振了人心，寄托了家乡人士的厚望。

在诗中，王之道表达了自己苍颜华发参与观礼的高兴心情，回忆往日荣耀，歌颂太守吕公业绩，对赴京赶考的举子多加勉励，提出"久矣邦人虚桂籍，正须公等振英声"的殷切希望。第二年，他的儿子王莱得中进士。其后，在王氏子弟的带领下，无为军文风大振，南宋时期，近四十人跻身进士之列。

王之道可谓福禄寿忠全，有儿子十人，女儿六人，八子入仕，第六子王蔺在朝颇有作为，官至枢密院事兼参知政事。王之道因此被追赠为太子少师，后加赠太师，封魏国公。王蔺被封开国公。人称父子"二公"，则是无为城北"二公"地名之由来。

杨万里：为水国江乡传神写照

◇ 胡传志

杨万里（1127—1206）是南宋四大诗人之一，以活泼幽默的诚斋体诗歌独树一帜。绍熙元年（1190）十一月，64岁的杨万里出任主持工作的江南东路转运副使。转运使负责所部地区的财赋、官吏考核等工作，相当一路之长。次年八月，杨万里自建康（今江苏南京）出发，巡察检查所部工作，经过芜湖，九月返回建康。绍熙三年（1192）春，他再次巡察所部，经过芜湖，赴上饶督查囚犯之事，两月后回建康。杨万里在芜湖写下20多首诗歌，为芜湖传神写照，别具个性和风采。

繁昌田园赞歌

芜湖一带，向来是水土丰美的鱼米之乡。杨万里第一次巡察正值水稻即将成熟的秋季，在繁昌境内他写下一组诗歌，表现繁庶兴旺的景象。请看《过宜福桥》诗：

> 水乡泽国最输农，无旱无干只有丰。
> 碧豆密争桑荫底，绿荷杂出稻花中。
> 是田是沼浑难辨，何地何村不一同。
> 若遣明年无种子，却愁闲杀雨和风。

宜福桥早已不存，旧址在今三山经济开发区。在杨万里看来，这片水乡泽国是天然的农民福地，没有干旱之忧，地上桑树、豆类作物繁茂，田间稻花和荷叶相伴成长，水田与湿地沼泽难以分辨，每个村庄都是如此。最后他还来句幽默，如果明年没有种子，风雨不能养育庄稼，岂不是要愁死了？

繁昌田园美景（章平周 提供）

在其他诗中，杨万里还写到繁昌"夹路桑千树，平田稻十分"的丰收景象，以及"泥行殊不恶，物色逐村新"（《过若山坊，进退格》）的欣喜心情。《宿峨桥化城寺》写得更好：

> 一溪秋水一横桥，近路人家却作遥。
> 柳绕溪桥荷绕屋，何须更著酒旗招。
>
> 忽从平地上高城，乃是圩塘堤上行。
> 厚赛柳神销底物，长腰云子阔腰菱。

化城寺旧址在今芜湖市三山经济开发区峨桥镇准提寺，紧邻漳河大堤。题中有寺，诗中无寺，说明作为地方官的杨万里显然更重视更喜欢人间烟火。第一首表现农家景象，溪水对面人家，原本很近，却为秋水所阻隔，

杨万里：为水国江乡传神写照

必须绕道桥梁才能到达，桥梁为杨柳掩映，房屋为荷花环绕，已经美如画图，让人向往，何况还有高高飘扬的酒家旗帜，更添魅力！所写村景，既如在目前，又曲折有致。第二首叙写圩区祭神风俗。圩堤很高，从圩区登上圩堤，仿佛登上城墙一样，很好地把握了圩区的特征。村民们拿什么来隆重祭祀护卫圩堤的柳树神？当然是丰收的果实——本地优质长腰稻米和阔腰菱角。这一问一答，像是给芜湖农产品特产作了个广告。

风雨苦与乐

杨万里第一次经过芜湖时，正值风雨天气。他的诗歌既记录了途中的艰难危险，又表现了冲出风浪和泥泞的乐趣。

在繁昌遭遇大风，杨万里不得不舍舟步行："日日江行怖杀侬，逆风恶浪打船篷。只今判却肩舆去，遮莫掀天浪与风。"（《江行七日阻风至繁昌舍舟出陆》）告别七天危险的江舟，稳坐轿中，不由得庆幸起来，任凭风浪滔天，也奈何不了自己。可是，没过多久，又必须乘船渡过水流湍急的漳河。漳河向来危险，民间流传"漳河八里湾，湾湾似刀山。船行漳河湾，如闯鬼门关"的歌谣。杨万里《过石硊（huì）渡》第一次生动地记载在漳河石硊渡（在今芜湖市繁昌区与三山经济开发区交界处）乘船的险境："斜风细雨寒芦里，下有深潭黑无底。渡船劣似纸半张，五里却成一千里。中流风作浪如山，前进不得后退难。"让他觉得性命堪忧。

终于雨过天晴，老诗人杨万里像是战胜风雨的英雄，一身轻松地告别芜湖吴波亭，又得意起来："八日川涂九雨风，船中出得入泥中。老夫强项谁能那，雨止风休伎自穷。"（《晓晴发芜湖县吴波亭》）迎接他的将是位于芜湖与马鞍山之间的天门山。

机趣天门山

有关天门山的诗歌数以百计，以杨万里《题东西二梁山》最为幽默有趣：

二梁双黛点东西，牛渚看来活底眉。

阿敞画时微失手，一眉高著一眉低。

莫恨当初画得偏，却因偏处反成妍。

喜来舒展愁来蹙，各样娇娆更可怜。

原为三首，前有小序。东梁山海拔约81米，西梁山约88米，诗中所谓"一眉高著一眉低"，并非实写两山之高低，而是写"一山远来一山近"。清人屈大均《浮江作》所言"浮玉天门上下标"，意思与此相同。从下游采石矶（牛渚）遥望东西二梁山，就像女性的左右眉毛，采石矶的蛾眉亭即得名于此。杨万里就此生发联想。他本是自上游向下游行船，却从对面牛渚看过来，天门山活似双眉，而这一远一近的错位，大概是张敞给他妻子画眉失手造成的吧。这一小小失误，反而因病成妍，正可表现欢喜和忧愁的不同心情，高低不同，却一样美好。

锦绣广济圩

杨万里第二次巡察是万物生长的春季，从建康出发，过了当涂青山，就到了芜湖境内，高兴地写下了三首《题广济圩》：

圩田岁岁镇逢秋，圩户家家不识愁。
夹路垂杨一千里，风流国是太平州。

两渠小夹一堤宽，个是东皇大御园。
旋插绿杨能几日，新枝已自不胜繁。

桑畴一眼郁金黄，麦垅千机绿锦坊。
诗卷且留灯下看，轿中只好看春光。

广济圩旧属太平州当涂县，明末清初芜湖画家萧云从《太平山水图·行春圩图》征引其中第三首诗，并明确地说"芜湖以行春名圩"，可见广济圩又叫行春圩，原为宋徽宗时所建的方春圩。

广济圩,位于芜湖市镜湖区方村街道（胡建国 提供）

杨万里这三首诗集中吟咏广济圩的自然风光和丰收景象。广济圩年年丰收，农民无忧无愁，圩堤上整齐高大的杨柳，绵延千里，太平州真是天下太平风流之地。圩区无限美丽，简直是司春之神东皇的大花园，如此锦绣田园，让杨万里放下书本，专心欣赏广济圩的春光。

杨万里这些灵动优美的诗篇足以让芜湖人民感念他。

张孝祥：芜湖代言人和建设者

◇ 胡传志

张孝祥（1132—1169）本是和州乌江县（今安徽省和县乌江镇）人，生于明州鄞（yín）县（今浙江省宁波市鄞州区），在十岁左右，从鄞县回到乌江。绍兴十三年（1143）前后，随父亲张祁迁居芜湖，住在升仙桥西（旧址在青弋江畔石桥港附近）。从此，张孝祥便视芜湖为家乡，成为芜湖史上一大名人。

张孝祥雕像，位于芜湖镜湖公园（章新宇 提供）

状元代言人

南宋时期，芜湖是太平州下属县，虽然有"太平州不如芜湖，芜湖不如黄池"（周必大《乾道壬辰南归录》）之说，但仍然如张孝祥所言，还是"蕞（zuì）尔之邦"，也就是很小的城市，尤其是本土人才相对缺乏。芜湖县尉王迪功公开说"芜湖绝无士人"（周必大《乾道庚寅奏事录》），稍后的叶绍翁也说"芜湖未有第进士者"（《四朝闻见录》）。张孝祥才华横溢，绍兴二十四年（1154）参加科举考试，一举击败权臣秦桧内定的人选、他的孙子秦埙（xūn），由宋高宗钦点为状元，当时年仅23岁。尽管他不是芜湖籍，却为芜湖争得了荣光。

张孝祥热爱芜湖，堪称芜湖代言人。他自号于湖，于湖是西晋时期的县名，县治在今当涂与芜湖之间，后人常以于湖指代芜湖。张孝祥给自己画像："于湖、于湖，只眼细，只眼粗。细眼观天地，粗眼看凡夫。"（《于湖自赞》）自嘲眼睛一大一小，各有分工，颇有阮籍青白眼之妙。

张孝祥进入官场之后，四处奔波，风尘仆仆，无论是在邻近的杭州、南京，还是在遥远的桂林、长沙，他总是怀念家乡芜湖，如"尘埃满面迎西日，底处青山是故乡"（《午憩道傍人家》），"小倚蓬窗，写作思家曲"（《蝶恋花·行湘阴》）之类。他多次告诉别人，"我家住在楚江滨"（《鹊桥仙·别立之》），"今宵归梦楚江滨"（《虞美人·赠卢坚叔》）。家乡是山水胜地，"我家江南山水窟"（《黄升卿送粽鞋》）。最让他怀念的当是繁花盛开的故园："故园花烂漫，笑我归来晚。我老只思归，故园花雨时。"（《菩萨蛮·西斋为杏花寓言》）"故人春梦谁复见，故园梨花二月天。"（《有怀》）。乾道五年（1169），张孝祥获准退休，连续写下两首《请说归休好》，抒发侍奉亲人、闲散自在的愉快心情。

捐田作镜湖

芜湖市中心的镜湖，如同芜湖的眼睛，旖旎含情。当年，这一带不是芜湖县城中心所在，还有很多沃野良田。张孝祥父亲张祁将家从升仙桥西状元坊搬到今天的镜湖烟雨墩，建造归去来堂，张孝祥无私地捐出自家良田，开凿为湖，栽种荷花、杨柳，形成"鹭鸥出没，烟雨变态"（叶绍翁《四朝闻见录》）风景如画的公园。芜湖古八景之一的"镜湖细柳"由此诞生。镜湖还与赭山相映生辉，镜湖南岸是"赭塔晴岚"的最佳观景点。张孝祥实际上奠定了芜湖市中心的景观格局。

镜湖公园,位于芜湖市中心(郑远 提供)

家园如此美景，自然会进入张孝祥的笔端。《蝶恋花·怀于湖》是他怀念芜湖的名作："春到家山须小住。芍药樱桃，更是寻芳处。绕院碧莲二百亩，留春伴我春应许。""家山"主要指赭山，"三百亩"指镜湖，面积正好与今天的镜湖相当。今天镜湖之畔的柳春园即得名于此。

可惜，乾道五年（1169）张孝祥在芜湖船上为虞允文饯行，不幸中暑，英年早逝。沧海桑田，归去来堂早已荡然无存，只有镜湖水，不改旧时波，如黄钺《于湖竹枝词》所言："一自归来堂没后，顿教风月属陶塘。"

城市建设者

张孝祥未在芜湖当政，却关心当地民生，有一年雪后游览赭山，除了描写"江平镜新磨，地迥玉琢成。赭山有令色，令我白眼青"的鲜明景色之外，特别同情那些流离失所的难民，"哀哉彼迁民……连年避胡乱"（《赭山分韵得成叶字》）。

他参与城市建设，在捐建镜湖同时，还参与修建芜湖浮桥，撰写《芜湖修浮桥疏》；支持修建五华山隐静寺，撰写《隐静修造记》。在隐静寺观看暴雨撼人心魄的壮观景象，写下《水调歌头·隐静寺观雨，寺有碧霄泉》词。

据陆世良《宣城张氏信谱传》，张孝祥还维修了观澜亭，观澜亭又名雄观亭，位于芜湖县吉祥寺右边山顶上，"雄观江声"是芜湖古八景之一。数十年后，魏庭玉登上雄观亭，还想"唤起于湖同醉"（《水调歌头·饮芜湖雄观亭》）。

张孝祥是词人，还是书法家。他为吴波亭命名，取自晚唐词人温庭筠《湖阴曲》"吴波不动楚山晚，花压阑干春昼长"，并亲自题写匾额。他又为米芾在无为建造的仰高堂题匾，为蟏（xiāo）矶庙题字。蟏矶庙又名宁渊观、灵泽夫人祠、蛟矶庙，位于芜湖市鸠江区二坝镇江岸蛟矶山上。乾道三年（1167）三月，周必大曾欣赏其蟏矶题字，而后来者如董嗣杲则无此幸运，"于湖题字迹已湮，拍矶只有风涛怒。"（《蟏矶》）张孝祥另有《宁渊观》诗，表现"极目洪波渺，轰轰浪接天"的壮阔景象。加上他在玩鞭亭所写《水调歌头·于湖怀古》词，他凭一己之力，为芜湖古八景中的六景建设做出了实实在在的贡献。

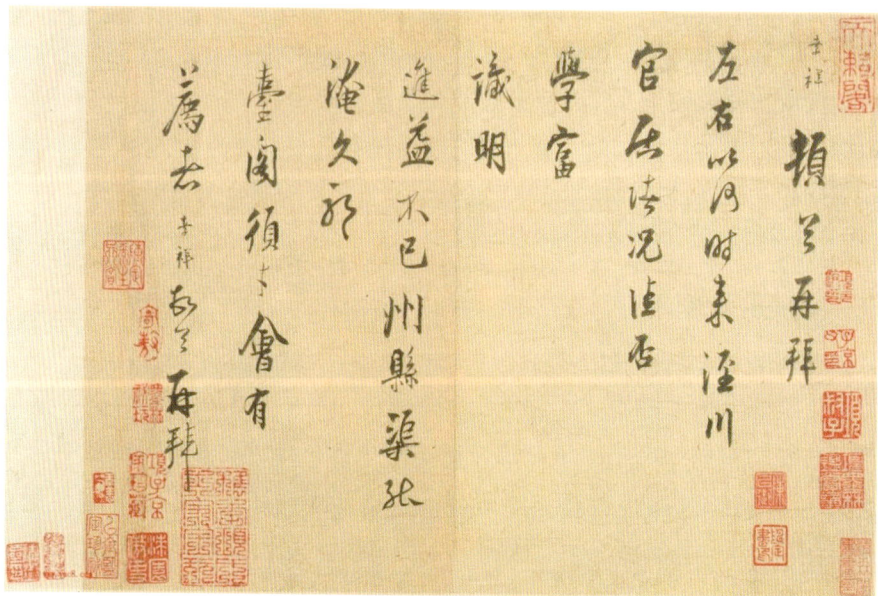

张孝祥《泾川帖》

许有壬：钟爱神山的监察御史

◇ 胡传志

神山如今是芜湖市的中心景区，神山时雨是芜湖古八景之一。但历代关于神山的诗词数量有限，元代文人许有壬一人的神山诗词多达17首（另有3首芜湖其他地方诗歌），且不乏佳作，令人瞩目。

芜湖快乐行

许有壬（1286—1364）与欧阳玄都是元代延祐首科进士（1315）。他为人刚正干练，平步青云，历事仁宗至顺帝七朝，先后任吏部主事、监察御史、集贤大学士、参知政事、枢密副使、中书左丞等职，足迹遍布南北，北至内蒙古，南至两广，《元史》有传。

至治二年（1322），许有壬担任江南行台监察御史。江南行台是中央御史台的分支机构，台署在建康（今江苏南京），主要职能是监察百官，惩治贪墨，统辖江浙、江西、湖广三省，以及江东、江西、浙东、浙西、湖南、湖北、广东、广西、福建、海南十道等广大地区。

这年夏秋间，他从建康出发，巡察江浙、江西、湖广等地，途经芜湖，在芜湖大概逗留了一两个月时间。他的同年进士欧阳玄刚离开芜湖。他在芜湖的监察工作，有何成效，现已不得而知，但他在广东、江西却弹劾了几位贪官，也许芜湖吏治清明，让这位监察官心情愉悦，留下了一组质量上乘的诗词。

神山似桃源

许有壬刚到芜湖时，暑热未消，神山深幽，相对凉爽。雨后天晴，他走在神山附近的田野里，看见庄稼长势良好，丰收在望，联想起陶渊明的田园诗，高兴地写下了十首诗，题作《神山避暑，晚行田间，用渊明"平畴交远风，良苗亦怀新"为韵十首》，书写田园美景，抒发舒畅之情。

我们且看第一首：

> 田塍晚独策，及此时雨晴。东畦与西疃，泱泱流水声。丰年已足欢，清风复多情。归来籍草坐，浊酒还自倾。不用浇块磊，我怀无不平。

独自悠闲地漫步田野，感受着流水的欢声、清风的凉意，欣赏着丰收的美景，回到神山后，席草而坐，自斟自饮，闲适自在。"不用浇块磊，我怀无不平"，工作顺心，仕途顺利，所以心无烦恼，不用借酒浇愁。

神山公园（恽鹏飞 提供）

许有壬非常喜欢神山，"青山足一至，胜处靡不游……遥遥目力穷，青青尽田畴""落日照我影，顾然溪水中""禾黍已在眼，瓜蔬早登庖"……全是惬意自得的景象。第九首将神山直接比作桃花源："我闻昔桃源，民风近无怀。兹山亦深窈，中有读书斋。但绝车马迹，不惜云烟埋。旁围靡靡山，上荫高高槐。"第十首抒写客居神山、终将离去的不舍之情："我非山主人，聊为山之宾。杖可入幽险，诗能写清淳。但恐我它适，山乎尔谁邻。"许有壬堪称神山的知音。

与此同时，许有壬还有一首《清平乐·避暑神山咏桂树》词：

> 堂前双桂，云泼交加翠。天老金柔花尚未。且爱清阴满地。 秋风一旦花开。天香吹散亭台。却被花神见笑，先生未必能来。

咏桂花而桂花未开是这首词的别致之处。上片实写两株高大的桂花树，繁茂苍翠，满地清阴，已经很可爱。下片虚写秋天桂花盛开、芳香满山的情景，自然更加美好，结句自嘲，那时先生我未必能来了。颇有趣味。

神山连日雨

从现存文献来看，许有壬没有提到欧阳玄一年前刚命名的"神山时雨"，上文所引"及此时雨晴"，不管是否有意呼应这一景点名称，但他确有几首诗写神山秋雨。

许有壬正好遇到连绵阴雨天，《神山雨》写道："山中日日雨，松竹早知秋。清响自深夜，逸人无远愁。窗虚闻叶落，林暗见萤流。对景因怀杜，江村事事幽。"连日阴雨，松竹透出秋意，淅淅沥沥的雨声，绵柔悦耳，叶落萤飞，如同杜甫所写"江村事事幽"。

《神山杂诗二首》一写山雨刚停的时刻："山留残雨湿拖云，竹引鲜飙细漉人。"山里还有零星的雨滴从湿漉漉的云端飘下，清新的山风吹起绿竹上的雨水，打湿路人的衣裳，刻画细致。一写山雨将至的景象："窗扉九夏镇长开，一榻无尘地有苔。怪底山禽栖不定，竹林风雨送凉来。"夏天炎热，窗户大开，却一尘不染，可见空气极其纯净。突然，山鸟躁动起来，诗人正在奇怪之际，一阵风雨，穿林打叶，送来清凉。真可谓神山及时雨。

水国宜秋晚

芜湖的秋天时间长，风光美，舒服宜人。家在汤阴（今河南汤阴）的许有壬鲜明地感受到了这一点。

深秋时季，许有壬离开芜湖。《夜至橹港》写夜行江边情景："星芒寒拂地，江影净浮空。听语渔村近，连航水驿通。"橹港，现写作澛港，在芜湖市弋江区。《荻港早行》是他告别芜湖的佳作：

> 水国宜秋晚，羁愁感岁华。清霜醉枫叶，淡月隐芦花。涨落高低路，川平远近沙。炊烟青不断，山崦有人家。

荻港位于芜湖市繁昌区江边，是城镇，也是码头。许有壬眼前这片水国晚秋风景优美，引发他一丝时光流逝、羁旅悲秋的情怀，但转瞬即逝，美景应接不暇。清霜覆盖着枫叶，枫叶如同醉酒一般，白里透红，朦胧的晓月映照着水边湿地成片的白色芦花，色彩鲜明而和谐。江边道路因潮水涨落，或高或低，河道平坦，沙滩沙丘，有远有近，错落有致。山间炊烟袅袅，一片岁月静好的田园景象。

许有壬就这样带着对芜湖吏治、田园、山水的美好记忆奔赴前程。

神山公园莲心舞台（李斌 提供）

汤显祖：墨香芜湖畔，亭影照千秋

◇ 龚云云

汤显祖（1550—1616），字义仍，号海若，又号若士，自署清远道人，晚年自号茧翁。江西临川（今抚州市）人，明代著名戏曲家、文学家，被称为"东方的莎士比亚"。其代表作《牡丹亭》（又名《还魂记》）、《南柯记》和《邯郸记》等作品是中国传统戏曲的瑰宝。汤显祖曾客居芜湖，为芜湖名胜古迹题咏，留下一些文学作品。

三游芜湖

据汤显祖为好友龙宗武所写的《龙公墓志铭》记载："盖予尝三过芜阴，公在，觉为重镇。"芜阴应指太平府属的当涂和芜湖。这一说法在流传下来的诗文中也得到了验证。

汤氏首次到访芜湖是在明万历二年（1574），当时他的好友林鸣盛正担任南陵知县。汤显祖客南陵时，作有《寄林南陵》一诗。

第二次是万历八年（1580），他写下《庚辰再过南陵怀林明府》一诗："梅花白石映春林，绿水漳陵思忆深。别后何人见秋浦，娟娟残月下城阴。"诗中表达对友人的思念之情。

第三次来芜是明万历十四年（1586），当时张天德为芜湖知县。汤显祖为他撰写《芜湖张令公给由北上序》，文中记载："芜于南都为辅邑。三百里而遥，杂障丹阳、宣城、池间。濒江湖，萑（huán）苇蒩（jù）湿之所蒸，田下下。勾慈、石跎之间无富农，而鲁江之上受诸榷，置都官，百越之商在焉。"汤显祖在文中勾勒了当时芜湖商埠之风情，展现了明代芜湖商贸之盛景，令后人对彼时芜湖商业遐想无限。

客居雅积楼

民国《芜湖县志》卷三十六《古迹志·名胜·雅积楼》记载："传，汤临川（显祖）过芜寓斯楼，撰《还魂记》。"雅积楼，又称"雅集楼"，坐落于芜湖县学之西（现今的儒林街18号），是明代才子李永的故居。这座楼不仅是芜湖藏书最多、历史最悠久的私家藏书楼，更因其名字所蕴含的诗意与历史的厚重感而备受瞩目。雅积楼不仅是李承宠的祖居，还曾是汤显祖创作与生活的重要场所。当年，汤显祖官场失意，贬至广东徐闻。在广东南雄，他结识了知己李承宠，两人共同度过艰难岁月。后来，李承宠回芜湖，汤显祖因贫困投奔李承宠。李承宠热情款待，让汤显祖在雅积楼中得以静心创作。

雅积楼，位于芜湖古城儒林街18号（秦建平 提供）

然而，历史的变迁总是无情而残酷。在清咸丰年间，太平军与清军激战，芜湖县城亦遭战火蹂躏。在这场浩劫中，雅积楼亦未能幸免，化为一片废墟。尽管建筑已不复存在，但雅积楼留给后人的文化财富与精神财富却永存。民国初期，芜湖人汤氏在遗址上重建雅积楼，改称汤画锦堂，虽规模缩小，但依旧承载着历史的记忆。

诗咏芜湖山水

明代文坛，繁星点点，而汤显祖之才华，独领风骚。他不仅以戏剧之卓越，令世人瞩目，更将丰富的情感，付诸诗歌。

在芜湖这方钟灵毓秀之地，汤显祖与赤铸山不期而遇，犹如诗画中的缘分，启人遐思。在《赤铸山》一诗中，汤显祖以干将铸剑的典故为引，将赤铸山与这一传奇故事紧密相连："干将曾此铸芙蓉，风雨千秋石上松。借问阊门腾虎气，何如江上镇蛟龙。"他以独特的视角，描绘出赤铸山的神秘与古老，同时也表达了对芜湖山水之美的由衷赞美。相传，干将在芜湖的铁山取铁，于神山之巅铸剑。这一传说与赤铸山的雄伟壮观相得益彰，共同铸就了芜湖的文化传奇。

汤显祖漫步芜湖街巷，品味风土人情，陶醉于江城的山水之美。他的诗篇中，芜湖的山水与人文交相辉映，如《谷池店》："清弋秋江接赏溪，赏心人望竹园西。青衫草色兼晴雨，白荡开花山鹧啼。"这些鲜明如画的美景，是他艺术创作的灵感源泉，使他的作品焕发出别样的光彩。

沈士柱：剑胆琴心真国士

◇ 唐 俊

1998 年，作家刘斯奋的长篇历史小说《白门柳》荣获第四届茅盾文学奖。这部三卷本巨著以黄宗羲、钱谦益等为主要人物，其中也塑造了勇于与魏忠贤、阮大铖等阉党作斗争的沈士柱形象。沈士柱（1604—1659）是明末清初时期在全国士林中名气最大的芜湖人，很多历史上赫赫有名的人，如张溥（pǔ）、黄宗羲、钱谦益、冒辟疆、方以智……都是他当年交往的朋友。

反阉党的领军人物

《白门柳》中的"白门"本来是南朝宋都城建康宣阳门的俗称，"建康"即今南京市，后来以"白门"代指南京。明朝建立时朱元璋定都南京，朱棣夺取皇帝宝座后，改为定都北京，南京遂名"南都"或"留都"，甚至还保留了形式上的一套中央机构。那时，安徽和江苏还是一家，叫"江南省"，且芜湖与南京又很近，所以江苏那边张溥等复社人物开展反阉党活动时，芜湖这边一帮关心国事的青年士人经常积极参与，而芜湖的领军人物正是沈士柱。

沈士柱能成为芜湖反阉党的领军人物有几个原因。沈士柱父亲沈希韶在明朝为官，累迁为浙江道御史，清廉正派，名声很好；沈士柱虽系"高干子弟"，但无傲慢公子习气。沈士柱学问也很好，"读书明敏，下笔千言"，大家服气。最关键的是，沈家在芜湖是有名的大户，郊外建有庄园，城中有米肆，经济条件优越；而家里财富多的沈士柱"为富很仁"，非常仗义，经常拿出钱财扶危济困，结交朋友。这样的人自然成为领军人物。

崇祯六年（1633）三月，张溥于苏州虎丘开复社大会，到会者数千人。沈士柱和宣城沈寿民、贵池吴应箕（jī）为上江（明代长江在安徽一段名为上江）召集人，时称"三茂才"。可见沈士柱的活动能量很大。

嘉庆《芜湖县志·沈明经昆铜传略》

沈士柱蔑视封建名教，颇有魏晋名士风度。沈士柱虽然半生诗酒风流，喜欢接纳倡优，但是他对她们保持尊重并能妥善安顿，使家庭和睦。沈士柱死后妻妾三人能为之殉义，即是证明。

黄宗羲的莫逆之交

沈士柱与清初大儒黄宗羲是莫逆之交。黄宗羲曾说："余束发交游，所见天下士，才分与余不甚悬绝而为余之所畏者，桐城方密之、秋浦沈昆铜、余弟泽望及子一四人。"（《翰林院庶吉士子一魏先生墓志铭》）意思是普天下除他自己的弟弟黄泽望外，黄宗羲在才华和天分上"所畏者"只有方以智（字密之）、沈士柱（字昆铜）和魏学濂（字子一）这三个人了。沈士柱的学问与才情在黄宗羲心目中有多高，可想而知。

沈士柱是在反阉党的过程中与黄宗羲相识相知成为好友的。崇祯七年（1634）夏，沈士柱到杭州与黄宗羲相会。黄宗羲回忆说："夕阳在山，余与昆铜尾舫观剧，君过余不得，则听管弦所至，往往得之，相视莞尔。"（《南雷诗文集》）崇祯十一年（1638），沈士柱与复社同志共发《留都防乱公揭》，声讨阉党阮大铖。所谓"公揭"，相当于后来的"大字报"。黄宗羲说在"大字报"上签名以后，"芜湖沈昆铜、如皋冒辟疆及余数人，无日不连舆接席，酒酣耳热，多咀嚼大铖以为笑乐。"（黄宗羲《南雷文约》）这段文字，是沈士柱等爱国士子"书生意气，挥斥方遒"最生动的写照！

　　阮大铖也是安徽人。此人很有才学，只是为了出人头地，失去做人的底线。明亡前投靠魏忠贤，后成为南明小朝廷高官，又置民族危亡于不顾，勾结马士英等权奸卖官鬻爵、迫害忠良，继而降清，沈士柱自然对其视若寇仇。顺治三年（1646）冬，阮大铖死于浙江仙霞岭，沈士柱拍手称快，写了一篇《祭阮大铖文》。名为"祭文"，实际上是讨伐阮大铖的檄文。文章气势堪与骆宾王《讨武曌檄》媲美，但与《讨武曌檄》的直言詈骂不同，《祭阮大铖文》"以滑稽之文穷鬼蜮（yù）之趣"，讽刺意味更为凸显，也最能体现沈士柱的学问与才情，具有独特的艺术魅力。读了此文，就知道黄宗羲对沈士柱的评价不是溢美之词。

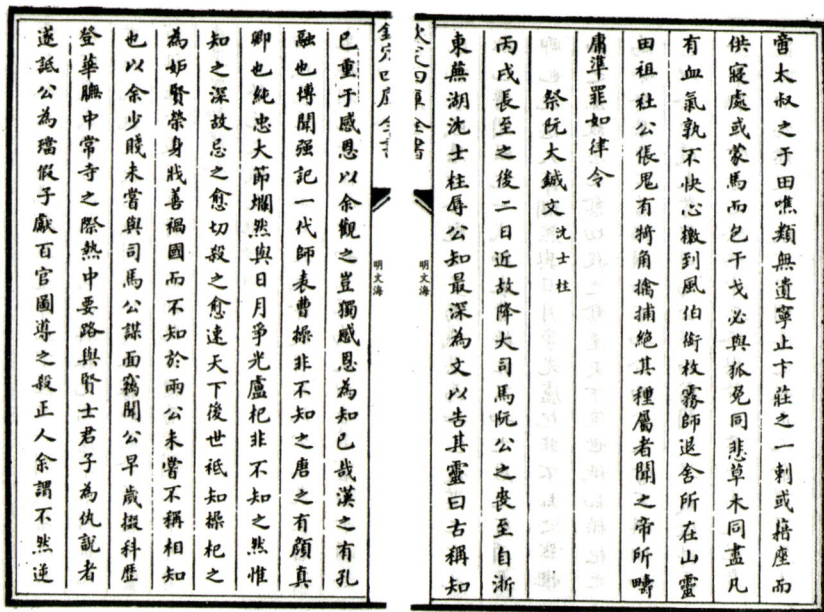

《祭阮大铖文》，文津阁《四库全书·明文海》本

甘洒碧血酬国恩

明清鼎革之际，为躲避清廷的抓捕和阮大铖、马士英等人的迫害，沈士柱有时"流离江楚"，有时潜回芜湖。顺治五年（1648），沈士柱回芜，"破家接客"，从事反清复明的地下活动。

这年正月，清江西提督金声桓在南昌反正，四月，广东提督李成栋在广州反正，长江中下游反清浪潮高涨。"芜湖为长江下游锁钥，水陆津要，四方……遗民方外奇才剑客，或亡命失志之徒，至者必造士柱"。（《皖志列传稿·沈士柱士尊传》）由此可知，沈士柱回芜湖后，他的家成为当时江南遗民反清的一个重要联络点。

顺治十四年（1657）冬，沈士柱因牵连扬州李之椿一案被捕，此案即清初著名的湖城大案。李之椿原是明朝官员，在明亡后以浙江嘉兴、湖州为基地，联络各地同志和海上义师，进行反清复明活动。涉案的重要人物达48人，沈士柱是其中的积极分子。

沈士柱在芜湖被捕，被捕时从容不迫地与家人作别。他被押送南京，关在明故宫内，受到严刑拷问，"一身被九锁，榜掠无完肤"。他视死如归，在狱中作前后《故宫词》24首，表达忠君报国的思想感情，其中第一首是："三百年恩总未酬，宸居何意卧羁囚。先皇制就琉璃瓦，还与孤臣作枕头。"（《前故宫词》）

顺治十六年（1659）清明，沈士柱与同案48人同时牺牲于南京西市，时年54岁。沈士柱牺牲后葬于南京雨花台，死讯传到芜湖后，沈士柱夫人方氏与妾汪氏、鲍氏闻噩耗均殉节。芜湖人含泪合葬之，称"沈氏三节妇墓"。

沈士柱牺牲后的第二年，黄宗羲作庐山之游，返回江苏途经芜湖时，特写诗悼念沈士柱："寻常有约在芜湖，再上高楼一醉呼。及到芜湖君已死，伸头舱底望浮图。"

施闰章：身置芜湖易代时

◇ 唐　俊

　　白居易有两句强调文学要坚持现实主义创作原则的名言："文章合为时而著，歌诗合为事而作。"对作家而言，偶尔一两个作品做到容易，在文学创作中始终做到不易；对官员而言，在写作时"实事求是"相对容易，在工作中也能"实事求是"十分不易。既是诗人又是官员的施闰章无疑属于后者。施闰章现存诗歌中，有多首反映芜湖不幸现实的诗歌。

鸠兹烽火万家残

　　施闰章（1618—1683），字尚白，号愚山，宣城人。顺治六年（1649）进士，授刑部主事，后擢任山东学政。在山东任职时，施闰章曾赏识没有获得科举功名的蒲松龄，令他十分感动。施闰章为官十分体恤民艰，尽力采取与民休息政策，调任江西，任湖西道参议时，"属郡残破多盗，遍历山谷抚循之，人呼为施佛子。"（《清史稿》）

　　生活于明末清初之际的施闰章，对明末战乱和清初高压统治带给人民的灾难，他或耳闻目睹，或亲身体验，许多见闻和感受，被他如实写入诗文中，其中与芜湖有关的就有多篇。如《江口三昧庵时泊兵艘，僧皆闭门》写明末战乱殃及芜湖，"战舰征兵日，文园抱病身"。在《寄伟长芜湖客舍》中，施闰章更是直言"鸠兹烽火万家残，旅食僧庐百计难"，悲痛之情溢于言表。

　　除了人祸，在施闰章笔下，也写到芜湖的天灾。顺治十四年（1657），芜湖繁昌突发水灾，施闰章作《荻港谣》："港中艇子不可宿，夜半蛟翻浪崩屋。港口颓垣不可居，蛟来触岸民为鱼。峨舸（kě）大艑（biàn）落何许，鼋鼍鲸奔作风雨。几人翻却横黄金，有客移船闻鬼语。"许多小船在疾风暴雨中翻覆，百姓葬身鱼腹。施闰章在诗前小序中说："江口泊处，一夕，水涌丈余。……俄，岸崩如雷，它舟皆破溺矣。事在顺治丁酉十月十六日。"为百姓遇难痛心疾首。

1929年的荻港码头

关于为官与为文，施闰章在《芜湖莲花池宣船步记》的开头有一段话："事有便于民，不可失也，虽细必争，争之既定，将永赖焉，其毋复失也。虽细必书。"这是他的为官之道，也是为文原则。

于湖文酒多朋旧

施闰章是个好官，但他本人对做官兴趣不大，倒是非常喜欢作诗。施闰章的诗，有很高的思想性和艺术性。因此，他在诗坛的地位也很高，"主东南坛坫数十年，时号'宣城体'"。

康熙六年（1667），清廷裁撤道使，施闰章被罢官。湖西地方父老乡亲多次联名挽留不允，于是集资创设龙冈书院，以纪念他的德政。无意于仕途的施闰章对被罢官不仅不以为意，还多次找理由辞官。如康熙十年（1671）夏，54岁的施闰章奉部檄催逼入都补官，以叔父（实际是养父）施誉年老为由请辞归里。这样，施闰章既有时间侍亲终老，又有时间游山玩水，饮酒赋诗交友了。

施闰章在芜湖的诗朋酒友自然也不少，用他自己的诗句来说，是"于湖文酒多朋旧"。这句诗见于施闰章的《宗人次骐孔固至自芜湖》，诗后自注："悼萧尺木，怀沈天士。"诗中有回忆也有叹惋："雨雪山城暗未开，江头何意片帆来。羁栖避俗书盈箧，真率论交酒数杯。家破尚留庑下客，时危谁惜郢中才。于湖文酒多朋旧，摇落离居尽可哀。"在诗中，他把萧云从比作屈原。萧云从是他最佩服的芜湖文人。

萧云从比施闰章大20多岁，是忘年交。相比较而言，施闰章与年龄相接近的汤燕生交往更密切，情感更亲近。如《雪后过于湖怀汤岩夫》："江边半亩宅，高卧是山村。余雪掩蓬径，何人开竹门。多书成臂病，贳（shì）酒剩瓢存。隔岸不相见，孤舟谁共论。"还有一次，他写给汤燕生的书信正要发出，恰巧邮差送来了汤燕生给他的信，施闰章十分开心，赋诗一首："冬残惜别又春归，溪涨通潮到石扉。花落不知为客苦，书成却恨寄人稀。沧江生事随鼛鼓，白发心期见布衣。重仗东风相问讯，几多薇长赭山矶。"（《寓书汤处士未发汤书适至》）施闰章与汤燕生的关系确实很"铁"。

传写沈门三烈妇

施闰章的芜湖文友中，还有沈士柱、沈士尊（即上文中的"沈天士"）兄弟俩。顺治十六年（1659），沈士柱因反清复明牺牲于南京雨花台。此时施闰章还在外地为官，次年才归里，回到宣城。但他听闻沈士柱的噩耗后就毫不犹豫帮助沈士尊安葬其兄，并作《送沈天士营葬其伯氏雨花台畔》诗表达悲痛之情、颂扬之意："严飚昨夜动江城，江上归帆带雪行。车笠旧交皆失路，鹡鸰（jí líng）遗痛一吞声。牛眠新卜雨花地，马鬣重伤挂剑情。正学祠边留短碣，他年侠烈好齐名。"要知道，沈士柱可是"反贼"啊！

　　沈士柱牺牲后，其妻方氏，妾汪氏、鲍氏，三人一道殉义。"士大夫闻之皆大惊，叹沈子诚烈士，三氏亦奇妇人"。太平府知府李芝英亲酹酒上门吊唁，呼为"三烈妇"。施闰章奋笔作《三烈妇传》，褒扬三位有气节的女子。文中还提到沈士柱另外一妾俞氏也是"奇妇人"，她因掩护沈士

《三烈妇传》，文渊阁《四库全书·学余堂文集》本

柱儿子出逃、安顿沈士柱三岁的女儿而未自杀，她还为自杀的"三氏经纪棺殓"。完成这些事以后，俞氏"自髡（kūn）为尼"。如果没有施闰章，沈门四位女子可歌可泣的故事极可能湮没于历史的云烟里。

　　施闰章能为亡友沈士柱作此文章，赞美"反贼"的家人，其勇气与正义感非寻常文人可比。施闰章真正有慈悲情怀，他被江西百姓呼为"施佛子"，信然。

吴敬梓：将芜湖写进《儒林外史》

◇ 唐　俊

芜湖人对清代文学家吴敬梓（1701—1754）颇有亲切感，因为他的杰作《儒林外史》描写了芜湖的风土人情，小说里还有多位以芜湖文人为原型塑造的人物。吴敬梓之所以把芜湖写进小说，与他多次到过芜湖，交往过不止一位芜湖文友有关。吴敬梓与芜湖有缘，不过，如果论起吴敬梓家族与芜湖的缘分，那么至少可以上溯到其曾祖父吴国对那一辈人。

曾祖结交萧云从

吴敬梓曾祖父吴国对与芜湖大画家萧云从在清初顺治年间就是好友。吴国对去世时吴敬梓尚未出生，但是他对曾祖父的生平是熟悉的，或许听长辈说过。

吴国对（1616—1680），字玉随，号默岩。吴国对的科举之路比较顺利，他是顺治十一年（1654）顺天府举人，十五年（1658）进士，殿试一甲第三名。吴国对及第后，深得顺治皇帝的赏识，授翰林院编修。

吴敬梓本人对科举不太感兴趣，不过曾祖父进士及第，他还是引以为骄傲的。在《移家赋》中，吴敬梓曾用"三殿胪传，九重温语"来描述皇帝对吴国对的恩宠。吴国对仕途虽顺，但似乎对做官兴趣不大，曾"乞休"在家，并赋诗言志："赚得浮生好，还同泛宅过。夕阳留醉久，新水唤游多。桃叶古今渡，榴花长短歌。百年能几席，不乐更如何？"（王悔忠《吴敬梓家世考》）吴国对既淡泊名利，又擅长诗赋、书法，大概正是由于这些特点，使吴国对与萧云从成为忘年交。

　　吴国对与萧云从两人是在郑士介家相互认识的。顺治十年（1653），58岁的萧云从应老友郑士介的邀请去扬州游玩，当时37岁尚未考取进士的吴国对正在扬州养病。郑士介是很有文化修养的大盐商，喜欢在私家园林举办文人雅集。萧云从与吴国对得以在雅集上相识，且谈得很投契，遂成忘年交。在郑士介家，吴国对时常观摩萧云从作画，对萧云从作画时精神十分投入印象很深。多年后吴国对应郑士介之请，在萧云从画作上题跋时对此有生动描述。

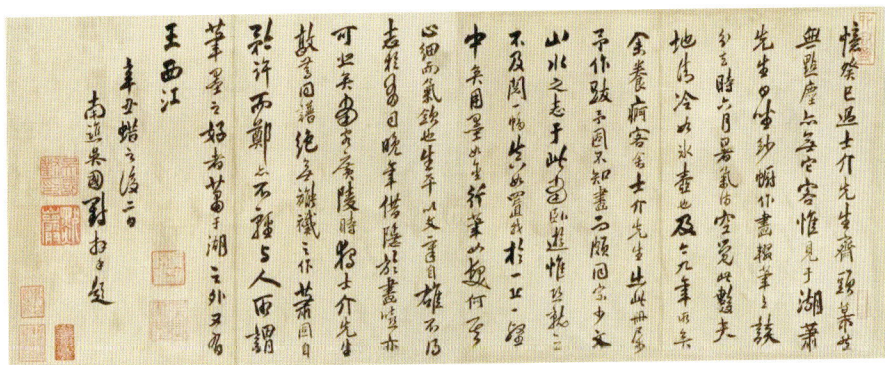

吴国对在萧云从画册上的题跋

　　萧云从在扬州与吴国对分手后返回芜湖，而吴国对则在病愈后继续攻读诗书，并于五年后高中"探花"，先后在京城和地方为官。

芜湖人文入"外史"

　　吴敬梓祖辈多显达，到他父亲吴霖时，家道开始衰微。等到了吴敬梓本人，因不善治生，又慷慨好施，家产很快挥霍殆尽，彼时的吴敬梓在家乡被称为"败家子"。吴敬梓遂逃离家乡，迁居南京。在南京的吴敬梓，日子很不好过是必然的。也正因为沦落社会底层，吴敬梓的笔下才诞生了文学杰作《儒林外史》，而《儒林外史》里那位主人公杜少卿就是他自己。

　　在《儒林外史》中，有多处描写芜湖风土人情。如第二十回"牛布衣客死芜湖关"中，就写到了芜湖古城南门外的老浮桥一带的市井景象："牛布衣独自搭江船过了南京，来到芜湖，寻在浮桥口一个小庵内作寓。这庵叫做甘露庵，门面三间：中间供着一尊韦驮菩萨。"

20世纪20年代芜湖古城南门街景

吴敬梓本人数次到过芜湖。因穷困潦倒，有一次在芜湖竟然没钱吃饭。《儒林外史》第三十三回写杜少卿从安庆"到了芜湖，那船真走不动了，船家要钱买米煮饭。杜少卿叫小厮寻一寻，只剩了五个钱，杜少卿算计要拿衣服去当"的事，实际上就是他本人在芜湖的遭遇。当时芜湖没有人知道这位落难文人就是以后名垂文学史的吴敬梓。吴敬梓此时幸亏遇到滁州老乡——名士朱乃吾和道士王昆霞，是他俩招待了吴敬梓。吴敬梓大喜过望，作了一首《减字木兰花·识舟亭阻风，喜遇朱乃吾，王道士昆霞》词，词云："卸帆窗下，一带江城浑似画。羽客凭阑，指点行舟杳霭间。故人白首，解赠青铜沽浊酒。话别匆匆，万里连樯返照红。"只不过在《儒林外史》里，吴敬梓成了"杜少卿"，道士王昆霞成了"来霞兄"而已。这段描写老乡救急的文字中，提到的吉祥寺附近的茶馆和江边的识舟亭，都是当时芜湖实景。

在《儒林外史》中，还明确写到几位芜湖人，如第二十八回中有"这位是芜湖郭铁笔先生，镌的图书最妙"的话。而花费笔墨最多的则是芜湖穷困书生朱卉（字草衣），吴敬梓以他为原型塑造了小说中的"牛布衣"。

至友芜湖朱草衣

朱草衣是吴敬梓交往最密切的芜湖文人。吴敬梓诗文集《文木山房集》收录篇目并不多，而与朱卉相关的竟然有4首。可见吴敬梓对朱卉十分青睐，两人有深厚的交情。

"女兰香细掩窗纱，白夹单衣病里加。一缕药烟当水槛，寒蝉声断夕阳斜。"这是吴敬梓《秋病四首》中的第一首诗。吴敬梓在其后特地附录"芜湖朱卉草衣"的"同作"，也就是唱和之作："月影初临树影加，茶烟将断篆烟斜。闲凭曲录阑干立，一架秋风扁豆花。"吴敬梓敬佩朱卉的人品才学，这是两位落难文人交好的根本原因。

朱卉50岁生日时，吴敬梓写《金缕曲·七月初五朱草衣五十初度》词，吴对朱卉有安慰有开导更有美好的祝福："荀卿正遇游齐日，叹胸中著书千卷，沉埋弃掷。尚有及时一杯酒，身后之名何益。张季鹰斯言堪述。天意也怜吾辈在，且休忧、尘世无相识。长寿考，比金石。"朱卉到南京后，两人时相过从。吴敬梓另有《洞仙歌·题朱草衣白门偕隐图》赠朱卉。

朱草衣因贫病逝于吴敬梓之前。吴敬梓怀着对朱草衣悲剧命运最深切的同情，把好友写入《儒林外史》里。

吴敬梓51岁时，乾隆南巡。在无数官民夹道拜迎时，吴敬梓却"企脚高卧向栩床"，表示了一种鄙薄不屑的态度。54岁时，吴敬梓在扬州结束了他穷苦的一生。永远躺下的是他不屈的躯体，而树起的却是一座文学的丰碑。

吴廷翰：学行有成的大儒

◇ 何章宝

吴廷翰（1490—1559），字崧柏，别号苏原。明代无为州（今无为市）人。正德十六年（1521）进士；他做官14年，在46岁的时候，断然辞官归里，从此手不释卷，勤于著述，直至终老，成为明代著名的哲学家、学者，著有《苏原先生全集》。

为官清廉，因耿介而致仕

吴廷翰进士及第之后，初拟为兵部主事，却不巧，他父亲吴景昭去世，他需要守孝三年；丁忧结束后任户部主事、吏部文选郎。其时吏部尚书是桂萼；桂萼结党营私，排除异己；由于吴廷翰在官员任职的候选人方面与桂萼的意见发生分歧，被外放担任地方官职。嘉靖六年（1527）至九年，他任广东佥事，分巡岭南道兼督学政，管理地方教育。继而升任浙江参议，其间重视风俗教化，立社学、兴义仓等；转任山西参议。嘉靖十四年（1535），正当中年之际，毅然辞官归乡，住进"小百万湖"。

他任职期间，正属严嵩当政弄权、吏治腐败之时，但他清廉自守，颇重节操。他在自己撰写的《吴廷翰行实》中，要求自己做到"死而不食不义"。其为官正直尽责，关心百姓疾苦。明代漕运和驿递制度，弊端丛生，他多次上书提出改革建议，包括平正税收等；这些建议50年后成为张居正改革的重点。任职山西参议，"平渔川盗"：河东发生饥荒，盗贼蜂起，他先惩处贪官污吏，上书请求出售滥建的祠庙，采取实际赈济措施，发给流民粮食，煮粥救助垂死老弱，使几十万人免于死亡。在采取了这些"实惠在民"的措施之后，才亲率边兵平定乘机作乱的首要分子。

其子吴国寅在《先考参议府君墓志》里说："府君性疾恶，政固尚严。素伉直，又刚介自信，不善俛仰，失人意。"他的性格疾恶如仇，严正执着，又刚强自信，不善于俯首迎合，最终不为当权者所容。可以说，吴廷翰是明代封建王朝非常难得的清官、好官，但却难为所用，难有作为，不得不提前致仕归隐。

无为市万湖（李陶蓓 提供）

归隐无为，种紫苏以自喻

吴廷翰归隐无为期间，最喜欢的事是种植紫苏。他盖的房子名叫"苏原"，取号也叫"苏原"，其原因，一是家乡所种植的紫苏，质地优良，胜于他地；二是紫苏气味芳烈，也能够入药，他以此自喻。那么，吴廷翰喜欢紫苏所展现的是什么精神呢？用他自己的话说："祖宗坟墓、父兄宗族、乡党朋友，尤吾之所独亲。以故物为苏原，则耳目口鼻、四支百骸皆兼有之。而反于心，则吾性情之实，仁义之美，尤吾之所独好。"他性情中的实，有品质的朴实、为官的务实、治学的求实；他思想中的仁义，是对国家的忠贞、对百姓的仁爱、对正义的坚守。吴廷翰将自己的思想情感寄托在家乡的物产紫苏之中，表明血脉的继承、乡风的濡养、师友的培育是形成他思想性格中这些核心成分的源泉。

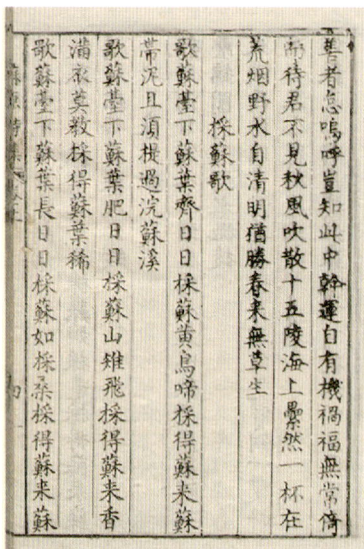

吴廷翰《采苏歌》

吴廷翰在家乡优游山水，写了如《百万湖》《灵泽夫人庙》等许多写景抒怀的诗词。其《锦绣溪》很得人欣赏，诗曰："杨柳深深沙坞起，桃花短短野津通。亭台不断双溪上，凫鹭来游一鉴中。白石青山看尽见，锦樯画舫照相同。已堪高兴乘王子，更可清狂醉贺公。"至今人们游览绣溪，亦不由得吟咏助兴。

虽然"绝口不谈当世之务，足迹不跬（bù）官府之庭"，处事淡然、豁达，但涉及百姓疾苦的民生大事，他依然十分关切。张瀚在安徽庐州任知府时，慕名拜访吴廷翰，吴廷翰在赠诗中写了百姓生活的惨境，希望张瀚上达下情，救黎民于水火。

著述丰富，大儒学行有成

吴廷翰辞官治学，另辟蹊径，成就了新的事业。正如"同里后学"朱万春在吴廷翰的像赞里说的："虽名臣功烈之未既，而大儒学行之有成。"

吴廷翰著述丰富，除大量的诗歌散文等文学作品之外，他还在《吉斋漫录》两卷中阐述了自己的哲学思想。简括地说，吴廷翰的哲学理论，是以朴素唯物主义反对主观唯心主义和客观唯心主义，他提出气"为天地万物之祖"的认识，继承并丰富发展了罗钦顺、王廷相的气本论思想，批判了宋明以来的程朱理学和陆王心学理论，不仅对后来的王夫之、戴震产生了深远影响，还对日本著名哲学家伊藤仁斋创立古学派及其弟子中江岷山，都产生过深远的影响。国内近年来逐渐认识到吴廷翰学术思想的重要历史地位，对其开展了从哲学、经学到文学的多方面研究。

韦谦恒：眷念芜湖的"探花"

◇ 唐　俊

　　乾隆二十八年（1763），芜湖韦家五公子韦谦恒（1715—1792）以"殿试第三人及第"，也就是夺得了"探花"。学霸韦谦恒自中了进士以后，几乎一辈子在外面做官，虽然官职与任职的地方变来变去，但那颗眷念家乡芜湖的心，始终没变。

先祖曾是东坡友

　　孟子说："君子之泽，五世而斩。"任何一个家族，如果子孙几代能保持祖业和门风，那是非常难得的，而韦谦恒家族就是芜湖历史上罕见的文化世家之一。文化世家出身的韦谦恒夺得探花，在偶然中有一定的必然性。

　　韦谦恒的先祖韦许，字深道，号独乐居士。韦许颇有文人气节，与苏轼、黄庭坚等名流有来往。韦谦恒编《旁搜集》时，"搜集宋代名贤与其祖独乐居士韦深道往来词翰尺牍，如东坡《题寄傲轩》一首……集成一编"。（民国《芜湖县志》）苏东坡能为韦许题写斋号，交情应该是不错的。黄庭坚在芜湖时，将韦许的本字"邦任"改为"深道"。

　　韦谦恒的从高祖韦一鹤，与萧云从是同时代人。韦一鹤字羽仙，号惕庵。顺治九年（1652）进士，授浙江丽水县知县。韦一鹤是位有操守、有作为的地方官，"丽水介崇冈伏莽，号称难治，一鹤至，立保甲、均徭役、捕盗贼，兴学劝农，苏息疲困，百姓戴之。"（民国《芜湖县志》）可惜最终"以积劳卒于官"。韦一鹤是百姓爱戴的官员，也是很有文化品位的官员。"静里谈禅飞玉屑，闲中供佛采山花"（《赭山僧舍》）是他希望的诗意生活。

韦谦恒父亲韦前谟虽然功名不彰，但好学不倦，"年八十犹能作蝇头字"。（《传经堂诗选》）尤其是教子有方，子孙成才者众。如韦谦恒的弟弟"韦震蒙，字昆泉，官训导，工大小篆兼擅铁笔"；韦谦恒的侄子韦带湘，同样喜爱书法，"嗜临池"。（《皇清书史》卷二）韦谦恒是韦前谟第五子，而从他《梦草亭独坐适八弟定旃洛中书至》这首诗题目看，他还有"八弟"。韦家真是人丁兴旺的大家族。

推介铁画第一人

古代宣传、推广某地特产或地方文化，举行文人雅集题咏是个好办法。乾隆二十年（1755），在京城高官梁同书家，就有这么个雅集活动，而题咏的对象，竟然是芜湖铁画。这件事说明，那时已诞生80年左右的芜湖铁画，就像一只可爱的燕子，从"寻常百姓家"飞进了"王谢堂"。而这事与一位芜湖人有关，这位芜湖人，正是韦谦恒。

雅集的主人梁同书非同小可。他字元颖，号山舟，浙江钱塘（今杭州）人，官至翰林院侍讲，也就是皇帝的老师兼私人顾问。梁同书还是著名书法家，与翁方纲、刘墉等人齐名。彼时，韦谦恒也在京城，虽尚未成为探花，官职不高，但与梁同书交好，两人是朋友。梁同书曾为韦谦恒题书房名，有韦诗为证："忆昔持尊酒，时时共短吟。月明秋水净，花落夕阳深。旧梦中宵觉，离怀隔岁侵。空余擘窠（bò kē）字，遥见故人心。"（《寄梁山舟侍讲》）韦谦恒在诗后自注："顷书瓦卮山房额见寄"。

因为是梁同书的座上客，韦谦恒参加雅集自是常事，而那天梁同书举办雅集的地方恰好挂了一幅芜湖铁画。"铁能打出画，还这么逼真？"参加雅集的几位文人惊叹之余，感到不解。来自汤鹏家乡的韦谦恒于是就给大家把汤鹏如何创制铁画的故事介绍了一番。梁同书听了以后，率先作歌行体《铁画》一首咏叹汤鹏和芜湖铁画。既然主人带了头，韦谦恒和几位文人自然纷纷唱和。韦谦恒在《铁画歌》里热情洋溢地赞美汤鹏："荆关一去倪黄死，无人能写真山水。谁从铁冶施神工，万里居然生尺咫。匠心独出无古初，扬锤柳下乐何如。肯作两钱锥补履，直教六法归洪炉。"

乾隆版《芜湖县志》中有"铁画"的简明记载，梁同书的《铁画歌》则是最早评介"芜湖铁画"的诗歌作品之一。而梁同书家此次雅集上的题咏，也成为乾隆版《芜湖县志》之后，历朝修撰芜湖地方志时介绍芜湖铁画的重要材料来源。可以说，芜湖铁画进入士大夫阶层，声名传播在外，与韦谦恒关系极大。韦谦恒堪称芜湖历史上对外推介铁画第一人。

芜湖铁画《翠竹图》，藏于芜湖铁画博物馆

《鸠兹诗存》寄乡思

韦谦恒在外做官40年，但是热爱家乡的情感始终没变，为讴歌、宣传家乡写了许多诗（包括那首《铁画歌》）。最可贵的是，他不仅自己写，而且还想编选一部芜湖诗选，书名都想好了，叫《鸠兹诗存》——韦谦恒在《雪后寄里中同调》自注中说："时拟辑《鸠兹诗存》。"

韦谦恒为编选《鸠兹诗存》进行了搜集整理工作，在《雪后寄里中同调》中，他还评价萧云从、沈士柱、韦一鹤等芜湖诗人："吾乡风雅国初最，萧沈气象真岩岩（萧尺木云从、小曼云倩，沈昆铜士柱、五盐士尊）。两家兄弟总奇特，力使大道榛芜芟。骚人哀思有余则，肯如梁燕总呢喃。继者吾家老县尹（先从高祖羽仙公一鹤，以进士知丽水县事，著《惕庵集》），澹泊之味超配咸。"《鸠兹诗存》是因故没有编讫还是编印后又散佚了，现在不得而知，但是韦谦恒七十岁时整理编印的个人诗集《传经堂诗钞》一直流传至今。

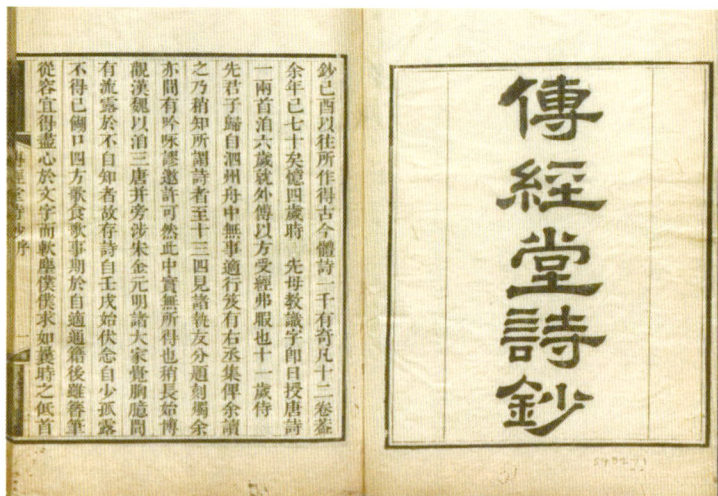

《传经堂诗钞》书影

在《传经堂诗钞》的自序中，韦谦恒回忆了在他4岁时，母亲每天教他读唐诗一两首；11岁时与父亲自泗州归芜湖，在舟中读王维诗后才体会到诗的妙处等往事。韦谦恒最后落款时注明此序写于"京师宣武门外长生瓦研斋"。

编选《鸠兹诗存》是长年在外做官的韦谦恒寄托一片乡愁的自我慰藉方式吧。

黄钺：造福乡梓的芜湖诗人

◇ 唐　俊

杜诗有"诗史"之誉。在芜湖历史上，历仕乾隆、嘉庆、道光三朝而不改家乡情结的黄钺的诗作则堪称芜湖"诗史"。他除了以诗文记叙描写家乡风土人情，还以造福乡梓为乐，做了许多公益事。

初仕辞职因和珅

黄钺是芜湖古人中做官做到最高位置的人。他从户部主事起步，历官礼部尚书、太子少保、户部尚书，直至军机大臣等。黄钺为官的特点，概括起来就是：位高权不重，同流不合污。至于原因，简单地说，黄钺本质上是一介书生，不适合玩政治；品格端方，顶多同乎流俗，坏事绝对不做。所以书画造诣颇高的黄钺历仕三朝，为官几十年，政治作为不多，文艺成就不少。

黄钺熬到40岁才因进士及第初次做官，但很快"告假归里"。这件事据说与和珅有关，颇有意思，值得略作探究。

黄钺（1750—1841），字左田。祖居徽州祁门，宋末迁居当涂，清顺治初年再迁芜湖。黄钺就出生在芜湖古城西门外升平桥黄家老屋中。他天资颖慧，勤奋好学。只是命如孔子苦，五岁丧父，十岁时母亲又辞世。但他颇有志气，奋斗不辍，终于在乾隆五十五年（1790）的会试中取得第21名，又在殿试中获得二甲第6名进士，朝考入选，授户部主事。此时的黄钺已经40周岁。但他任职不满一年即告假归里，且在十年后的嘉庆四年（1799）

和珅倒台后，才又重新步入仕途。

黄钺为何"告假归里"？民国《芜湖县志》说："相传（黄）钺成进士未殿试，和珅即使人招之，铦（tiǎn）以鼎甲，笑不答。珅恨甚，遂失馆选。"因为文中有"相传"二字，所以如果说黄钺"告假归里"的原因是得罪了和珅虽不足信，但是黄钺初次任职是在户部，而当时掌管户部的和珅正是势焰熏天的时候，说黄钺洁身自好，不欲趋附，并且在工作接近一年后预感和珅要倒台，自己不想受牵连，于是找个理由辞职远离和珅还是比较可信的。在和珅被嘉庆抄家"赐自尽"后，黄钺有《感事》一首含蓄透露此中消息，如说"轧荦（luò）生儿天宝昏"，"轧荦"指轧荦山，传说安禄山母亲在此祷天后有妊，生下安禄山；"天宝"是唐玄宗的年号。合在一起，是说乾隆就是晚年的唐玄宗。所以，洁身自好的黄钺政治嗅觉还是灵敏的，辞职"告假归里"很可能是明哲保身之举。

黄钺去世后，皇帝赐谥号曰"勤敏"，真是盖棺论定，恰如其分。黄钺能够历仕三朝而不倒，只"勤"不"敏"是难以做到的。

乐为造福乡梓事

黄钺在诗文中署名经常用"当涂黄钺"以示不忘祖宗，但他本人出生于芜湖，居住于芜湖（不含在外做官期间），退休后养老于芜湖，最后逝世于芜湖，所以，芜湖才是黄钺实实在在的家乡。

黄钺晚年把自己的诗文函牍等收集整理汇编为《壹斋集》，只要翻翻这本书就知道他对芜湖的乡梓情。做好事不宜自我宣传，不妨看看民国《芜湖县志》列举的几条："道光十四年（1834）黄钺等捐款，认买建造丰备义仓，并又加乡塾。……道光十五年，尚书黄钺及邑绅王泽、谢崧……黄恒等十四家同建，丰年每亩出谷二斤储积于仓，以备荒年赈粜。……育德泉井在丰备仓后院。道光十五年黄钺等凿。"芜湖地处低洼，水患频仍，为了救济灾民，黄钺带头捐款建造丰备义仓赈灾。老百姓命保住了，子女还得受教育。黄钺又带头捐资办乡塾，甚至80多岁高龄还亲自授课。实在难能可贵。

注重地方文化建设是黄钺造福乡梓的又一方面。比如南宋状元张孝祥与黄钺是相隔几百年的"邻居"，其故宅也在城西升平桥。到黄钺那时，张宅"归去来堂"的匾堂已不复存在，后人在归去来堂旧址建的张孝祥祠也因年久而荒废。黄钺便请县令陈圣修在来佛亭东澹人居故址（位于今烟雨墩）新修了张孝祥祠。陈圣修同时还新建留春园，园内置别馆，亲书"琴余别馆"四字于门额。除了张孝祥，黄钺还考察了黄庭坚在赭山滴翠轩读书的故实，并移祀张孝祥于滴翠轩，以萧云从等六位乡贤附祀，供后人祭拜瞻仰。

赭山滴翠轩，黄庭坚读书处旧址（石宝友　提供）

　　热心乡梓公益事业是黄钺晚年生活的重要组成部分，而那些关心芜湖民间疾苦的事，并非全是黄钺退休后才做的。

赢得芜湖"诗史"名

　　黄钺工诗文，善书画，精于鉴赏，曾参加编纂《秘殿珠林》《石渠宝笈》，担任玉牒馆副总裁、全唐文馆总裁等职。他的《壹斋集》是清代一部较为重要的诗文集，对研究古代（特别是古代芜湖）历史文化，具有相当的参考价值。

黄钺终老芜湖，是他热爱家乡的必然选择。黄钺对芜湖的山水形胜、人文景观、名物特产、饮食文化等可谓了如指掌。他取以为材，形诸歌咏。特别是66首（一说50首）《于湖竹枝词》把芜湖的名胜古迹、风物人情等，几乎咏遍。黄钺爬梳史料与现场踏勘相结合，对荆山"寒壁"为何人所题、赭山广济寺建于何时、修文孝祠为祭何人等问题，详加考证以探明。《于湖竹枝词》等组诗足证黄钺的诗作堪称芜湖"诗史"。

20世纪30年代的广济寺

在《壹斋集》中，还收有《汤鹏铁画歌》《于湖画友录》等诗文和《萧汤二老遗诗合编》等编著。关于汤鹏创制芜湖铁画的情况，以他的《汤鹏铁画歌·引》所说最为可靠。《于湖画友录》则是研究明末清初萧云从创立姑孰画派的第一手资料。黄钺对乡贤萧云从、汤燕生十分崇敬，因两人的诗文集皆散佚，经努力搜集，编成《萧汤二老遗诗合编》，为研究两位艺术家的生平思想和艺术创作提供了弥足珍贵的材料。

张恨水：从芜湖走向世界的小说家

◇ 魏文文

　　提起现代作家，普通大众都知道张爱玲，读者被她的才情所折服，而拥有无数读者的张爱玲也有一位十分崇拜的偶像——民国第一写手张恨水。张恨水"是国内唯一的妇孺皆知的老作家"（老舍语），就连鲁迅的母亲也十分喜欢张恨水的小说，她每天焦急地等待着张恨水在报刊上的连载小说，甚至断定儿子小说没有张恨水写得好。而张恨水的文学起步正始于芜湖，在芜湖他遇到了一生的挚友，也走出了小说写作与报刊编辑的第一步。

张恨水像

报社编辑显身手

　　张恨水（1895—1967），安徽潜山人，祖父为他取名"芳松"，入学后改名"心远"，希望他志存高远、光宗耀祖，而"恨水"则是他为自己取的笔名，来自李煜的《乌夜啼》"自是人生长恨水长东"，意在勉励自己珍惜光阴、自立自强。半个世纪的写作生涯，他创作了小说、散文、诗词、剧本等作品，是名副其实的文学大师，平均每天写作多达五千字，可谓拼命三郎。

1918年春，张恨水收到安庆老乡郝耕仁寄来的一封信，介绍他去芜湖的《皖江日报》当编辑。《皖江日报》由谭明卿与张九皋共同创办，谭明卿任社长，张九皋任总编辑。张恨水曾回忆："《皖江日报》的编辑张九皋领我会见了谭经理，他们信得过郝耕仁，也就信得过我。分派给我的工作是每天写两个短评，还要编一些杂俎，新闻稿子缺少，就剪大城市报纸，工作并不难。"

当张恨水接手《皖江日报》副刊后，就把自己早年的一篇文言言情小说《紫玉成烟》放在副刊连载，兼写一些小说闲评，没想到"这个举动，在芜湖新闻界，竟是打破纪录的"，不仅大大增加报纸的销量，还吸引了许多人投稿。而《紫玉成烟》也因通俗易懂很快在江城家喻户晓。张恨水编辑与创作都得到了快速的进步，社长看到成绩，包下了他的食宿外，每个月发放8元薪水，从此张恨水走上了报人之路。

编辑之余，他还为上海的《民国日报》创作了《真假宝玉》《迷魂游地府记》等小说，小说连载让他的名气与日俱增。同事李洪勋曾劝他："你老兄笔墨很好，要是到大地方去，是很有前途的，何必在这里拿八元一个月呢？"谭明卿听到议论，不仅答应给他加薪到每月12元，还答应日后为他在皖南镇守使马联甲那里谋个差使。

投身革命活动中

五四运动爆发后，以陈独秀、高语罕、苏曼殊为代表的进步师生积极投入到革命中，《皖江日报》作为媒体积极响应，5月16日起便停刊日商广告、船期和商情；发表文章支持学生运动，并且刻印传单送至学生代表处，积极宣传革命。

张恨水看到日本人在芜湖肆意妄为，便义愤填膺地带领着报社同事20余人走上街头，高呼中国万岁，以示抗议！多年后，有人回忆道："丸山药房（日本人的买卖）斜对面就是《皖江日报》社，这时小说家张恨水吃了两杯雄黄酒，爱国热情不禁沸腾起来，提议吃饭后也到马路中间去三呼'万岁'。全社职工二十多人一致同意。由张恨水搠着旗子，大家突然从社内跳跃到街心，三呼中国万岁后，立时退入报社。"虽然这一行动很短暂，却抱有爱国的热血。

北上写作获大名

张恨水自幼酷爱读书，父亲在世时曾计划送他去日本留学，不料家中突遭变故，不仅搁浅了留学计划，连学业也被迫中断了。尽管如此，张恨水心中仍然十分憧憬校园生活，在芜湖的报刊工作虽然已解决温饱，暂时过上衣食无忧的日子，但是张恨水却梦想着去北京大学读书。当听到有机会成为北大学生时，他更坚定了北上求学的信念。

1919年秋，张恨水便辞去《皖江日报》的工作，开始了"北漂"生活。到了北京后，张恨水先后在上海《申报》驻京通讯社、北京《益世报》编辑部、北京世界通讯社、联合通讯社、北京《朝报》《今报》编辑部任职。在担任《益世报》编辑时，曾应张九皋的邀请，为芜湖《工商日报》创作了8万字左右的小说《皖江潮》（署名恨水）。

1922年的《工商日报》及其刊载的《皖江潮》

自芜湖开始报刊生涯，到1948年兼任《北海》主编职务，张恨水已从事报刊工作长达31年。而编辑之余，张恨水并未放弃写作，经常同时为六七家报刊写稿。"九一八"事变后，张恨水创作了《五子登科》《巴山夜雨》《纸醉金迷》等多部宣传抗日的小说，《水浒新传》《八十一梦》等还受到了毛泽东、周恩来的赞赏。

张恨水与妻子周南

1949年张恨水加入中国作协，后被聘为文化部顾问、中央文史馆馆员，1967年2月15日因病在北京逝世。晚年他曾坦言："我虽然天天发表文字，却只有两个目的，其一是混饭，其二是消遣。混饭是为职业写字，消遣是为兴趣写作——四十年记者生涯，以字当米一颗颗蒸了煮了吃了，甘苦自知，悲喜两忘。写字就是营生罢了，如同摆摊之类的小本生意，平淡如斯，实在如斯。"

阿英：终归故里的革命家、文学家、藏书家

◇ 魏文文

　　如果说镜湖是一颗闪耀的明珠，而坐落在镜湖一角的烟雨墩无疑是镜湖最亮丽的风景，著名的革命家、文学家、藏书家阿英（1900—1977）就长眠在这里，先生一生读书、写书、藏书、爱书，与书一起守望着芜湖，挚爱着芜湖。

镜湖烟雨墩（芜湖市图书馆 提供）

从芜湖到上海的革命少年

1900年2月6日，芜湖城南二多桥61号一个男婴呱呱坠地，钟表匠父

1960年,阿英在北京家中

亲钱聚仁按照德字辈为他取名"钱德富",寄希望他能够从商得富。阿英7岁被送往私塾学习四书五经。10岁入芜湖安徽公学附小读书,为阿英打开了新世界的大门。在这里他结识了李克农,从此二人结下了深厚的友谊。小学毕业后父亲将他送往安庆省立第一商业学校,希望实现经商的愿望。不料学校停办,阿英被迫回芜,先后进入芜湖圣雅各中学、萃文中学就读,教会办学为阿英接触西方先进文化提供了机会,也在阿英心中埋下了文学的种子。

1917年,阿英中学毕业,因家庭拮据,便奉命报考芜湖邮局任邮务生,单调的工作、闭塞的环境、禁锢的思想并不能使阿英得到满足,勉强干了一年,他便辞职前往上海中华工业专门学校学习。不久"五四运动"爆发,阿英作为学生代表,出席上海市学生代表大会,并与邹韬奋一起编辑上海学生会机关刊物《上海学生联合会日刊》。五四运动的风很快地吹到了芜湖,省立五中校长刘希平和高语罕带领师生掀起反帝反封建的热潮,正在芜湖过暑假的阿英受到革命气势鼓舞,与蒋光慈等人集会、写稿、办夜校,忙得热火朝天。暑假很快过去了,阿英回到上海仍然时刻牵挂家乡,便于1919年下半年成立"安徽旅沪学生会",联络各校学生运动。为了工作联络方面,上海的一位老先生为他起名"钱杏邨",上海话"阿杏"与"阿英"相似,"阿英"的名字便应运而生了。

暴风雨前夜的歌者

1920年秋,阿英回乡探亲,经刘希平、高语罕劝说回芜湖任教,先后任省立五中、二女师、民生中学等国文教员。1925年"五卅运动"爆发,阿英作为中学教员学生联合会代表积极组织、响应示威游行,全市停工、停课声援遇难同胞，阿英被推举为公祭主祭，他慷慨激昂、充满激情的演讲感染了在场的群众。1926年，军阀孙传芳指认阿英为共产党，下令通缉，阿英被迫流亡到上海，10月经高语罕介绍入党，从此阿英时刻以一名党员的身份要求自己，传播革命火种，践行革命精神。

1927年3月，阿英再次回到芜湖，以共产党员身份任国民党芜湖县党部委员，主持工作，常与李克农、宫乔岩等人研究革命形势、开展地下工作。4月12日蒋介石发动反革命政变，芜湖笼罩在白色恐怖中，阿英与李克农等人离开芜湖，历尽艰辛，到达武汉。7月15日汪精卫叛变革命，阿英与蒋光慈奉命转移到上海。在党组织的指示下，于12月创办了革命文学团体太阳社，开始了新的斗争使命。

阿英的诗是他早期战斗生活的实录，流淌着炽热的情感与血性，是窥探时代精神的重要窗口。叙事长诗《暴风雨的前夜》（1928）、《饿人与饥鹰》（1928）、《荒土》（1929）三本诗集是他思想与精神的真实写照，反映了大革命前后的时代风云变化。阿英辗转流离，抛家别子，目睹了大革命的失败，悲痛欲绝，将难言的愤懑与不平化作一首首咯血的诗，宣泄着一代知识分子的思想激动。

终归故里的藏书家

阿英是现代著名藏书家之一。早在芜湖读书时，阿英便开始买书、藏书，这一兴趣伴随着他的一生。即使在30年代上海政治形势极其复杂、个人经济十分困窘的环境下，阿英也从未放弃搜书的爱好。他的散文《城隍庙的书市》《西门买书记》《海上买书记》《苏常买书记》等都生动地记载了他寻书、买书的酸甜苦辣，对经济不够宽裕的阿英来说，买与不买之间是时常矛盾的，因为一些价格高的书甚至要用去一两个月的生活费，这常常使他陷入极端的困窘。

在动荡的岁月，阿英的藏书在劫难逃。1941年底，阿英离开上海去苏北，将珍贵的书籍寄放在一位朋友家，报纸等材料则委托一位医生代为保管。然而，前者被国民党军人用来烧饭，后者被代管医生卖掉。每每提及此事，阿英总是伤心至极。

阿英藏书没有沾染旧藏书家秘不示人的恶习，经常把藏书借给需要的读者。当年鲁迅先生编选《中国新文学大系》"小说卷"搜集资料时就曾得到阿英的帮助。他的收藏十分丰富，不仅有晚清、民国时期的文学书籍、期刊，还包括美术年画、插图、连环画、版画作品，以及青铜器、秦砖汉瓦、唐宋彩陶、明清瓷器、古砚台、金石、书画等古文物，尽自己微薄的力量对中国文化遗产进行抢救性保护。

1976年，阿英已经进入肺癌晚期，但是仍默默整理着他一生钟爱的藏书，多次告诫亲属："我们是共产党人，清贫一生，绝不可因物而累。我留下的这些东西都是国家的、人民的，以后都得物归原主。"阿英逝世后，他的子女遵照阿英生前遗愿，将其骨灰带回芜湖，将4900余种、12000多册的珍贵书籍及部分文物捐献给芜湖市图书馆，芜湖市在烟雨墩建立"阿英藏书陈列室"，由陈云同志题匾，又建造汉白玉纪念基石，李一氓同志在纪念基石上题写了"文心雕龙"四字。

阿英藏书纪念基石（芜湖市图书馆 提供）

蒋光慈：由青涩少年到江城新文化运动中坚

◇ 孙栋华

　　蒋光慈（1901—1931，又名蒋侠生）是我国无产阶级革命文学的前驱之一，他不仅创作出版了多部诗歌集和长篇小说、短篇小说集，而且积极投身于党所领导的文化战线的斗争，为开创中国无产阶级革命文学，作出了巨大的贡献。

初到芜湖，多方尝试

　　1917年秋，蒋光慈来到芜湖，进入省立五中读书。他生性率真、耿直，开始探求着人生之路。1918年，他的好友李宗邺曾与其一同登顶赭山赏月，有诗曰："当前第一爱韶华，各有胸罗百万家。抵掌纵谈天下事，江山如画走龙蛇。"（《与蒋侠生、吴葆萼、胡苏明月夜登赭山顶》）记录了蒋光慈和友人们纵谈天下事，探求人生的一幕。但他只是停留在个人的经历和肤浅的识见范围之内，一度表示要以古代的侠客为榜样，"以削尽人间的不平"，又打算走出尘世，出家为僧，远离不平。

蒋光慈像

　　他的这些幼稚念头，很快就被现实中汹涌而来的形形色色的社会思潮包围、瓦解了。如无政府主义，主张建立所谓"无命令、无权力、无服从、无制裁的无政府社会"，蒋光慈感到很契合自己的想法，于是和同学组成了一个无政府主义的团体"安社"，编印了小报《自由之花》，共出版了6期，在省内产生了较大影响。安社组织了一次公演，剧目是《夜未央》。剧中女主角安娜与爱人华西里暗杀总督，华西里英勇牺牲，安娜在昏迷中还大声疾呼"前进呀，前进！"革命者勇于献身的精神，引起了蒋光慈的共鸣，他充满激情地写了两首诗歌颂苏维娅，其中写道："此生不遇苏维娅，死到黄泉也独身"。他在探索中开始了思想的转型。

开始觉醒，接受新文化

省立五中是全省最早的新式学堂。辛亥革命前后，一批反对清王朝封建统治的知识分子在这里汇聚，传播民主和科学思想，成为芜湖乃至全省新文化运动的策源地和中心。学校成立了学生自治会，蒋光慈被选为学生自治会副会长，得到了最初的社会工作的锻炼。

芜湖科学图书社，主要经营新文化书刊和课本，一度是长江沿线一带反清活动的据点。蒋光慈常去阅读新书刊，结识《皖江日报》编辑郝耕仁、外校的钱杏邨（阿英）、李克农等人，相互砥砺思想和学问，得到了新文化的哺育，开始给《皖江日报》撰稿，主要是白话体的针对社会现象的短论，向着帝国主义和封建主义发起了冲击。

勇立潮头，崭露头角

组织领导学生大游行。1919年5月4日，"五四"运动爆发。5月5日凌晨，蒋光慈等同学被从睡梦中喊醒，分头到二农、二女师、萃文、圣雅各、芜关等中学，传播北京消息，联系开展行动。5月7日，蒋光慈带领省立五中同学和其他学校的学生会合，齐集东门外老铁路路埂开大会，进行示威游行，要求惩办卖国贼，释放北京游行中被捕学生，拒绝在巴黎和约上签字。队伍到河南泗关街（现长江长小区所在地）日本领事馆时，向日本侵略者发出了警告。

抵制日货，组织"劈牌子"队。"五·七"大游行后，芜湖掀起了抵制日货、提倡国货的群众性斗争。蒋光慈带领同学在长街、大马路对商家逐户检查，组织了"劈牌子队"，自任队长，拿着斧头、刀子等工具，看到商店柜台上放置的"东西洋货零趸批发"的牌子，就立即劈掉了。

编印"鸡毛报"。在抵制日货活动中，蒋光慈带领同学赶制"鸡毛报"，往往通宵达旦，趁天色未明，投到商店的门缝里去，不少商家见到鸡毛报后，就不开门营业，又将鸡毛报送交别的商家，形成了"家家飞报，人人传阅"的局面。5月17日《时报》、6月12日《申报》都进行了报道。在连续紧张的劳累奔波熬夜之后，蒋光慈身体日渐消瘦，曾不止一次口吐鲜血。

担任市学联副会长。6月3日，芜湖组织了"芜湖学生联合会"，蒋光慈被选为副会长，负责宣传工作，和同学共同起草了《芜湖学生联合会宣言》，并致电北京学生表示支持。芜湖学联创办义务平民学校，在组织抵制日货活动，支持工人大罢工等方面，发挥了巨大作用。

《蒋光慈文集》，上海文艺出版社，1982年版

走出校门，大显身手

直面军阀进行斗争。9月，军阀马联甲挖空心思要将食盐加25%的附加税，定名为"二五附加"，从中抽分贪污，激起市民极大愤慨。蒋光慈等人率领省立五中、二农、二女师的一批学生，闯到马联甲的小老婆住处（位于现芜湖市第二人民医院西门），堵住马联甲要他收回成命。马联甲问蒋光慈姓名，蒋大声回答说："我姓大炮。"经过一番争辩，马联甲不得不应允

取消"二五附加"。蒋光慈等人又取出事先拟好的"保证书",让马联甲签了字。这场斗争,显示了蒋光慈的大无畏精神和成熟的斗争本领。

走向劳苦大众,任教平民夜校。1920年新年期间,蒋光慈等五中学生,组织学生剧团演出筹款,在西花园(现中山路步行街华亿商场所在地)创办了一所义务学校,招收工人子女,传授文化,撒播革命种子。

大声疾呼关心青年问题。1919年末,北京大学女学生李超贫病交加、积郁成疾而死,引起很大反响。蒋光慈写了长诗《读〈李超传〉》,刊登在开封青年学会主办的杂志《青年》第4期(1920年3月1日),大声疾呼青年们与黑暗抗争、搏斗。当时,一些因为陷入思想苦闷而前途暗淡的青年,采取了自杀了结的极端做法,引起了社会的关注和痛惜。蒋光慈写了《我对自杀的意见》发表在《青年》第5期(1920年4月4日),对青年进行劝导。

蒋光慈经过"五四"反帝反封建和新文化运动的洗礼,已经成长起来了。1920年春,蒋光慈受芜湖学联和各界联合会的委派,赴沪进入全国各界联合会工作,踏上新的革命征途。

田间：为人民而歌的时代鼓手

◇ 魏文文

田间，1916年5月4日出生在无为市开城镇羊山潘家岗村的一间老屋里，原名童天鉴。在当地的方言中，"天鉴"与"田间"谐音同调，为此他为自己改名"田间"。田间正是带着这个质朴的名字奔走在祖国的大地，成长为一位为人民而歌的"时代鼓手"，一位"勇敢的、真诚的、夜以继日、战斗不息的战士"。

田间像

"田野的孩子"

田间的父亲是一位乡村知识分子，在田间六七岁时便开始教他识字、念书、写字，从《三字经》《百家姓》，到《左传》《论语》，再到唐诗宋词，田间一直接受古典文学的熏陶与浸润。田间的父亲兼做木材生意，经常往返于上海与芜湖之间，从外地带回一些新派文学书籍给他阅读。

田间的文学启蒙也离不开程慎卿先生。程先生不仅教他背诵《诗经》，还教他撰写对联，学习写改良体诗歌。一次，田间放牛时看书太入迷，没注意牛已经跑到别人家稻田里，先生知道后便出上联："天鉴放牛，牛下田间稻被践"，田间思考了一会儿，答道："阮仲牧羊，羊进园中菜遭踏"；先生出"雨打桃花桃花落"，田间对"风吹柳絮柳絮飞"；先生出"水车车水水灌田"，田间答"米筛筛米米充饥"。正是这样的文学启蒙为田间打下了坚实的基础，也在田间幼小的心中种下了文学的种子。

读完小学后，田间被送往无锡辅仁中学读书，次年又转到陶行知先生创办的南京安徽中学读书。在校期间，田间热心各种校园公益与爱国活动，参加校园诗社，尝试诗歌创作。1933年，田间考入上海光华大学外文系，很快地融入大学生活。受高尔基作品的影响，次年由"左联"成员蒋弼介绍加入中国左翼作家联盟，从事《文学丛报》和《每日诗歌》的编辑工作，并给自己起笔名"田间"。

1936年春，田间返芜，不久又东渡日本，其间创作长诗《中国农村的故事》，以红军长征为背景，讴歌农民反抗斗争。田间这个"农民的儿子，田野的孩子"（胡风语）时刻把人民装在心中，爱国热情与反抗精神也早已融化在他的血液里。

"我要使我的诗成为枪"

抗日战争爆发后，田间毅然回国，并在上海写下了著名的抗战长诗《给战斗者》，"敌人/突破着/海岸和关卡，/从天津，/从上海。//敌人，/散布着炸药和瓦斯，/到田园，/到池沼。//敌人来了，/恶笑着，/走向我们。//恶笑着，/扫射，绞杀。//今天，/你将告诉我们，是战斗呢，还是屈服？/祖国，祖国呵！"像是一种宣言，又像是一种召唤，召唤着群众，伴着民族的号角，一起前进。1938年，田间前往八路军领导的西北战地服务团当记者，深入战争一线，宣传革命精神，当年夏天抵达延安，经丁玲、邵子南介绍加入中国共产党。

田间用诗歌诠释着激情与力量，实践着"首先是战士，其次是诗人"的诺言，用一声声呐喊为我们保留了鲜活的历史样貌。为了使诗歌成为大众的艺术，他与邵子南、柯仲平等人发起和创作"街头诗"运动，把诗歌写在墙壁上，写在岩石和大树上，呼唤群众用诗歌书写与歌唱"抗战的、民族的、大众的精神"。田间曾回忆，"1938年8月7日，延安城内，大街小巷，街头和城墙上，张贴起一首一首的街头诗。大街的中心，悬挂着九幅红布，红布上面，也是写着'街头诗'。当时延安的诗人们，就以这一天叫作'街头诗运动日'。"街头诗因朗朗上口、铿锵有力而广为流传，激发了延安和根据地群众的抗战热情、鼓舞了群众的斗志。后来街头诗运动发展到各地的解放区，极大地推动了革命的发展。

1938年深秋，田间来到晋察冀边区，在这里生活与战斗了十载，历任战地记者、中共盂平县、雁北地委、张家口市等地宣传部部长。这期间，田间一直以诗歌为伴，在艰苦的斗争中，把街头诗带到群众中，与人民群众打成一片。正如铁凝所说："他一方面出生入死，从事基层组织工作，另一方面，在枪林弹雨中写诗，在行军路上写诗，在马背上写诗，在黎明前的黑夜里写诗。火红的年代给了他无尽的灵感，人民的奋斗给了他不竭的诗情。"

无为市羊山党史陈列馆（童有兵 提供）

回到田间去

中华人民共和国成立后，田间继续留在河北从事文化工作，先后历任全国文联研究室主任、中央文学研究所秘书长和中国作家协会文学讲习所主任、《诗刊》编委和河北省文联主席等职位，写诗依然是他关注社会、抒发感情的重要方式，从抗美援朝到海防前线，从农村生活到工业建设，田间时刻关注着新中国发展的各个领域，他用质朴的笔触诠释着时代的变化，满腔热血地讴歌他热爱着的祖国，对美好的未来充满憧憬与希望。对诗的热爱伴随着他的一生，诗人郁葱曾回忆，20世纪70年代中后期，田间住在石家庄一间15平方米办公室兼宿舍的房子里，但他对诗歌的激情，他的执着，他的敏锐，他的创造力，一直到晚年都没有减退。

1985年8月30日，田间因病去世，留给世人30多部作品。杨成武将军为纪念田间题词，称他"不愧是时代的鼓手"。

田间热爱着芜湖这片生养他的土地。生前常说，从田间来，还要回到田间去。去世后，他的一半骨灰安葬在北京八宝山革命公墓，另一半由夫人葛文遵照他的遗嘱，葬在故乡的土地上。家乡树立田间塑像，供后人瞻仰与缅怀。

伍子胥：助吴称霸过芜湖

◇ 沈世培

在长三角，有一条连通芜湖—太湖—上海的水上交通"大动脉"——芜申运河，而它的前身就是春秋时伍子胥主持修建的胥河，伍子胥因此成为与芜湖相关的历史名人。伍子胥（前559—前484）名员，又称申胥，春秋时期楚国人，后奔吴国，官至吴国大夫，是一位卓越的政治家、军事家。

渡江奔吴，经过芜湖

《左传》昭公二十年（前522）载，伍子胥的父亲伍奢、兄长伍尚被楚平王杀害，伍子胥不得不开始逃亡之路。

据《史记·伍子胥传》记载，伍子胥先投靠楚国太子建，太子建被杀，不得已，与太子建儿子胜逃离楚国，投奔吴国。当他们经过昭关（在今安徽含山县）时，遭到官兵追捕，慌忙徒步跑到江边，乘一渔船渡过长江，伍子胥解下价值百金的宝剑，赠予帮他渡江的渔父。渔父没有接受。伍子胥一路辛劳，带病乞讨，最后才到吴国。这里记载伍子胥由楚至宋、由宋至郑，最后才由郑奔吴，奔

春秋时芜湖周边地图（选自谭其骧主编《中国历史地图集》）

吴路线相对详细些。但是，没有记载渡江后解剑处。

《吴越春秋》说在"千浔（xún）之津"，这一渡口不仅模糊，而且费解，好在宋代官修大型类书《太平御览》引作"于滏（fǔ）之津"。巧的是，这一名称与《越绝书》所载"于斧之津"，仅有一字之差，但读音相同。有学者因此认为，"千浔""于滏"可能是字形相近造成的讹误，"于斧""于滏"当是同音异写，不无道理。

那么，"于斧"又在哪里呢？张仲清《越绝书校注》怀疑"于斧"就是于湖。众所周知，于湖虽然是晋代设置的县名，后人常用以指代芜湖，但作为地名，我们有理由相信，于湖早已存在。结合《越绝书》中伍子胥渡江之后到溧阳的行踪，伍子胥由西向东行，经昭关、于湖到溧阳，行程合理。所以，于斧很可能就是于湖（芜湖）。

修建运河，抵达芜湖

伍子胥到吴国后，得到了吴王阖闾（hé lú）的重用，为吴王谋划政治和军事，先后主持开凿了胥溪和胥浦两条古老的人工运河。前者使太湖与芜湖相通。

春秋时，吴国地处太湖地区，与地处长江中游的楚国争战，需要水路行船。太湖地区，常有洪灾，也需要修建排洪河道。吴王阖闾四年（前511），为了军事和农业的双重需要，伍子胥率部下在今高淳东坝附近山梁开挖运河，向东由荆溪穿过滆（gé）湖、长荡湖，通太湖；向西通过水阳江，穿过固城湖、石臼湖和丹阳湖，由青弋江，经芜湖，入长江。由于新开运河西高东低，水位落差大，不利于航行，伍子胥便沿着这条运河设计了五道堰坝，用以平缓水势，达到了"挽拽轻舟"的目的。周敬王二十五年（前495），吴王又命他开挖沟通太湖和大海的胥浦，主要用于疏浚太湖的泄水道。后人为了纪念伍子胥，将这两条运河分别名为胥溪和胥浦。胥溪东起高淳固城湖，西至溧阳朱家桥，仅十数里，却沟通了长江和太湖水道，兼具军事运输和分洪泄洪之利。胥溪通航后，不仅可以漕运，春冬载200石舟，东通太湖，西入长江，还可以运兵。吴国联合蔡、唐两国，发动

6万水军，自太湖沿着荆溪、胥溪、水阳江、青弋江，抵达芜湖，入大江西进，突然出现在楚军面前，五战五捷，攻破楚都郢，掘开楚平王之墓，鞭尸复仇。

胥溪属于从芜湖至太湖"中江"中的一段。1978年，北京大学侯仁之先生一行来芜调研，撰写《芜湖市历史地理概述》，提出中江东通太湖（古称震泽），西连长江，是一条极为重要的东西交通的水道，对于江南舟楫世界里的吴越具有重要的政治军事意义。鸠兹如果说在中江沟通太湖和长江以前，还只是一般城邑，那么此后，其政治军事地位就日渐重要起来。

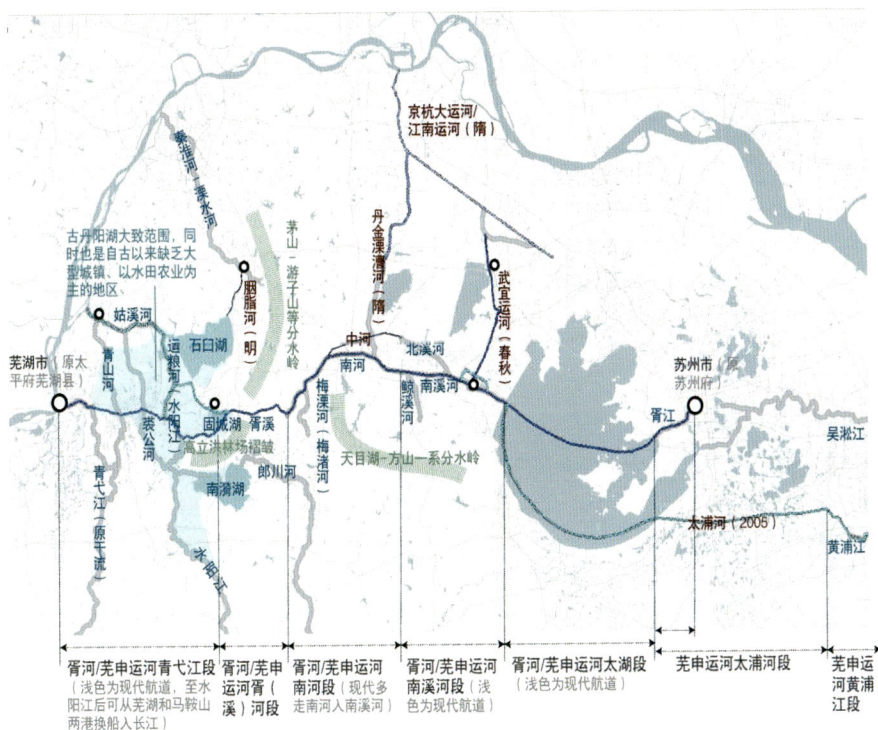

现代芜申运河与古胥河及周边运河系统关系图（赵忞 制图）

从胥溪到芜申运河

胥溪沟通青弋江、水阳江与太湖地区，上下游水位落差较大，必须立堰节水，才可挽拽轻舟，以利通航。唐代以前，太湖流域没有充分开发，因此胥溪水患未受重视。

晚唐开始在胥溪上修筑拦水坝。大顺二年（891），杨行密占据宣州后，被孙儒围困长达5个月，杨的部将台濛在胥溪筑5道土坝，抬高水位，用小船运粮到宣州，"卒破孙儒"。

宋代尤其是明代以后，太湖地区成为国家财赋主要来源，朝廷必保之地。洪武二十五年（1392），浚深胥溪，修建广通镇（今南京市高淳区东坝街道）闸，启闭以通船只。正统六年（1441），洪水冲毁广通坝，苏州、常州地区受灾，巡抚南直隶、总督税粮的周忱带领民夫重筑堤坝。正德七年（1512），镇江府通判齐济周受命将广通坝加高3丈，自此胥溪水不再东流，太湖流域水患顿减。但东坝以西的高淳、溧水、宣城、当涂等县大批圩田被淹没。嘉靖三十五年（1556），又在坝东10里增筑下坝，两坝共同屏障"三吴"，但是东坝以西，洪水向西倒流入长江。孙中山曾在《建国方略》中拟议重新开通胥溪运河，然而未能实现。

芜申运河（姜辉 提供）

胥溪水患真正解决，是到新中国成立之后。1958年，为下游抗旱，拆除东坝，开挖芜申运河，1990年，这条延续2000余年的古老运河恢复航运功能，2024年芜申运河全线通航，胥溪也再一次复兴。

孙权：在芜湖筑起江山屏障

◇ 何章宝

刘备曾对孙权（182—252）说："江东先有建业，次有芜湖。"（语见《南齐书》卷十四）所以，孙权在建业（今南京）称帝的第二年，就根据军事需要，将芜湖县治从鸠兹迁至今市区东南青弋江北岸鸡毛山一带的高地上，筑起一座新城拱卫京都。这座新城连同无为的濡（rú）须坞，成为守卫东吴江山的坚固屏障。

草船借箭

建安十七年（212），孙权在濡须山上筑立东关，在七宝山上建起西关，两关对峙，下建濡须坞，堵住战船从巢湖进入长江的必经通道，形成军事要冲。次年正月，曹操平定关中后，决定对孙权用兵，亲率大军，号称四十万，剑指濡须。孙权令甘宁领兵三千为前部，自率主力七万进驻濡须，迎战曹军。

孙权派甘宁夜袭曹军，挫其锐气。曹操率军出击濡须，派遣水军作油船，趁夜渡至洲上。孙权针锋相对，派遣水军围歼曹军，俘敌三千余人；曹军沉溺死伤也有数千人。于是曹操坚守水寨，避而不出。一天，孙权借着晨雾，乘轻舟察看曹军水寨，快接近水寨时，令士兵擂鼓奏乐；曹军看不清虚实，以为吴军攻寨，弓弩齐射。不一会儿，孙权的轻舟由于一侧中箭太多，船身倾斜；孙权令调转船头，让另一侧受箭，船慢慢平衡，于是奏乐凯旋。后来，孙权数次前来扰营，曹军有了前车之鉴，均坚守不出。

孙权驾轻舟，靠近曹军水寨，曹军诸将都想出营攻击，曹操说："这是孙权想亲自看我水寨的军事部署！"下令严阵以待，弓弩不得妄发；孙权又奏乐而归。这就是《三国演义》中"草船借箭"的原型。

曹操在濡须外，望着孙权的水军船队次第行进，风纪整肃，旗分五色，兵器分明，感叹道："生子当如孙仲谋！若刘景升（刘表）儿子，豚犬耳。"

会战濡须

建安二十一年（216）冬季，曹操兴兵伐吴，孙权率兵抵御，两军会战于濡须。

当时江淮一带天气恶劣，时常风雨交加，吴魏双方都受到很大影响。对曹军来说，泥泞不堪的道路严重影响了各路大军的前进步伐，直到次年（217）正月，才完成在居巢（今巢湖市）的集结。对吴军来说，更是未经交战而先折大将。东吴水军大将董袭乘坐五楼船屯驻于濡须口，深夜暴风狂袭，五楼船倾覆，众将士乘舸逃走，请董袭一起逃出，董袭大怒说："我受孙将军的重任，在此防备敌人，怎能委身而去，谁再说要逃走，立斩！"于是众人不敢干涉。当夜船沉，董袭淹死。

裕溪河（古濡须）大堤，位于芜湖市鸠江区（仇恒瑞 提供）

两军交战，战斗之初，吕蒙趁曹军前部立足未稳，先发制人，攻破曹营；但很快，曹操大军赶到，对濡须发起猛攻。吴军在都督吕蒙、濡须督蒋钦率领下奋力抵抗；猛将周泰、中郎将徐盛、偏将军朱然纷纷率军前来参战。战斗中，魏振威将军孙观被流矢射中，仍然奋勇作战；其后因伤而亡。

由于曹军势力很大，尽管吴军众将拼死抵抗，仍渐渐力不能支。至二月，孙权退出了濡须的防守，同时派遣都尉徐详前往曹营请降。曹操虽在此次濡须之战中取胜，但看到东吴军心齐、作战勇，江南一时难以攻克，最终选择接受孙权请降。

激赏周泰

吴将周泰两次勇敢地护卫孙权，一次是建安二年（197）在宣城为救孙权与山贼搏杀，受伤12处；一次是此次濡须之战，为救护陷入重围的孙权，在敌阵中反复冲杀，受伤多达几十处。

战后，孙权令周泰接任濡须督，当时朱然、徐盛等都在濡须军中，对这位新任"一把手"心有不服。孙权知道后，特意到濡须巡视，宴请将领，犒劳军士。在酒宴上，孙权亲自斟酒端到周泰面前，叫周泰解开衣服，指着他身上的累累伤痕，一一询问各处创伤的原因；周泰便一一回忆当时作战受伤的情况，每说一处，孙权就请他喝一大杯酒。说到动情处，孙权拉住周泰的胳膊，泪流满面，亲切地称呼他的字，说："幼平，卿为孤兄弟，战如熊虎，不惜躯命，被创数十，肤如刻画，孤亦何心，不待卿以骨肉之恩，委卿以兵马之重乎？卿吴之功臣，孤当与卿同荣辱，等休戚。幼平意快为之，勿以寒门自退也。"又赐给他御用的青丝头巾。然后在濡须停息数日，出入让周泰带着兵马引导，鸣号击鼓。孙权这样为周泰造势，于是朱然、徐盛等心悦诚服。

孙权在芜湖、濡须厉兵秣马，取得了地利人和之效。

徐勣：宋徽宗两道诏书的所有者

◇ 沈世培

徐勣（jì，1055—1134），字元功，芜湖市南陵县人，历经北宋神宗、哲宗、徽宗三代，官至中书舍人、龙图阁直学士、显谟阁大学士，为北宋名臣。《宋史》立传，民国《南陵县志·人物传》名臣部分列为南陵"名臣"第一人。2004年发现的《徐氏续修宗谱》收录了宋徽宗赐给徐勣的两道诏书。

第一道诏书：政绩卓著

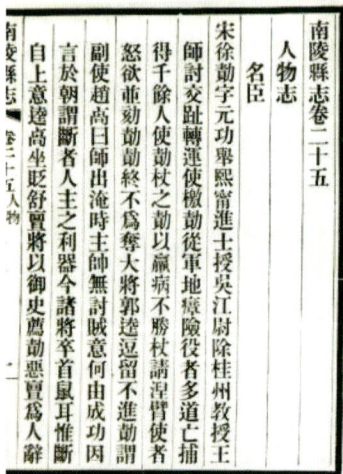
民国《南陵县志·徐勣传》

第一道是北宋徽宗宣和元年（1119）八月十五日诏书，称赞徐勣"立心刚正，积学渊源"，加他为显谟阁大学士。大学士，为"柱石之臣，王纲攸赖"，当为德高望重之人。可见，徽宗对他人品的肯定，并给以极高地位。

徐勣先祖从徽州迁至南陵，到宋代徐氏宗族曾煊赫一时。宗谱载，"陵阳徐氏，江南之名族也，自北宋以来，登甲第而膺显宦者代不乏人"，先后出了好几位高官，首先是声名显耀的北宋名臣徐勣。南陵在北宋神宗熙宁年间，共出了4名进士，分别是徐勣、刘拯、董必、赵企。此4人均声名显耀，前三人身居要职，《宋史》有传；赵企则是当时知名的文学家。徐勣于宋神宗熙宁六年（1073）登进士，一甲榜眼及第，名声最大。

徐勣进士及第后，授吴江县尉，不久，选桂州教授，随宋军讨伐交趾（今越南北部红河流域）。行军途中，山高路险，瘴气弥漫，民夫不堪其苦，多逃亡。转运使抓捕千余人，要徐勣用杖刑来惩罚他们，徐勣不忍心，认为他们饥饿、瘦弱、患病及劳累，经不起杖击，可在臂上刺字惩戒。转运使大怒，扬言要弹劾他，而徐勣据理力争，毫不退让，转运使只得作罢，终使逃亡者免于刑杖。

徐勣后迁建平知县，又教授广陵、申王院，改诸王府记室参军，通判通州（今江苏南通市）。哲宗见其文，予以褒奖，想等满岁后为左右史，未及用，哲宗驾崩。任通州通判时，值海堤久废不修，海潮泛滥，田园尽没，房屋倾圮，百姓流离失所。徐勣亲自率防卒加固堤防，消除水患，"民赖其利"。

徽宗即位后，擢宝文阁待制兼传讲，迁中书舍人，修《神宗正史》，渐得徽宗信任。大观三年（1109），徐勣任太平州（州治在今当涂县，辖今当涂、繁昌、芜湖）知州。至徽宗宣和元年（1119）下诏任命他为显谟阁大学士，这是对他为官清廉、政绩卓著的肯定。

第二道诏书：为人正直

第二道是宣和五年（1123）二月十五日诏书，肯定显谟阁大学士徐勣的为人和贡献，"宅心刚直，制行端方。历仕三朝，劳勤（yì）于中外；延龄七十，勋业著于庙廊"，允许他"疏乞病归，宜遂闲散"，辞官归乡，并赐予金衣紫绶，以表彰元勋驰驿归田。

究其原因，是徐勣为人耿直，常犯颜直谏，评论时政得失，抨击奸佞弄权，得罪蔡京等奸臣。

徐勣修《神宗正史》，秉笔直书，持论公允。徽宗曾称赞徐勣："朕每听臣僚进对，非诈则谀；惟卿鲠直，朕所倚赖。"徐勣反对蔡京兄弟只用王安石《日录》内容修史，得到徽宗认可。徽宗下诏令他和蔡京同校《五朝宝训》，徐勣不愿与奸臣蔡京共事，一再推辞。迁给事中、翰林学士，上疏陈六事：时要、任贤、求谏、选用、破朋党、明功罪，并上书奏告蔡京的奸恶。

他与何执中曾侍奉徽宗于王邸，蔡京每每曲意讨好二人，但徐勣不加理睬。蔡京怀恨不已，在徐勣回乡办丧事时，乘机捏造罪名，把他打入"元祐奸党"。先是把他贬为江宁府知府，随后又罢其官。直到大观年间，他才又担任了太平州知州。

大观年间，蔡京一伙搞茶盐法，民怨载道，徐勣进京向徽宗力陈"茶盐法为民病"，徽宗表面称许，实不放弃私利，乃加徐勣龙图阁直学士衔，留守南京闲置，终不见用，并任蔡京为相。宣和五年（1123），同意徐勣辞官返里。《宋史》称，"勣挺挺持正，尤为帝所礼重，而不至大用，时议惜之"。

致仕归乡：吟诗办学

徐勣辞官归田之后，转向家乡教育，享受田园生活。他在县城西街创办了"元功书院"（又称簧塘书院，遗址在原城关三小东面），亲自主讲，为家乡培养人才，可谓南陵办学第一人。元功书院是南陵最早书院。

徐勣回乡后读书吟诗，挚爱家乡，描绘家乡风光。他写诗不多，而流传下来的两首均为辞官归田后所作。

《徐氏续修宗谱》收录一首：

> 脱却乌纱辞却官，红尘万虑了无关。
> 野蔬春酒随时乐，径菊山花带笑看。
> 万里乾坤自放浪，四时风景任盘桓。
> 流来白石滩头水，醉里讹听响佩环。

民国本《南陵县志》卷四十二《艺文志》收录其《归田》：

悬车疏上动龙颜，几度陈词始放还。

敢忆溪山孤圣眷，只缘衰病乞身闲。

都门祖饯心情剧，里社招邀礼数删。

最喜儿孙解农事，稻花香满旧田间。

南陵县城（南陵县委宣传部 提供）

　　这两首诗抒发诗人热爱家乡、流连大自然的喜悦心情，是在去除繁忙政务后重返故里、尽其天性的激动，回归自然，淡泊而宁静。

　　徐勣79岁时去世，葬于徐家桥村旁的小山丘，赠资政殿学士、正奉大夫。

　　南陵地灵人杰，人才辈出，徐勣乃是封建时代南陵官阶最高、政绩卓著的代表性人物之一，"名臣"第一人，实至名归。

夏希道：让繁昌城焕然一新

◇ 胡传志

夏希道之所以是芜湖历史名人，一是因为他大力兴建繁昌县城，二是因为他邀请了唐宋八大家中的曾巩、王安石同时为他撰写了两篇载入史册的记文。

"太初郎中"夏希道

夏希道其人不见于一般工具书和《全宋诗》《全宋文》等总集，网络上也只有零星的记录，有必要先梳理一下他的生平。

夏希道字太初，会稽（今浙江绍兴）人，他在《重修宣州永安院记》署名"会稽夏希道"，会稽有可能是他的祖籍。一说青阳（今安徽青阳）人，王安石《寄池州夏太初》中的池州，应该是他的籍贯，而非任职地。

他的生卒年不详。庆历二年（1042）进士，三年任旌德县主簿，五年卸任，六年（1046）夏任繁昌县县令。九年离任。后曾任尚书省都官郎中，王安石诗中所说的"太初郎中"就是指此。其间，还出现一插曲。以清廉闻名的毕从古，自兖州通判改任提点淮南十三山场（管理茶业交易的要职），准备任用属官夏希道，遭到夏曾"受贿"的质疑，后被证明子虚乌有，夏希道感叹："微公，几为客所卖。"（毕仲游《尚书郎赠金紫光禄大夫毕从古行状》）。

熙宁元年（1068）三月，夏希道携女婿李柔中、儿子夏琮等人游览枞阳浮山，有摩崖刻石传世。

熙宁年间任南康（治在今江西庐山市）知军，熙宁九年（1076）十一月，担任洪州知军的曾巩撰写《宋故寿安县君钱氏墓志铭》，南康知军夏希道书写该文，可见他擅长书法，与曾巩关系密切。

此后生平失考，江西人孔平仲《题夏太初丈高居》说他"七十须浑黑"，说明他至少活了70岁。

大力改造繁昌城

北宋时的繁昌县城，位于长江之滨，在今繁昌区新港镇。夏希道上任时的繁昌县城，无城墙，无门关，无旅馆，县衙办公场所破败不堪，文书散乱堆放。繁昌县被世人认作"陋县"，"仕者不肯来，行旅者不肯游，政事愈以疵，市区愈以索窭，为乡老吏民者羞且憾之"。这种状况必须改变。

北宋繁昌城旧址，今繁昌区新港镇（肖本祥 提供）

夏希道经过一段时间的调研之后，大概在庆历七年（1047）六月开始准备，通过三四个月高强度的组织实施，完成了以下工程：在原有城墙地基上，修建城墙城门，维修城中道路和房屋；在城的东北，修建亭舍，既能观长江胜景，又能接待四方宾客；扩大县衙，有重廊楼阁，有办公区，有御书楼，有住宿区；维修孔庙，兴建县学。经此改造，繁昌城面貌焕然一新。

庆历七年（1047）十月二十三日工程竣工，夏希道请曾巩为他撰写《繁昌县兴造记》。曾巩（1019—1083）当时还是位"素人"，虽然有些名声，但直到嘉祐二年（1057）考中进士之后，才进入仕途。夏希道一定与他有比较好的私交，才嘱咐他撰写此文。曾巩在文中称赞夏希道为"能令"——有才能的县令。他不因循守旧，果断决策，兴利除弊，力行高效。繁昌城一洗陋县之名，"仕者争欲来，行旅者争欲游，昔之疵者日以减去，而索寞者日以富蕃"。

繁昌城新貌（肖本祥 提供）

开启庙学合一新模式

曾巩《繁昌县兴造记》没有记载夏希道兴建繁昌县学之事，如果没有王安石《繁昌县学记》，后人就不会知道夏县令这一善举，大概夏希道分别向曾巩、王安石写信约文，各有侧重。在今天看来，王安石名声、地位远在曾巩之上，更在夏希道之上，夏希道如何能请动王安石撰文？回到历史语境中，就很好理解这一难题。夏希道与王安石同一年考中进士，是所谓的"同年"。王安石当时是鄞县（今属浙江）县令，与夏希道同一级别。他们还是老朋友，王安石自称是夏希道的"故人"，还写诗思念夏希道，称赞他"生才故有山川气，卜筑兼无市井嚣"（《寄池州夏太初》）。

王安石《繁昌县学记》比较特别，没有介绍县学的建造过程、建制、教学等常规内容，而是分两部分。第一部分谈庙与学的关系。古时，有学校而没有祭奠孔子的孔庙（文庙），而近世（主要指唐宋以来）有孔庙而无学校。孔庙与学校之间普遍存在矛盾。第二部分谈宋代的学校制度与夏希道的权变因应之策。朝廷诏令各州要设立州学，读书人满两百人以上的县要设立县学，在学校中祭奠孔子。繁昌县人口少，不符合设立县学的条件。怎么办？夏希道的办法是，改造原先低矮破旧的孔庙，增设子夏、子路等十弟子像，并扩建两侧的房屋，作为师生教学活动场所。夏希道实际上是将庙、学合一，以学为主，以庙为辅，王安石称赞此举"无变今之法，而不失古之实"，就是在没有违背当时政策的前提下，实现了古代"奠先师先圣于学"的目的。学校原本就有继承先师先圣传统的意义，而孔庙未必具有学校培养人才的功能。王安石没有将文章题作《繁昌县庙学记》，显然，在王安石的心目中，学比庙更重要。这大概也是夏希道建造县学的初心吧！

夫子庙，位于繁昌区城关一小内（肖本祥 提供）

夏希道：让繁昌城焕然一新

沈端节：为官两任留美名

◇ 胡传志

沈端节，字约之，号克斋，吴兴（今浙江湖州）人，寓居溧阳（今属江苏）。生卒年不详，与张孝祥同时代，张孝祥在给他的书信中称他为"长者"，说明他比张孝祥大概年长一二十岁。隆兴二年（1164）前后，沈端节担任芜湖县丞，乾道三年（1167），升任芜湖知县。后来他的职务逐步上升。淳熙三年（1176）知衡州，后官提举江东茶盐，朝散大夫、江东提刑。他在芜湖担任两届官员，时间较长，他在民国八年《芜湖县志》中出现频率最高，其中最值得称道的主要有两件事。

求雨神山解旱情

沈端节神山求雨之事，略见于宋人王椿所撰《重建李卫公祠记》，文载《太平府志》《安徽金石略》。文中没有具体年月，只说"今年夏秋，邑大旱"，一般理解为乾道三年（1167），但无旁证。

恰巧周必大（1126—1204）这年九月经过芜湖，前后4天，《泛舟游山录》完整记录了与沈端节的三次交往：十七日，"晚泊芜湖县吴波亭，宰沈约之相候"；十八日，"晚赴沈约之会"，十九日早晨，"沈约之携诗编来别"；二十日至繁昌，作《芜湖宰沈约之端节惠诗编次韵为谢》。诗中称赞沈端节"神术有时朝赐履，赓歌无路赞垂裳"，所谓"神术"应该指求神得雨之事。具体时间可能在七月与闰七月之间。

据王椿上文记载，该年夏秋间，芜湖大旱，沈端节关心民生疾苦，到处求神祷雨而不获，非常焦急，进士赵泉向沈端节建议不妨去神山李卫公祠求雨。李卫公是唐初大将李靖，因平定江南有功，芜湖、镇江、荆州等多地有李卫公祠。其时，神山李卫公祠早已荒废，只存遗址，赵泉建言"毋以不存而不往"。沈端节抱着"宁可信其有、不可信其无"的心态前往一试，祈求两日内普降甘霖。两日后的中午，仍然晴空一片，骄阳似火，正在大家失望之际，"俄有孤云突起，不雷不风而雨集，莫不沾足"，真是神奇，旱情就此解除。这年喜获丰收，男女老幼，欢呼雀跃。

《安徽金石略》卷五，赵绍祖撰，光绪二十九年贵池刘氏刻聚学轩丛书本

沈端节因此在神山建立志喜亭，重新修建李卫公祠。清代芜湖人缪大中（1609—1671）还曾游览李卫公祠和志喜亭，称"喜雨亭传润物功"（《神山李卫公祠》）。今天看来，求神祷雨，虽然不符合科学，当年修建的志喜亭、李卫公祠也已不存，但却成就了芜湖的一个著名景点——神山时雨，元代列入芜湖八景。1983年，芜湖市在神山公园重建志喜亭，以纪念这位县令。

痛悼词人张孝祥

张孝祥是家在芜湖的状元、官员，沈端节升任县令之后，主动给张孝祥写信，与之交往，得到张孝祥的热情回应。张孝祥称赞他"文章翰墨，自成一家；人物风流，尚友前辈"（《芜湖沈知县》），说明张孝祥对他并不陌生。他们两家很可能是世交。

沈端节喜爱诗词创作，曾将自己的诗集送给周必大，得到周必大的肯定。他的词成就更高，有《克斋词》传世，《四库提要》评价其词"吐属婉约，颇具风致"。他与擅长词作的张孝祥一定有较多唱和往来。现存张孝祥

《浣溪沙·用沈约之韵》，说明沈端节曾将自己的词作《浣溪沙》（灯夜香甘动绮筵）送给张孝祥。张孝祥在这首词中称赞其父亲"太学诸生推独步，玉堂学士合登仙。乃翁种德满心田"，可见张孝祥此前与他父亲有所交往。

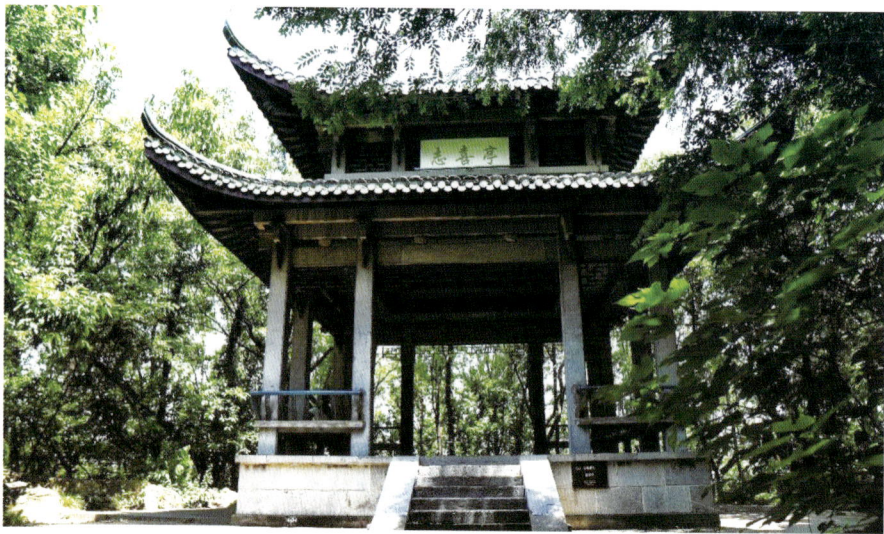

神山志喜亭（姜辉 提供）

乾道五年（1169），张孝祥退居芜湖，沈端节与他交往起来更加方便密切。不料，天有不测风云，这年张孝祥不幸中暑，英年早逝。沈端节无比悲痛，现存两首挽诗，多方面评价张孝祥的为人、能力与才华，抒发深切的悼念之情。从"荒城难访十全医"来看，他一定竭力寻医访药，为他治病，从"抚櫬（chèn）江皋涕泫然"来看，他去江边灵堂、手扶灵柩送别张孝祥，足见他对张孝祥的深厚感情。

据《宋兴张氏宗谱》卷一所载，张孝祥的后裔张相于隆庆六年（1572）率领子孙在当年张孝祥流寓过的湾沚修建宋兴桥（现存于湾沚区湾沚镇老村村），邀请沈端节的后裔、后来于万历五年（1577）考中状元的沈懋学撰写《宋兴桥记》（当时沈懋学尚未考中状元），沈张两家世交的佳话又得以延续。

欧阳玄：正史立传的芜湖县尹

◇ 胡传志

欧阳玄（1283—1358）是元代著名文学家、史学家和官员，元代四大学士之一，浏阳（今湖南浏阳）人，天资聪颖，有神童之名。延祐二年（1315），在元王朝组织的第一场科举考试中，以第三名的优异成绩考中进士。延祐六年（1319），出任江浙行省太平路芜湖县尹。县尹是一县之长，与前代县令的区别在于，元代蒙古政权还同时设立了另一同级官员达鲁花赤（蒙古语音译），由蒙古族人担任，主要履行监督之责。三年后，欧阳玄离任，转任武冈（今属湖南）县尹，仕途一帆风顺，六入翰林，两为祭酒，两任贡举主考官。《元史》为之立传。

三年三大政绩

芜湖县尹是欧阳玄进入仕途的第二个职务，虽然不是他能进入正史的决定性因素，但也是他人生中的重要进阶。芜湖三年，他交出了满意的工作答卷。

被后人津津乐道的芜湖八景，由欧阳玄定型，似乎是他在芜湖的突出业绩。但正史记载的是他更重要的工作成绩，主要有三项：

一是清理积年陈案。当时芜湖县有很多疑难案件，久拖不决，欧阳玄"察其情，皆为平反"。

二是打击违法的豪强恶霸，惩治不法分子。其中包括一些蒙古人虐待压迫汉族奴仆，欧阳玄将他们解救出来，"断之从良"。

三是及时完成税收征收，没有压榨百姓，所以"民乐趋事，教化大行"，道不拾遗，以至"飞蝗独不入境"。

其中第三项是县尹最基本的工作。难得的是，欧阳玄没有为了完成任务或超额完成任务，强征暴敛，鞭笞百姓，危素说他在主政芜湖、武冈两县期间，"宽仁恭爱，处己俭约，为政廉平不苛，视民如子，举善以劝，未尝笞辱"（《欧阳公行状》），当是事实。至于没有蝗灾，恐是侥幸，未必是欧阳玄积极防治的结果。

欧阳玄任满之时，芜湖父老打算上书朝廷，表彰其功，却为欧阳玄所阻止，他们则在吉祥寺刻石立碑。欧阳玄作《解任别芜湖父老》诗："临歧分袂三千里，别骑回头第一书。政绩在公从毁誉，交情临别见亲疏。数声橹橹苍茫外，一点寒灯寂寞初。好是心如窗外月，今宵都到故人居。"（民国《芜湖县志》）对自己三年县尹成绩仅以一句"政绩在公从毁誉"一带而过，颇为超脱和自信，其他都是对芜湖的惜别之情。

确定芜湖八景

文人士大夫普遍具有山水情怀，欧阳玄在芜湖期间，想必游览本地不少景点。自宋代起，各地陆续兴起"八景"热，芜湖此前也有了一些基础。欧阳玄受前人的启发，通过实地考察，进一步加强八景建设，统一规范命名，并亲自为八景各题一首七律，他们分别是：赭塔晴岚、玩鞭春色、神山时雨、吴波秋月、雄观江声、蟂（xiāo）矶烟浪、白马洞天、荆山寒壁。这对欧阳玄而言只是他的副业，却是他给芜湖留下的重要文化遗产。

欧阳玄的《芜湖八景》诗不见于他的《圭斋文集》，原因在于他的文集由他五世孙欧阳俊质所编，其时离欧阳玄时代相去久远，他的作品已经大量亡佚。《芜湖八景》现存于康熙《太平府志》，汤锐整理的《欧阳玄全集》收录了相关作品。《芜湖八景》每首诗都能表现各个景点的特色，如《赭塔晴岚》第一联"山分叠巘（yǎn）接江皋，寺占山腰压翠鳌"，点明赭山滨江、由大小赭山组成，广济寺位于苍翠的半山腰，非亲身游历而不能道。第二联"四壁白云僧不扫，三竿红日塔争高"，以广济寺和宋塔为中心，描写赭山清晨美丽的山光云色——晴岚。

广济寺塔,建于北宋治平二午(1065),第八批全国重点文物保护单位(姜辉 提供)

再如《蟂矶烟浪》"道人晨起烟中磬,灵后宵征月下潮",紧扣蟂矶庙、灵泽夫人以及江水特点。《芜湖八景》诗写作于至治元年（1321），《荆山寒壁》说："三年楚客江东寓，每见荆山忆故乡。"荆山激起他的思乡之情，八景诗也寄寓了对芜湖景观的赞美之情。

在欧阳玄确定的芜湖八景中，他对荆山情有独钟，一是因为他的家乡也有一座荆山，一是因为荆山离当时的芜湖县衙较近。荆山由大小两个山峰组成，中间有烟波浩渺的荆山湖。欧阳玄常去游览，其《荆山》绝句说："一山西出一山东，八字分明在水中。古往今来多少恨，客愁无不在眉峰。"据嘉庆《芜湖县志》记载，芜湖百姓爱戴这位地方官，将荆山湖叫作欧阳湖，这一名称一直沿用至今。

康熙《太平府志》还收录了欧阳玄五言长诗《登赭山》，以"涌出沧溟外，孤高气更嘉。气通丹穴雾，光映赤城霞"开篇，夸张地表现高耸天外的壮观景象，与《赭塔晴岚》的写实风格大异，而该诗又见明代曹学佺

《石仓历代诗选》，作者为明代人朱纯。所以，《登赭山》未必是欧阳玄所作，姑存疑待考。

沧海桑田，欧阳玄所写的芜湖八景中吴波秋月、雄观江声等已消失不存，荆山寒壁已面目全非，蠏矶烟浪正在改造升级中。芜湖八景的名目也在不断更新迭代之中。但芜湖人民一直没有忘记他，1992年，芜湖市还将位于镜湖区荆山镇的一段河流命名为欧阳河，以纪念他这位为芜湖作出贡献的县尹。

晚清时期的蠏（xiāo）矶庙，位于芜湖市鸠江区二坝镇长江岸边

陶居仁：宋末忠义之士

◇ 李伊凡

陶居仁（1244—1275），字备我，号菊存，为太平州芜湖县（今芜湖市湾沚区）陶辛镇东筦村人。少时居仁以"行义闻州里"，元军入城，南宋国破危亡之时，诸多南宋将领纷纷投降，陶居仁壮烈不屈，以死殉国，其忠义为世人敬仰。

诗礼忠义，源于家学

陶居仁生于诗礼簪缨之家，其先祖陶旺官至大理评事时，由当涂县横山迁至芜湖县东莞村。高祖陶旸，号敬斋，绍定二年（1229）进士，与朱熹交游，过从甚密，朱熹作《敬斋铭》加以勉励，归休后主持东川书院，一心讲学，招收生员。曾祖陶汝砺、祖父陶炽父子进士，曾同朝为官。祖父陶炽，宝祐二年（1254）任中大夫直徽猷阁学士、礼部尚书、提举建康府崇禧观进光禄大夫、太子少傅，封开国男，致仕后主持东川书院，授课讲学，被尊为先贤。绍兴元年（1131），金人南下，戚方率领起义军欲攻芜湖，陶炽组织东莞乡民组成自卫团，防范甚严，因而"东筦民丁，自任防造，悉免征"。景定四年（1263），重修普照寺，陶炽亲撰《东筦戍民免调碑记》，碑石嵌于东北墙角，后因洪水暴发普照寺淹没，此碑下落不明。父陶应登终身著书课子。可以说陶居仁的高洁品格，与其家庭熏陶是分不开的。

陶氏家族与东川书院有着不解的渊源。东川书院，原名东川草堂，据《陶氏重修草堂记》记载："芜湖为太平（府）壮邑，邑之东距治百里许，有地曰东川。东川之上有层峦丛翠，澄江潆洄，丛篁灌本，蔚然挺秀，云霞往来，缥缈其间，陶氏先人尝栖息于此，盖东莞八景之一也。"陶氏家族在此隐居，著书讲学，以忠君爱国思想鼓励和教育生徒，居仁祖父陶炽最后病逝于东川书院，度宗赵禥闻其死讯，十分哀痛，赐其谥号"文简"。由此可见，陶居仁品行高洁，"以行义闻州里"，这与东川书院的教育有着密切的关系。忠义之家风，书院教育之熏陶，塑造了陶居仁高洁的志向和不屈的品格。

陶居仁家乡：芜湖市湾沚区陶辛镇（陶辛镇人民政府 提供）

城破不屈，死节明志

宋德祐元年（1275），陶居仁为承直郎，任镇江录事参军，因前方战事吃紧，朝廷又封他为朝列大夫，权江北瓜州军事，领兵抵抗元军。咸淳九年（1273），元世祖忽必烈于大都（今北京）建立元朝，次年，元丞相伯颜率领数万元军铁骑从襄阳沿汉水顺流而下，直逼临安，德祐元年（1275），元军攻至建康城下，镇江成为下一个目标。

镇江知府洪起畏曾任临安知府，系贾似道党羽。据南宋周密《癸辛杂识续集》记载，洪起畏赴镇江任职时，为表抗元之决心，在城内四处张贴告示："家在临安，职守京口。北骑若来，有死不走。"事实上，南宋军队主力早在丁家洲之战已全军覆没，难以再组织有效抵抗，当元军攻城时，"洪起畏遁，统制官石祖忠举城降，居仁见执。"元军劝降，说："降则生，不降则死，君宜自审，何轻弃名爵而甘为锋镝虏乎？"居仁答道："吾固知历数穷而世运更也，讵可失忠义求苟生邪？得以死报朝廷，夫何憾！"竟不屈，遂见杀，年仅32岁。

元丞相伯颜进驻镇江，闻陶居仁生前语，叹其忠诚，棺殓其尸，封其金头御葬（传说以金饰首、以玉裹身是为金头御葬），遣人将其护送回故乡芜湖县东莞村。从镇江到芜湖，逆流而上数百里，不时顷至，人皆异之，认为这是天佑忠臣。《宋史》将陶居仁列入"忠义"列传。

居仁墓与忠臣祠

据光绪《安徽通志》记载："其乡人将居仁葬在芜湖县东南二十里移风乡白沙圩。"民国《芜湖县志》载："明万历四十三年迁葬于祠堂坝。"墓前长流水，墓后一片林，象征着居仁气节如栗树翠柏，流水不断。此地又有陶氏宗祠，民国《芜湖县志》记载："陶氏宗祠在白沙圩夫子阙村中。"

为纪念陶居仁，芜湖人为之立祠。至元二十四年（1287），元世祖封显忠灵应侯，赐祀田二顷。至正二年（1342）九月，敕立庙宇，赐庙额曰"昭佑"，加徽号曰伏魔大使福惠君。明洪熙元年（1425），朝廷诏太平府芜湖县重建忠臣祠，进爵曰忠义侯，仍赐旧田以供祀事。据光绪《安徽通志》："忠臣祠在芜湖县东南七十里，祀宋陶居仁。"明朝吴元颐作《忠臣祠记》称赞陶居仁："盖公忠义之气，炳如日月，照河海，烛山岳，宜乎其动天地而感神明矣。"今天湾沚区六郎镇官巷村还有"居仁巷"。

邢宽：明成祖钦点的状元

◇ 何章宝

明永乐二十二年（1424），来自无为州（今无为市）的邢宽在殿试中"考究详明，议论醇正"，被明成祖钦点为状元。

聪颖好学，一举成名

邢宽，字用大，生年不详，卒于明代宗景泰五年（1454）。他祖父和父亲都担任过地方官职，家境比较殷实。他的生活年代又是明朝富裕的时期，前有永乐盛世，后有仁宣之治，治平之世给他提供了优裕的学习和成长环境。他小时候非常聪明，加之勤奋努力，所以品学兼优，深得师长器重。明永乐十八年（1420），他参加乡试得中举人；四年后参加会试，在录取的150名贡士中，名列第七；进而参加殿试，并在殿试中一举夺魁。

关于邢宽中状元，《明太宗实录》记述很简略："己卯，上御奉天门，阅举人对策，擢邢宽为第一。"王世贞在《皇明异典述》中记载："永乐甲辰，上临轩策士，初以孙曰恭为第一，邢宽为第二。既而曰：孙暴不如邢宽。遂擢宽第一，曰恭第三，仍朱书黄榜。一时以为盛事。"王世贞是著名的文学家、史学家，他的这本书是以严谨的态度记录明朝政治奇闻逸事的，有一定的可信度。所以各类关于邢宽的故事中，都说他是因名字而中状元的。

无为市状元桥，位于无城镇（李陶蓓 提供）

明成祖是否将孙曰恭看成孙暴呢？这一年明成祖65岁，他此番殿试之后，就御驾亲征鞑靼阿鲁台，七月病死军中。从他的年龄看，确实有可能眼花看错名字；但从他勤政作风和御驾亲征的勇气看，他应该更重视人的才华，即使看错了名字，但听读试卷内容，可能还是觉得邢宽更优一些。

当时，明代北方边防局势十分复杂，鞑靼阿鲁台更是明成祖的心腹大患。这一年的殿试策问就紧扣热点，要求谈关于"祀与戎"两个方面的话题。邢宽在对策中，详述军制沿革，具体考量了明代军制的优劣。他认为唐代军制中，军士一年三季务农，一季讲武，农时与训练两不误，值得借鉴。他肯定明代五军都督府、卫所制、屯田制等兵制，将其与汤武仁义之师相提并论。这虽有夸耀本朝之意，但也言之有据。

所以，正是邢宽的真才实学，正是这些结合实际的分析得到了明成祖的认可，明成祖才会将他从排序第二调整到第一，他又是江北士人，永乐开科以来还没有江北士人占得鳌头；再看他相貌堂堂，器宇轩昂（明代规定状元必须形象出众），所以明成祖龙颜大悦，用朱笔在他的卷子上写下"第一甲第一名"六个字，并且亲自在皇榜上书写邢宽的名字，这是以前从未有过的，按王世贞的说法是"朱书皇榜"，何等荣耀！如果他仅仅因为名字中听，点为状元已经够恩宠的了，何须御笔亲撰呢？接着，农历三月初三，在礼部安排琼林宴赐进士邢宽等；初四，赐进士邢宽冠服银带，并赐钞五锭；初五，皇帝到奉天门，接受进士邢宽等人上表谢恩。邢宽一时荣耀无比。

纂修国典，执掌翰林

根据规定，邢宽中了状元，即授翰林院修撰的官职，从六品。正统元年（1436），他参加编纂《宣宗实录》，两年后完成，接受织金文绮的赏赐，并升为侍讲。明正统四年（1439），他被任用为礼部会试的同考官（相当于副主考）。不久，他因为腿部疾病，请假归家。正统十一年（1446）回到任上，第二年，受命主持了顺天府的乡试。

景泰三年（1452），邢宽在母亲病逝服丧期满后返回北京，继续担任侍讲。当时南京翰林院掌院空缺，吏部推举邢宽担任此职，大学士陈循等认为侍讲是从属官员，不便于执掌翰林院，于是邢宽被升为侍讲学士，执掌南京翰林院。

孝亲善友，归葬家乡

邢宽为人"学行老成"，对长辈十分孝顺；与人交际始终如一，为官三十年，官位不显而处心坦白，处事宽容。他在南京翰林院工作了两三年，就病逝了。皇帝为之惋惜，特派南直隶庐州知府史濡前往吊唁。邢宽归葬家乡，墓落无城西城外二里花家疃。

明万历年间，后人为纪念邢宽和宋代状元焦蹈，在无城西大街建立二状元祠（今实验小学附近）。祠中，清末淮军名将、庐江侨居无为的潘鼎新所作楹联最得人欣赏，道是："俊望仰仪刑，想明哲挺生，盖世功名夸二代；两贤开道路，愿英才辈出，继公先后占三元。"

李鸿章：芜湖米市背后的大臣

◇ 沈世培

1858年，《天津条约》辟镇江为通商口岸，镇江七浩口米市成为苏皖米粮集散中心。但是，1876年中英《烟台条约》签订后，芜湖开埠，镇江米市迁芜，芜湖逐渐成为长江流域最大米市，与长沙、九江、无锡并称全国四大米市。1959年，芜湖市工商业联合会史料小组芜湖米市调查报告《芜湖市米市的发生发展和改造的经过的概况（初稿）》，记载了镇江米市迁芜两种说法，均指出镇江米市迁芜与李鸿章（1823—1901）有关。

镇江米市迁芜的时间

上述调查报告根据1948年所建芜湖《江广米行重建会所纪念碑》以及其他旁证，确定米市迁芜是在光绪八年（1882）。该碑称："逊清光绪八年，李文忠公（李鸿章谥号文忠）请准将米粮市场，由镇江七浩口移植来此。"据此，镇江米市迁芜是由李鸿章奏准迁来的。

广帮初期代表人士汤善福（1864—1928）是镇江米市迁到芜湖时即来芜的第一人，史料小组访问了他的夫人。汤夫人说，"汤是19岁到芜的，到今年（1959）95岁"，据此推算，他到芜湖的时间也是光绪八年（1882）。小组还访问了米粮业的一些老人，他们也主要这样说。马永欣采纳《江广米行重建会所纪念碑》记载，认为1877年李鸿章奏准清廷发布将七浩口米市迁移芜湖的命令，"判定米市迁芜为光绪八年（1882）较有根据"。台湾学者谢国兴采纳马永欣观点，认为"在1877年芜湖开埠以前，皖省米粮多由镇江出口，或帆运东下江、浙沿江及运河各埠。采购皖米之米商、米行原设于镇江，芜湖开放通商之后，因地理位置优越，加上李鸿章、张荫桓（时任芜关监督）等人之影响力，米市渐由镇江转移至芜湖，1882年似为米行迁往芜湖的关键年代"。

镇江米市迁芜二说

根据小组调查报告，镇江米市迁芜，有两种说法。

一是李鸿章奏准说。镇江在咸丰八年（1858）因天津条约被辟为商埠的时间早于芜湖。该埠早通商轮，且设有海关。而当时米粮出口，必须利用海轮装载，同时还要经过海关检查征税，才可启运。因此，粮商都聚集该地。镇江七浩口米市便是这样兴旺起来。芜湖起初是个普通城市，缺乏这些条件，后来1876年《烟台条约》开辟为通商口岸，情况有所改变。不但上下水轮船可在此停泊，装卸货物，而且不久也建立了海关。这样皖省出产的米粮，就没有再长途航程、远运镇江销售的必要了。因而发生李鸿章奏请迁移米市的事情。

左为李鸿章，右为张荫桓

二是张荫桓推动说。张荫桓（1837—1900）当时任芜湖道台兼理芜湖关税，广东人，在李鸿章的授意下，利用同乡关系，赴镇江劝广帮粮商先迁芜，许以种种利益，因而使得米市迁芜。据说当时条件是：（1）发给广帮粮商营业执照；（2）不许华南华北坐商来芜直接采购粮食，必须由有执照的粮商代办；（3）打包等费用都由卖方支付，同时外国商轮由芜运米赴沪，仍照镇江至沪的运费计算，不另加价。所以，广帮粮商首先迁芜，其他商号先后跟随到芜湖。

以上二说，本质上并无矛盾，只是主次有所差异。上有李鸿章的主意，下有张荫桓的落实，才能促成芜湖米市。

芜湖米市背后的推手

关于米市迁芜，民国时期芜湖米市调查资料均未指出米市迁芜与李鸿章有关，但是《江广米行重建会所纪念碑》说李鸿章"请准"将镇江米市迁芜，文史爱好者一般认为，米市迁芜与李鸿章有关。不过，至今未发现李鸿章的奏章。我们虽然找不到奏章，但是以上两种说法都指向李鸿章，一定有其道理。李鸿章对米市迁芜一事，为什么比较关心？

1902年，芜湖中江塔下载米的船只

客观上，芜湖及周边粮食产量巨大，交通便利，长江上连九江、武昌，下通镇江、上海，通贯东西，青弋江、裕溪河、水阳江沟通南北，有利于形成交易中心。同时，江苏境内还有无锡米市，将镇江米市迁往芜湖，布局更加合理，有利于米市的发展，符合政府的利益。

主观上，合肥人李鸿章具有桑梓情怀，他和他的家族在安徽拥有大量田亩，将米市迁到芜湖，既能加强家乡建设，又符合他自己及其家族利益。事实表明，芜湖成了他们家族的重要经济基地。以李经方为首，李氏家族在芜湖置有大宗房产，并大量投资，创办了不少企业，包括有钱庄、典当行、砻坊、仓房等。李氏家族这些企业，都是米市迁芜之后建立起来的。

芜湖米市雕塑园，位于长江与青弋江交汇处（李斌 提供）

至于张荫桓，他是当时芜湖的最高长官，无论从公私各方面来看，都需要积极"招商引资"，促进芜湖的发展和繁荣。动员广帮米商从镇江迁到芜湖，是不是他主动向李鸿章提出的，也未可知。

这两种说法，未知孰是，但一点是共同的，就是镇江米市迁芜，都与李鸿章的有力推动有关。试想，没有李鸿章作为背后推手，仅凭芜湖张荫桓一己之力如何指挥得了镇江官员，并损害镇江利益？总之，李鸿章对芜湖米市形成与发展起了直接促进作用。

徐乃光：从南陵走出的外交官

◇ 章征科

在芜湖市南陵县大工山脚下，有个村庄名称很别致，叫"汤村徐"，大概是因为这个村庄原先以汤姓居多，后来汤村徐家逐渐发达，成了后来居上的名门望族。该村徐家著名人物有晚清重臣徐文达（1825—1890）、徐乃光及徐乃昌。

南陵县工山镇汤村徐（刘俊才 提供）

出身名门望族

徐乃光（1859—1922），字厚余。他的父亲徐文达跟随曾国藩后深得器重，曾国藩赞赏徐文达"冒险出奇"。徐文达在光绪年间任两淮盐运使、福建按察使等，并在赈灾养民方面有所建树。徐文达在任两淮盐运使期间，征聘苏州、扬州等地能工巧匠在南陵修建了巨大的住宅园林。后遭损坏，仅存局部，即现在的徐家大屋。

徐乃光是徐文达的长子，自幼勤学，始为廪贡生（清代科举制度中生员名目之一）。同光时期，随着中外交往的加深，特别是洋务运动的开展，学习与洋务相关的西方技术和语言成为一种时代潮流。少年徐乃光赴上海求学，攻读英文。这为他日后出使美国奠定了基础。成年后娶长江水师提督李成谋之女为妻。

光绪十六年（1890），徐文达在京城受光绪皇帝接见，赴任福建按察使，途中于扬州病逝，安葬家乡大工山脚下，徐乃光遂荫受江苏候补知府。

驻纽约首任领事官

晚清在列强不断侵略过程中，逐渐放弃天朝上国的虚幻自大心理，开始重视国际交往。光绪二十年（1894），经父辈莫逆之交，曾任美国、秘鲁等国公使的杨儒的保荐，徐乃光出任中国驻美国纽约第一任领事。

领事之职责，旨在保护本国侨民，管理华商有关事宜。徐乃光莅任后，亲躬其事，率领使馆官员，详细了解华侨在纽约的情况，力排纠纷。当时粤省三邑、四邑华侨在纽约居住已达七八万人，因争夺市场，引发矛盾和冲突。后来甚至发展到持械斗殴，水火不容的地步。杨儒担心美方外事机关会就此事照会清廷，司法部门出面干涉，有失国体，因此，谆嘱徐乃光上任后一定要妥善处理。徐乃光对发生矛盾纠纷的各方晓以民族大义，勉其善言：尔等皆系炎黄子孙，广东同乡，不应同室操戈。尤以身处外域，益应加强团结，为华胄争光，岂能行动愚昧，受异邦歧视、耻笑。经过徐乃光百端开导，促使双方参与械斗的华侨、华裔，衅隙消弭。为保护华侨权益，徐乃光曾多次与美方交涉，自此，三邑、四邑侨民，"两方悦服，颂声交作，共赠匾额、衣镜等物，用志爱戴"（民国《南陵县志》）。徐乃光卸任归国后保升"遇缺即补道"分发江苏，并赏加二品衔。

变卖家产偿欠款

光绪三十一年（1905），徐乃光以道员领金陵机器制造局总办，拟在南京建造币厂，徐乃光分领铜元局事。徐乃光所办的"币局"，即南京造币厂前身。据《南京造币分厂沿革记》记载：该年"三月，委徐乃光会办铜元局事。五月，沪、扬机器运到，就南门机器局安装者，系扬州拨来十六部，由徐道添配。"机器运到南京后，由徐乃光暂时负责代铸。徐乃光就是在办理造币厂期间欠下官款两万多两，最终不得不出售家产来偿还债务。

此前，光绪二十三年（1897），徐乃光因债务原因，已经将其父亲徐文达所建园林转让给安徽同乡周馥。这时能变卖的家产主要是藏书和书画。

经林振岳考证，国家图书馆所藏"南陵徐氏书"是徐文达、徐乃光父子的藏书。柳诒徵在《中央大学国学图书馆小史》说："馆中别储书画八箱，印有《书画目》一册，南陵徐氏所藏也。徐氏亦以负公款，举书籍、字画以偿，其书籍由江督咨送京师图书馆，字画则归本馆，都四百四十五件。"徐氏书有114箱641种。缪荃孙在致徐乃昌的书信中也提及此事。这一方面反映徐乃光不亏空官款、以私补公的品质，另一方面以一种特殊的方式保存了一批中国文化遗存，避免因战乱而失散的悲剧。

光绪二十九年（1903），清廷派徐乃光赴日本观操，天皇赐以三等瑞宝勋章一枚，指挥刀一把。次年，充督办盐政处咨议官，开办扬子淮盐总栈。光绪三十二年（1906），赴徐州阅军，继又随铁良南下清理财政，受其委托查办各种案件。

辛亥革命后，徐乃光回到了故乡南陵徐家大屋定居，深居简出，不问政事。

徐家大屋，位于南陵县家发镇陵阳路（魏玉祥 提供）

袁昶：民生与文教并重的"芜湖道台"

◇ 唐　俊

在芜湖，有一座横跨在青弋江上的桥叫袁泽桥。有芜湖老人说，它本名元泽桥，后来为了纪念袁昶，改名"袁泽桥"；也有人说，"袁泽桥"与袁昶没有关系。其实，"袁泽桥"是否与纪念袁昶有关并不重要，重要的是我们不要忘记袁昶任职芜湖期间的诸多善政。

袁公夙夜在公

袁昶像

袁昶（1846—1900），字爽秋，浙江桐庐人。光绪十九年（1893），袁昶以员外郎出任徽宁池太广（徽州、宁国、池州、太平、广德）道员。清代的道是介于省与州府之间的行政机构，因府衙设在芜湖，兼管芜关税，用老百姓习惯的说法，袁昶是"芜关道"的"道台大人"；但袁昶实际管治的范围，几乎是如今安徽省的四分之一。仅仅是应付公务，就有许多事要做，何况袁昶是认真履职的人，可见他会有多忙。

袁昶奉旨赴任芜湖之初，在日记里写道："初到芜湖，诸事未有条理。"年底的一则日记里则记载："今年自四月二十三日到任起，常关裁革陋规、汰除浮费、比较委员功过、整饬胥役惰勤，有司僚友笔秃唇焦，辛苦一年。"连属下都"笔秃唇焦"，可见这一年袁昶忙碌、辛苦的程度。袁昶心心念念的都是百姓事，在写给亲友的诗中，袁昶还在为芜湖疫情担忧，"自从畏垒寄庚桑，疢疠今忧民物妨"。（《于湖小集》）用"夙夜在公"来形容袁昶，一点不夸张。

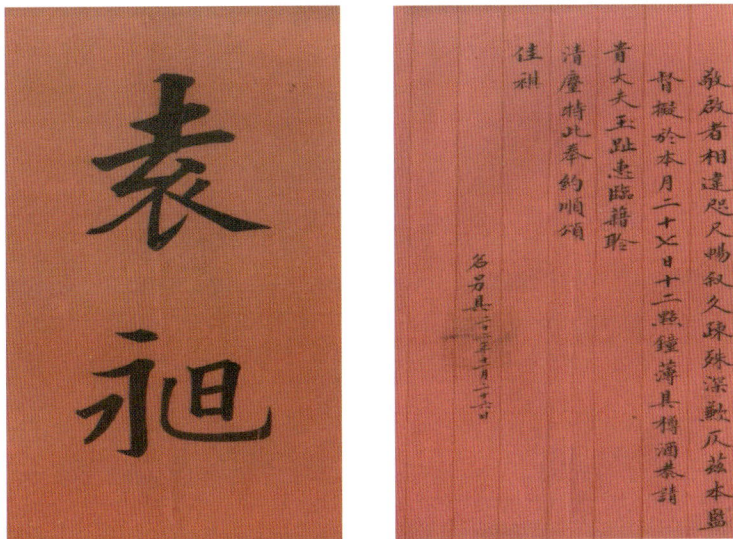

袁昶给芜湖医院院长赫怀仁的请柬和名帖

芜关道治有道

虽然很辛苦，但在袁昶宦海生涯中，五年多的芜湖任上，恰恰是他得以"一把手"身份实践自己经世致用之学最难得的几年，成效也很显著，所以他在精神上是愉快的。

袁昶作为道台，可谓治理有道。其道一言以蔽之，一切从当地实际出发，因地制宜施政，发展经济保障民生与发展文教培养人才并重。

"芜关道"实际上是皖南道。由于皖南徽州等五州府毗邻江浙，土性宜桑，袁昶在调研后便亲自捐资，到浙江采购桑树苗数十万株，发给所属各府县，遍行种植。还专门设置课桑局，管理种桑事务。当年，各府县蚕茧大丰收，而蚕丝则成为本地大宗货物。芜湖向以稻米出口为传统，但中日甲午战争期间，稻米出口受到严令禁止。形势平稳以后，袁昶一方面呈报上级请求批准开禁，同时又制定条例，征收稻米出口税。他的这一惠农政策，不仅保护了农户的利益，而且年税收增加数十万两，弥补了地方财政之不足。

推进经济发展的同时，袁昶十分重视发展文教事业、培养各类人才工作。他发现中江书院场地狭小，不能容纳众多学子，便扩建书院规模，礼聘品德优良、学识渊博的汪宗沂担任院长之职，教师待遇从优。袁昶还亲自确定课程，在传统科目之外，新增刚从西方传入的物理、化学等学科（当时称为格致学）。经过多方努力，袁昶为中江书院创建的尊经阁，藏书数万卷，供学生阅览。为了兴学，袁昶先后捐资四千余两白银，临离任时，又专门储银五千两，作为今后的办学基金。

袁昶重视人才培养与他的施政理念有关。光绪二十一年（1895）尊经阁落成时，他在亲笔撰写的《尊经阁记》中说："研穷古今之变，以古学润今治，以道术康世屯，科分目张，礼失求野，磨砻浸润，晖光日新。毋作辍、毋助长、毋求速化。……人材之兴也有日矣，非守斯土者之所日夜祷祀求之者哉！"

中江书院旧址之一，位于安徽师范大学赭山校区（曹峰 提供）

爽秋利在千秋

许多地方官员口中说"造福一方"，做的却是杀鸡取卵、急功近利的事；而袁昶相反，他有长远眼光。任职芜湖期间，袁昶花大力气兴修水利，就是一例。

芜湖十里江湾（郑远 提供）

芜湖西南乡圩堤十余里，枕江界湖，决堤事件经常发生，水灾之后往往又是旱灾，百姓称之为"两只老虎"。袁昶来此视察后，发现百姓生活十分困难，于是立即捐发粮食等物资先解燃眉之急。经过实地调查，袁昶发现"自大关亭至澛港各堤，尤为濒江保障"（民国《芜湖县志》）。于是在光绪二十三年（1897）春，袁昶捐廉5000余两，设立专门机构，招募民工近万人。他自己也躬身亲往，进行部署。经过大家努力，不仅修好了从大关亭至澛港12里长的江防大堤（今芜湖十里江湾公园），还增筑了防洪大堤370丈，并在两岸修筑斜坡以阻水势，所有"涵洞斗门，悉臻完固"。自此数万顷良田，不再遭受旱涝灾害。袁昶调任前还再次捐款，希望以后继续加以维修。后人称赞袁昶"以实心行实政，类如此"。

1900年7月3日，袁昶因直言谏净被慈禧杀害，12月15日，光绪发布上谕，为袁昶平反。第二年夏天，东南地区遭遇数十年未有的洪涝灾害。

本校最近落成之怀爽楼

1936年《芜中校刊》所载新建怀爽楼照片

芜湖虽处众水交汇之地，而袁昶所修筑的圩堤却固若金汤。避免了洪灾的芜湖百姓发自内心地说："生我者，袁公也！"

修筑江防大堤是利在千秋的事，也是袁昶在芜湖的最大功绩。芜湖人民因此对袁公的感情非常深。在袁昶被平反昭雪后，芜湖地方人士将中江书院的尊经阁更名为怀爽楼，后又建袁太常祠于中江书院。1910年，在中江书院旧址建造怀爽楼（位于原东内街小学），后又在中江书院新址（赭山）两度修建怀爽楼。百年之后，这几座怀爽楼都已不存，但江防大堤至今依然发挥防洪功能，并华丽转身为秀美的十里江湾公园，成为袁昶最好的纪念碑。

孙中山：短暂而影响深远的芜湖之行

◇ 沈　娴

1912年4月1日，孙中山辞去了临时大总统职位后，被推举为中华民国铁道协会会长，开始他实业报国、发展中国、振兴中华的经济计划。他认为要救国，首先要修铁路，而长江沿线铁路兴建则摆在他首选的议题上。于是，他沿着长江流域考察，其中安庆、九江和芜湖是他此次考察中的三个重要城市。芜湖之行，留下浓墨重彩的一笔。

初莅芜湖

1912年10月30日8点，孙中山乘"联鲸"号兵舰从江西九江抵达芜湖。驻芜国民革命军第15师师长孙品骖率众迎接。孙中山乘小划子在接官厅码头上岸。

当时聚集江边欢迎的群众有1万余人，人们欢呼、鼓掌，向他行鞠躬礼致敬。孙中山面带微笑，挥手致意，气氛尤为热烈。在看到接待官员要用八抬大轿抬他到市区时，他默不作声，接待官员以为他嫌彩轿寒酸，连忙解释说："这是本埠专为迎接贵宾用的彩轿，只有前清总督、巡抚来时，方敢启用。"听此话，他大声地说："轿子是从前官厅大人、老爷们作威作福的象征。我孙文自搞国民革命起，就从来不坐这个人抬人的东西。"接待官员惭愧，只好连忙派人到前清驻英公使崔国英家，借来芜湖当时唯一一辆英式四轮马车，由崔国英儿子崔由桢亲自驾驶，他这才坐上马车来到市区大马路的大舞台（今中山路步行街57号附近），会见芜湖人民并发表演讲。

大舞台演讲

上午10时，芜湖各界在大舞台举行盛大的欢迎大会。大舞台是由李鸿章之子李经方兴建，是当时全国第二、安徽第一的新式大舞台。大舞台门前用竹花扎成辕门，两旁围以色布。辕门之内，列菊成山。由会场至江苏米捐局皆用彩布为棚，"各界来宾赴会者约以万计，场为之满，途为之塞"，欢迎场面十分壮观而隆重。

孙中山先生（前排居中偏右者）视察芜湖时与各界人士合影

孙中山到达会场后，孙品骏致欢迎词，来宾起立，行三鞠躬礼，孙中山答礼完毕，开始了《群策群力，尽心国事》的演讲。他说："兄弟此番来芜，诸君特开会欢迎，极为感谢。我父老受君主之压制久矣，迄于今日，才将专政推翻，造成中华民国。此非兄弟一人之力，实为四万万同胞齐心协力，万众一德，有致之也""吾等由奴隶地位而至主人地位，为莫大之幸福。惟为主人翁必应尽其应负之责任。方今民国初建，万端待理。民之于国，为最大之要素。欲国富民强，当自立。则凡百艰难事务，吾民都宜负其全责，望诸君共济时艰为幸"。他勉励各界人士群策群力，尽力办理国事。

孙中山演讲受到在场安徽公学、皖江中学等广大师生以及市民们热烈欢迎。他因患轻度感冒，所以讲话时间较短。欢迎大会下午2时结束，他乘马车到江苏米捐局，稍事休息，后又到来龙里广东会馆宴饮，会晤广帮米商头面人物。当天下午3时，又乘上"联鲸"号兵舰，对芜湖沿江进行考察，观阅芜湖东西梁山炮台，随后返回上海。

深远影响

孙中山芜湖之行，对芜湖产生了深远影响。

1917年至1919年间他在《建国方略》中描绘中国现代化建设的宏伟蓝图，对芜湖建设提出了战略构想。设想在长江沿岸建设6个商埠，其中就包括芜湖。他设想，要兴修水利，整治长江，包括江阴至芜湖段、芜湖至东流段，修建从澛港至芜湖城东南的运河，运河两岸修建船坞，容内地来往船只。自江岸起，向内地、循运河方向，规划广阔街道，以供商业之需；其沿运河，留为工厂用地。芜湖居丰富铁

孙中山铜像，位于芜湖中山路步行街（芜湖市档案馆 提供）

矿区中心，在铁矿得到相当开发时，"芜湖必能成为工业中心也"。芜湖有廉价材料，廉价人工，廉价食物，随着科学技术发展，机器的运用，发展会更好。交通方面，除了修建运河外，还修建芜湖长江大桥；规划铁路，中央铁路系统建设13条铁路，连接芜湖的有霍山—芜湖—苏州—嘉兴线、南京—韶州线。他对芜湖的规划，很多都变成现实，对于今天芜湖城市建设依然有着积极的借鉴意义。

1925年3月12日，孙中山逝世，芜湖人民把他当年走过的大马路更名为中山路（今中山路步行街），1945年，将原大会堂更名为中山纪念堂，将由中山路横跨青弋江的桥命名为中山桥。新中国成立后，又将赭山原皖南图书馆更名为中山堂。2007年10月，在他当年演讲的中山路步行街大众影都附近，树立一座孙中山铜像，表明芜湖人民将永远缅怀和纪念这位伟大的革命先行者。

孙中山：短暂而影响深远的芜湖之行

陈独秀：在芜湖点燃革命的火种

◇ 魏文文

1904年夏天，正值酷暑之际，胸怀大志的陈独秀走进了中长街20号的芜湖科学图书社，在这里一住就是三年，开启了创办进步报刊、宣传革命思想，发展新式教育、启迪普通民智的道路。

欲新中国先要新民

陈独秀（1879—1942）出生于安徽怀宁，6岁便开始接受传统文化教育，原本按照家族的期许走上科举之路，1896年，陈独秀参加院试，考取了第一名。次年，赴南京参加江南乡试，沿途见到"读书人"以考船走私、偷窃，以及其他怪现象，受到很大的冲击。他萌生印发作品宣扬自己思想主张的举动。当年底，18岁的陈独秀写成了一篇约7000字的《扬子江形势论略》，自费印发，以唤起国人的爱国救亡意识。

陈独秀与其子陈延年、陈乔年

1904年，陈独秀深感安徽风气闭塞，想尽快把革命的种子播诸安徽各地，于是准备办一份《国民新报》，后确定为《安徽俗话报》，他"约了几位顶相好的朋友"，"用最浅近最好懂的俗语"宣传思想，这几位朋友包括他的同乡桐城学堂的学长房秩五、吴守一等。

《安徽俗话报》初在安庆编辑，房秩五任教育编辑，吴守一任小说编辑，陈独秀任主编和其余稿件编辑，每期均由陈独秀统稿，寄到芜湖科学图书社，由科学图书社承担发行工作。由于芜湖当时没有印刷厂，科学图书社将稿件寄到上海，由章士钊的东大陆图书译印局印刷后再寄回芜湖。同年暑期，由于房秩五赴日本留学，吴守一回桐城，陈独秀便将编辑部迁到芜湖科学图书社，开始了芜湖办报的重要时期。

1905年《安徽俗话报》

汪孟邹的侄子汪原放曾回忆："这个25岁青年背了一个包袱，带了一把雨伞，就住到科学图书社的楼上来办报了，在大约一年时间里，共编辑出版23期。每期出版后陈独秀都是亲自动手分发、卷封、付邮，勤勤恳恳为传播革命思想而努力工作。"《安徽俗话报》为半月刊，32开本，每期约40页，由同人集资所办，经费紧张，条件艰苦，以至于衣服、被单上长满臭虫，陈独秀都没有察觉。俗话报内容新鲜活泼，思想发人深省，教育民众"明白时事""通达学问"，唤起大众的爱国思想和救亡意识。

陈独秀具有明确的启蒙对象，他设定了不同的启蒙目标：让读书人多长见识，教书人学些巧妙的法子，种田人知道各处收成好坏，手艺人学些新鲜手艺，生意人通晓各种行情，做官人明白各处的利弊，当兵人知道各处的虚实，女人、孩子们多识字、读小说、学唱歌等，以达到寓教于乐的目的。由于内容新鲜活泼，语言通俗易懂，吸引了大批的读者，报纸经常脱销，只能再版、增印，启蒙的种子从芜湖飘向上海、南京、武昌、长沙，甚至更远的地方。《安徽俗话报》创办约一年后因为"刊登外交消息，触犯了洋人"，被勒令停办。

安徽公学育新人

李光炯、卢仲农于1903年在长沙创建安徽旅湘公学，因反清活动受牵连，决定将其迁回安徽。由于李光炯与陈独秀是旧交，《安徽俗话报》正如火如荼，陈独秀还为其刊登过招生广告，对公学比较了解，于是陈独秀建议将公学迁至芜湖，并答应到校任教。最终安徽旅湘公学落户芜湖，更名为安徽公学。

安徽公学选址芜湖米捐局巷，1905年3月正式开学，陈独秀不仅兑现承诺，出任国文教师，还吸引一大批知名人士到公学任教，安徽公学"成了当时中江流域革命运动的中心，也成了中江流域文化运动的总汇"。陈独秀还利用《安徽俗话报》进行招生宣传，积极利用清末政府办新学的政策，开设免费师范速成班，大大推动了公学的发展，安徽公学因此被誉为新文化生长的摇篮和革命的中心地。

安徽公学不断发展壮大，引起两江总督端方的警觉，革命党人被迫离开芜湖。为了更加广泛地宣传革命思想，培养革命骨干，重新聚集革命党人，1906年4月陈独秀又在芜湖创办了公立徽州初级师范学堂，开设伦理学、心理学、教育学、地理学、算学、音乐、体操等课程。陈独秀除了担任监学外，还负责学堂的实际事务，并承担教育、地理及日语三门主要课程。其他教员多数来自安徽公学，大都是革命党人，继续宣传革命，为革命与新学培养了大批师资与骨干，推动了革命的发展。

勇立潮头干革命

1905年五六月间，在芜湖科学图书社的小楼上，来自河北保定"旅保两江公学"的吴樾向陈独秀和赵声谈了准备炸毁清室宫殿，炸死慈禧太后的想法。起初，陈、赵劝说吴樾"要努力唤醒广大群众"，而推翻清王朝的腐败统治"要谨慎而不懦弱，要有勇气而不急躁"。吴樾听后感慨地说："你们的宗旨是高尚的，但十分困难；我的宗旨虽然轻生，但较为容易。在国人苟安于骗局的情况下，不如此不能震慑朝廷，唤醒同胞。"他们认为吴樾说得有道理，便一起商讨了具体的实施计划。陈独秀为吴樾置酒送行，三人就此话别。于是，9月24日发生了震惊全国的吴樾怒炸出洋五大臣事件。

此外，陈独秀与柏文蔚、常恒芳等人在芜湖组织成立了岳王会，自任会长（详参本书《柏文蔚：深刻影响芜湖的革命先驱》一文）。1907年初，清政府加强了对革命活动的监视，陈独秀被迫离开芜湖。尽管陈独秀在芜湖的时间不长，却极大地推动了革命形势的发展，促使革命思想在芜湖生根发芽，芜湖也成为近代安徽辛亥革命的策源地。

潘赞化：芜湖海关监督

◇ 匡永琳

潘赞化（1885—1959），名世璧，字瓒华，后改为赞化，安徽桐城人，毕业于日本早稻田大学，青年时期便跟随陈独秀等人参与革命事业，为上海同盟会会员。曾多次来到芜湖，在这座城市留下了不可磨灭的历史印记。

芜关监督与海关大楼

早在1906年，潘赞化就曾来到芜湖，担任安徽公学的教员。1912年，安徽光复后，潘赞化奉令来到芜湖办理查账等事宜。辛亥革命胜利之后，柏文蔚出任安徽省都督。8月，芜湖财政局撤销后，局长被捕，柏文蔚曾委派多员来到芜湖，商议清查光复后财政部进出用款。后因发生兵变，查账员因此流散，账目一直尚未清结，柏文蔚以"事关清理，岂容久悬"，9月，再次委派潘赞化、李幼卿来到芜湖，会同各委员切实清查账目。12月，经潘赞化查明，财政局亏空公款为数甚巨，于是便报告柏文蔚派员来做进一步调查。

潘赞化担任芜湖海关监督后，整顿关卡，杜绝偷税漏税，使得关税收入不断增加。当时的中国，财政税收为北洋军阀所把持，而海关收入则需先按照规定交够海关总税务司使用，然后再将多余的部分上交给财政部。潘赞化不愿将税款上交，就全部偷偷转寄给了上海同盟会，用来支持革命，以至于受到了当时报纸的抨击。据《神州日报》记载，"前清末造贿赂公行，官吏串通……芜关监督潘赞化到任未及半年，亏挪税款甚巨……不料新政界中有此败类。"而孙中山了解到这件事情之后，曾于芜湖视察时，对他的行为当面进行了称赞。

潘赞化上任不久，便着手筹建新芜湖海关。据民国《芜关纪要》与《安徽省志》记载，芜湖开关初期，海关在中江塔附近租赁民房办公。光绪九年（1883），租界常关一带拟划给海关建筑办公楼与海关码头，1912年，潘赞化与安徽都督柏文蔚、税务司阿拉巴德、徽州同乡会代表鲍庚等人商定，就原定地界订立合约，斥价银一万两建筑新海关（位于今芜湖市镜湖区滨江公园内）。1916年开始营造，总计花费关平银194000两，1919年7月正式落成。新海关计约宽50丈，长60丈，占地面积约50亩。里面的各项设施，包括理船厅、巡江工司办公处、海关内地税收处、货栈、总巡洋员住室、外班洋员俱乐部、球场等在内无不具备。海关大楼面朝长江，前设一大自鸣钟，采用西式建筑风格，红墙外廊，别具一格，濒临长江，成为芜湖的标志性建筑物。2019年10月，老芜湖海关旧址被列为第八批全国重点文物保护单位。2023年，芜湖市对老海关进行了整体修缮，吸引着各地的游客前来驻足参观。

芜湖海关大楼，第八批全国重点文物保护单位（郑远 提供）

潘赞化与潘玉良的情缘

1912年，新上任芜关监督的潘赞化结识了青楼女子潘玉良（原名陈秀清，又名张玉良）。他被潘玉良的才情所打动，将她赎了出来，并纳为小妾，二人共同居住于芜湖十九道门（今芜湖市镜湖区中山路）。后来，芜湖驻军龚振鹏反叛，潘赞化被怀疑为革命人士，潘玉良害怕潘赞化被逮捕，就拿了一把手枪为其彻夜守卫。潘赞化特作一诗："长街民变逼陶塘，鼎革清廷兵马荒。九道门前勤护卫，持枪值宿小戎装。"兵变后，潘赞化和潘玉良离开芜湖，去往上海居住。

在与潘玉良相处的过程中，潘赞化发现了她的绘画才能，便让潘玉良跟随洪野先生学习绘画，支持她去法国留学。潘玉良不负所望，1928年顺利毕业，成为从罗马美专毕业的第一个中国留学生。后来，她的作品在世界各地展出。

潘赞化对潘玉良十分欣赏。潘玉良曾在芜湖陶塘岸边照过一张相片，潘赞化题诗一首称："玉良中国奇女子，一笔丹青四海传。魄弱魂强神独王，求知好古老弥坚……造相嫁装荒岛上，春风垂柳陶塘边。温柔敦厚仍如旧，文采风流未减前。"

潘赞化、潘玉良塑像，位于芜湖海关大楼旁（姜辉 提供）

恽代英：两度来芜撒火种

◇ 魏文文

"浪迹江湖忆旧游，故人生死各千秋。已捓忧患寻常事，留得豪情作楚囚。"诗人在这首荡气回肠的《狱中诗》中回忆起奔走大江南北的革命征程。他就是中国革命青年热爱的革命导师——恽代英。

恽代英，江苏武进人，1895年出生于湖北武昌。早在1915年，恽代英就已投身新文化运动，1919年，积极领导了武汉地区的五四运动。1921年底，恽代英加入中国共产党，

恽代英像

历任团中央、党中央重要职务。1921年和1925年，恽代英曾两次到芜湖，在广大进步青年中播撒革命的火种，鼓舞和激励有志之士走向革命道路，大大推动了芜湖青年运动的发展，在芜湖革命斗争史上留下了光辉的一页。

首次来芜两场演讲

1920年，恽代英应安徽第四师范学校（位于宣城）校长章伯钧的邀请，担任该校教务主任，在他的影响下，宣城师范学校掀起了学生运动的高潮。

1921年初，安徽省立第五中学校长刘希平盛情邀请恽代英来校给师生们演讲。他穿着粗布衣裤和草鞋，背着一个蓝色小包袱，从宣城徒步来到芜湖。

在省立五中阶梯教室休息了一晚后，便先后在五中和省立第二甲种农

业学校（后文简称二农）进行两场演讲，愤怒地揭露了日本帝国主义的狼子野心，号召青年朋友们投身革命，打倒帝国主义，打倒军阀，取消帝国主义强加给中国人民的一切不平等条约，求得中国彻底解放！面对着懵懂的青年学子们，他说："读死书有什么用？国亡了还有什么书读？"面对深陷双重忧患的中国，他告诫同学们，在国家存亡的关键时刻，"教育救国""读书救国"都是行不通的，唯有革命才能拯救中国！恽代英的演讲，唤醒了懵懂的青年学生，激发了他们的爱国热情，一场场爱国运动如雨后春笋般在芜湖不断上演。

再次来芜多场演讲

1925年3月12日，孙中山先生在北京逝世，芜湖各界纷纷集会游行，沉痛悼念孙中山先生。4月23日，恽代英以国民党上海执行部代表的身份，应邀来芜湖参加孙中山先生的追悼大会，向芜湖人民宣传反帝反军阀的思想，推动芜湖民主革命运动深入开展。

4月24日8点，恽代英来到二街状元坊湖南会馆追悼会现场，发表了简短演讲后，他走到游行队伍的最前面，挥舞着手中的小旗，和大家一起振臂高呼"打倒帝国主义""打倒国内军阀"等口号。游行队伍走到十三道门广场，又举行了群众悼念大会，恽代英发表了长达三四个小时的演讲，通过悼念孙中山先生，揭露了自鸦片战争以来，帝国主义对中国的经济、文化侵略。他愤怒地说："侵略者吸尽了中国人的鲜血！"说到动情之处，不禁流下了热泪。

追悼会后，恽代英来不及休息，先后到五中、二农和安徽省第一商业学校继续演讲。当晚，还与芜湖学联的团员骨干通宵畅谈，了解芜湖青年学生的动态，商量如何加强团组织的工作，扩大团组织的规模。根据他的指示，芜湖团地委决定发动群众，发展组织，促进学生运动与工人运动的结合。

虽然恽代英两次到芜湖的时间并不长，却对芜湖反帝爱国运动产生了重要的推动作用。他的每一次演说都深深地震撼与激励着芜湖青年学生，每到一处都在用热血播撒革命的火种。

吕惠生：兴修水利惠民生

◇ 何章宝

吕惠生（1902—1945），又名惟偊（yǔ），无为县（今无为市）人，革命烈士。他1922年考入北京农业大学，1926年毕业后回故乡从事教育工作；同年，加入国民党，曾任国民党无为县党部秘书、县临时行政委员会委员等职。1939年参加革命，皖南事变后加入苏北游击纵队，1942年加入中国共产党；曾任抗日根据地仪征县县长、无为县县长及皖中行署主任、皖中人民抗日自卫军司令员等。1945年9月，他随新四军第七师北撤时在芜湖被捕，被关押在南京六郎桥国民党监狱，坚贞不屈，于11月壮烈牺牲。

吕惠生像

吕惠生烈士为革命事业和家乡建设鞠躬尽瘁，特别是在家乡水利建设中做出了杰出贡献。

重建三闸圩

位于无城镇北郊的陈家闸、季家闸、黄树闸等三闸，是周边圩区群众农业灌溉的吐纳咽喉，受益面积为三闸大圩内的10万亩农田。当初，每当西河及黄陈河涨水季节，水灾频仍。1942年7月，皖中行署成立后，行署主任吕惠生就开始酝酿三闸圩水利工程。次年7月，皖中抗日根据地军民在粉碎日军第二次扫荡之后，开始在全境范围内修建涵闸斗门。此时的三闸大圩已逐渐形成，圈圩垦植进入鼎盛期。但由于圩口地势倾斜，河道多弯曲，遇有暴雨，洪水直泄，流聚内圩，易于形成涝灾。吕惠生亲自率领水委会负责人到大圩踏勘，制定了"蓄泄分举，分流疏导"的建堤方案。经过一年奋斗，1944年6月，三闸圩工程竣工。

无为市三闸圩（无为市委宣传部 提供）

三闸圩水利工程是敌后水利工程建设的壮举，是吕惠生领导皖中军民抗日救国事业的又一胜利。

兴修黄丝滩江堤

无为长江大堤东南段，旧称黄丝滩江堤，它直接关系到合肥、无为、巢县、含山、和县、舒城、庐江等七县数百万人民生命财产安全，所以有"一线单堤，七县屏障"之称。1911年和1931年，大堤两次溃破。至20世纪40年代，年久失修的黄丝滩江堤面对汹涌的洪水，更加岌岌可危。

1943年5月，黄丝滩段江堤出现险情，吕惠生连忙赶赴现场，带领区乡抗洪抢险队护堤除险。随后，带领一班人实地勘察，草拟了建堤的工程计划，确定了施工基线。10月，江水退去，他组织无为及周边各县的数万民工进行大规模建设。当时，周边有不少敌占区，日军飞机经常飞临工地上空盘旋侦查，吕惠生调派新四军第七师皖南支队两个营担任工地警戒，安排大批民兵日夜巡逻。经过近百万人次皖中民工、民兵和新四军指战员的辛勤努力，砥砺奋战，1944年5月，黄丝滩江堤工程全部完成。

黄丝滩江堤至今仍巍然屹立，固若金汤，现被命名为"惠生堤"。

改造大新河

抗战时期，无为的牛埠、昆山、鹤毛一带属于湖东县（地跨今安徽枞阳县、无为市），其境内的大新河流域阡陌纵横、河汊交错，但有20万亩农田要靠人力取水排水。1943年前后，吕惠生几次对大新河圩区进行考察，提出建设涵闸斗门，以期调节水系，改良水利条件。他提出两大措施：一是采取蓄水、引水、跨流域调水来调节水资源的时空分布，为充分利用水、土资源和发展农业生产创造条件；二是采取灌溉、排水等措施，调节农田水分状况，改良低产土壤，改善生产现状。湖东县抗日民主政府遵循吕惠生主任的科学、合理建议，不断加强小型农田水利建设，通过兴修涵闸斗门，实现了大新河圩区灌溉自流化，极大地提高了生产效益。

吕惠生在抗战期间，带领根据地人民兴修了众多水利工程，为皖江抗日根据地的巩固和发展作出了不可磨灭的贡献。

王步文：献身革命的安徽省委书记

◇ 沈世培

王步文（1898—1931），字伟模，化名朱华、王华、王自平，安徽岳西人，于1923年参加社会主义青年团，同年加入中国共产党，中共安徽省委书记，革命烈士。芜湖是王步文生活和战斗过的地方，他的光辉事迹，诠释了一个革命家为中国人民解放事业视死如归的革命精神，为芜湖革命史书写了光辉的一页！

指导黄包车大罢工

王步文留学日本期间（1925.6—1927.2）与妻子方启坤合影

王步文1898年1月15日出生于安徽岳西县资福村，1918年在安庆求学，后来积极投身于反帝反封建的五四运动，是安徽早期学生运动领导人之一。1922年3月，安徽省学联副会长王步文从安庆赶来芜湖，帮助指导芜湖学联进行改选，指导芜湖学联参与协助黄包车工人罢工斗争。

这是他第一次来到芜湖。那时芜湖有10多家车行，1000余辆黄包车。1922年春间，黄包车车行老板把警察当局增加的黄包车牌照税负转嫁给黄包车工人，并提高租价，使工人生活不下去。3月21日，在学联领导下，二农学生薛卓汉、胡金台等人与黄包车工人代表100多人赴警察厅请愿。3月22日，1000多黄包车工人和学生齐集于东门外铁路埂上，临时做了混合编排，然后向大舞台前进。队伍最前面抬着"芜湖劳动大会"横匾，一路高呼口号，散发传单，砸碎了军警不准集会布告牌。会场临时改在十三道门（今鸠江饭店附近）广场上，参加大会的连市民在内足有上万人。

罢工进行了三四天，使全市交通中止，迫使警察当局宣布"取消增加牌照税的决定"，把车行租价也降到原来的标准，罢工取得了空前胜利。芜湖黄包车工人大罢工，拉开了安徽现代工人运动的序幕。

领导安徽土地革命

1927年，王步文第二次来芜湖，作为省临委的常委和组织部部长来芜湖恢复和发展安徽的党组织，建立芜湖县委机构。12月7日，在他和其他同志率领下，潜山千余农民举行暴动，并攻入县城（史称"梅城暴动"）。

1928年2月他第三次来芜湖。当时，中共安徽省临时委员会自武汉迁来芜湖，书记尹宽，王步文担任常委兼组织部部长，着手整顿和恢复芜湖的党组织。由于尹宽执行"左倾"盲动主义路线，芜湖万春圩、白沙圩等地农民暴动都先后失败，尹宽擅自撤销王步文职务，王步文不得不离开芜湖。

1929年土地革命风暴在安徽广大农村掀起。1930年2月4日中共潜山县委书记芮兰生在皖西潜山县清水寨（今属岳西县）率先暴动，成立工农革命军潜山独立师，1930年9月4日暴动失败，参加人员受到国民党的悬赏缉捕。9月中旬，王步文第四次来芜湖，党中央派王步文为巡视员，主持建立了皖南特委，并任书记。机关先设在芜湖东门外一处民宅内，不久即迁往三圣坊20号。10月初，芮兰生来芜湖向王步文汇报清水寨起义失败情况，王步文同意芮兰生把潜山县委暴露人员和参加清水寨暴动成员全部撤退到皖南。这些人员撤退到皖南祁门、歙县、休宁、黟县、秋浦、贵池、东至等县，继续开展地下斗争。为贯彻中共六届三中全会精神，11月下旬王步文在芜湖新民中学主持召开全省各中心县委扩大会议，广德、宣城、无为、巢县、繁昌、南陵等县党组织负责人和代表，均参加了这次会议，有力地推动了安徽土地革命发展。

英勇就义，浩气长存

1931年2月，中共安徽省委在芜湖正式成立，王步文任书记，他以安徽省委书记身份主持建立中共芜湖市委。

1931年4月6日8点左右，由于叛徒何冰心、张照明告密，王步文在柳春园主持省委会议时不幸被捕，省委常委霍锟镛、团中央巡视员刘文、省委交通员赵信（女）等人也被捕，共计11人。省委机关被破坏。当天晚上，设在朱家巷7号的皖南互济总会机关、设在红墙院的皖南特委机关均遭到破坏，一时白色恐怖笼罩在芜湖上空。第二天，王步文等被押往国民党省府所在地安庆，关押在饮马塘看守所。在狱中，王步文大义凛然，严词拒绝敌人任何利诱，经受电刑、上老虎凳、香烧、烙铁、用煤油灌鼻孔等种种酷刑，仍然意志坚定，毫不妥协。1931年5月31日上午8时许，王步文在安庆北门外荒地被杀害，时年33岁。解放后，何冰心在上海被我公安机关抓获，并被宣判死刑，得到了应有的惩罚。

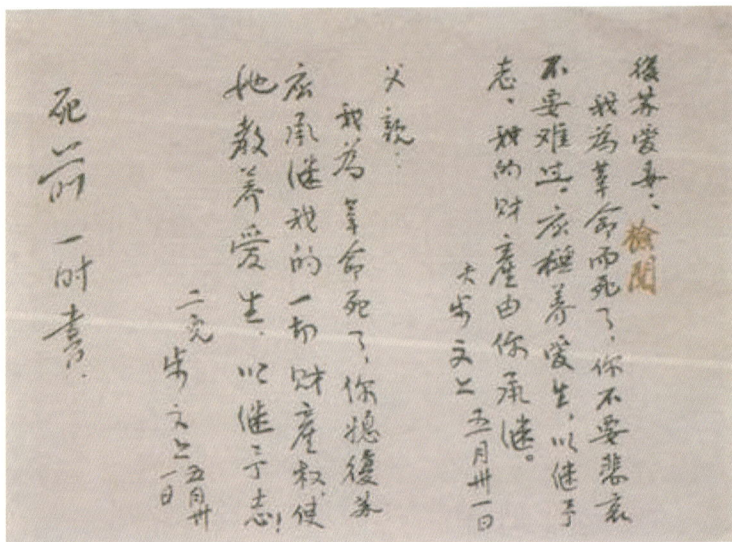

王步文给妻子方启坤（即"复苏"）、父亲王培顺的遗书

1991年5月，在王步文牺牲60周年之际，在镜湖边他被捕的地方，中共芜湖市委、市人民政府建起一座"步文亭"，永远缅怀和纪念这位为革命献身的首任安徽省委书记。步文亭位于芜湖市柳春路4号，西侧和柳春园相对，占地面积340平方米。亭的上方"步文亭"三字，由原中顾委委员、原南京军区政委杜平题写。亭子构思精巧，造型新颖。大麻石基座，亭子呈"W"字形，"W"是王步文的"王"字、安徽省的简称"皖"字以及芜湖的"芜"字的汉语拼音第一个字母。亭的顶部由六角形拼接，表示中共安徽省委成立暨王步文就义60周年。亭的后面以花岗石条砌成屏墙，中间镶嵌黑色大理石，镌刻着王步文在狱中写的自挽联："是革命家，是教育家，怀如此奇才，生而无愧；为革命死，为大众死，仗这般大义，死又何妨！"王步文高尚的品格，大无畏的革命精神以及视死如归的英雄气概，将永远激励着芜湖人民传承红色血脉，踔厉前行，创造美好的未来！

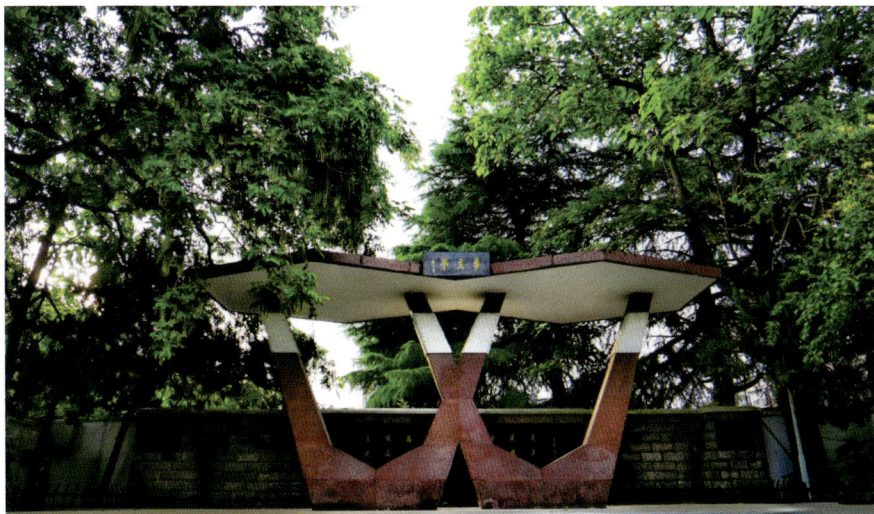

步文亭,位于芜湖镜湖公园（姜辉 提供）

张人亚：工人运动先驱和
中共早期文献的守护人

◇ 章征科

张人亚（1898—1932），原名张静泉，谱名守和，1898年出生于浙江省宁波府镇海县泰邱乡（今宁波市北仑区霞浦街道）霞南村的一个农民家庭，"人亚"是张静泉参加革命后自己改的名字。

工人运动先驱

张人亚像

张人亚小时因父亲张爵谦秉承耕读传家的传统理念，重视子女教育，而得以在其堂兄张范和开的霞浦学堂里读书，后到镇海县立中学深造。1913年，张人亚到上海老凤祥银楼当学徒。其间，张人亚目睹了中外反动势力欺压中国人民，从进步书刊和身边的革命志士的言行中，接触到一些先进的革命思想。在革命组织的关心下，1921年4月，他加入中国社会主义青年团，11月，加入中国共产党，成为上海最早的几个工人党员之一。1922年9月在党领导的中国劳动组合书记部上海分部帮助下，张人亚领导成立了上海金银业工人俱乐部，担任俱乐部主任，领导上海金银业的罢工。

当时上海有大小银楼34家，从业工人2000余人。金银业工人受雇主盘剥，生活困苦。10月，上海金银业俱乐部动员2000多名工人，坚持了28天的罢工。工人俱乐部与资本家于11月2日签订协议，这场罢工使工人在经济方面获得了一些利益，但要资方承认俱乐部的目的没有达到。张人亚因领导罢工遭通缉，而离开金银业工人俱乐部，正式将静泉改为人亚，决心以新名字，投入到党的工作中去。于是，党组织安排张人亚去了闸北的商务印书馆开展工作。

1924年，张人亚被派往苏联学习，1927年初，为配合北伐军光复上海，张人亚奉命回国担任中共江浙区委宣传部分配局负责人，筹办《平民日报》。当年2月，上海总工会机关报《平民日报》创刊。

在芜湖的革命活动

1929年7月后，张人亚受命在安徽芜湖开了一家金铺，凭借着曾在金银业工作的经验，张人亚在弟弟张静茂、堂兄张静乐的帮助下，冒险把黄金兑换成现钞，铺子表面上是做金银首饰的加工及成品销售，事实上金铺是共产党的地下小金库。它秘密地接收苏区送来的金银，并将它们设法兑换成现洋及钞票，再转交给上海的党中央。一部分当作党的活动经费，一部分买了西药和医疗器械，送到战斗前线。

1931年6月，张人亚担任中共芜湖中心县委书记，7月，芜湖中心县委向中央汇报工作，强调要反对右倾，特别是实际工作中的机会主义，同时要反对空谈"左倾"，如不做实际工作等。

张人亚1931年12月底离开芜湖，回到上海，把他保管的公园年票、私章以及从苏联寄来的明信片都交给了他弟弟张静茂。

中华苏维埃共和国成立后，张人亚前往瑞金。在中央苏区，一开始担任中央工农检察委员会委员，成为中共一大党员代表何叔衡的副手。1932年6月，张人亚接替朱荣生调任中央出版局局长兼总发行部部长，同时兼代中央印刷局局长，出版、印刷与发行了一大批苏区急需的政治、军事、经济、文教等方面的图书。1932年12月23日，带病从江西瑞金赴福建长汀检查工作途中殉职，年仅34岁。中华苏维埃共和国临时中央政府在1933年1月7日机关报《红色中华》上刊发《追悼张人亚同志》，以纪念张人亚为中国革命事业做出的重要贡献。

《红色中华》上刊登的悼词

特殊的"衣冠冢"

1927年，"四一二"反革命政变爆发后，张人亚将自己手中的一批机密文件和珍贵档案秘密送回老家交托给父亲张爵谦保存。张人亚离家后，为了完成儿子托付的大事，张爵谦编了个"不肖儿在外亡故"的故事，为张静泉和他早逝的妻子修了一座合葬"衣冠冢"，并用油纸裹好文件藏进空棺里。墓碑上，张爵谦为了稳妥，他删去张静泉名字中的"静"字，以"泉张公墓"之名埋藏了儿子的秘密。

秘藏文件中的两种纪念章

1951年，年事已高的张爵谦请人打开了儿子的空坟，将文件取出，交还给国家。张人亚用生命守护的这批珍贵文物一共有36

件，其中21件被列为国家一级文物，4件被列为二级文物，9件被列为三级文物，分别被保管在国家博物馆、中央档案馆和中共一大、二大会址纪念馆中。1952年7月初，部分文件、书报捐给了上海工人运动史料委员会。1959年，其余文物又捐给上海革命历史纪念馆筹备处（中共一大会址纪念馆前身）。其中，《共产党宣言》是中国现存最早的中译本之一，《中国共产党章程》是中国共产党第一部党章孤本。

《共产党宣言》陈望道译本书影

王稼祥：从芜湖走上革命道路

◇ 魏文文

　　王稼祥（1906—1974），原名嘉祥，曾用名稼蔷，出生于安徽泾县厚岸村，中小学时代一直使用名字嘉祥，寄托了母亲殷切的希望。1922年，父亲王鸿宇再三考虑后把他送到南陵圣公会乐育学堂，王稼祥不负众望，功课优异，逐渐成为学校中的佼佼者。1924年，王稼祥被推荐免试进入另一所教会学校——芜湖圣雅各中学，从此开始了与芜湖的一段情缘。也正是在狮子山，王稼祥逐渐成长为一名优秀的革命斗士，开启了全心全意为共产主义事业奋斗的一生。

南陵圣公会乐育学堂，现为南陵县革命历史陈列馆（南陵县委宣传部提供）

反抗教会学校的枷锁

圣雅各学校位于狮子山上，是由中华圣公会于1899年创办的基督教教会学校，这所中学校规极其严格：严禁学生参加社会活动，不允许学生发表爱国言论；对学生的生活管理也十分严苛，晚上要检查是否准时休息、遵守纪律；《圣经》课则是教学的主要内容，要求学生无论是否信教，早晚、饭前都要做祈祷。这般苛刻的校规对一心想追求真理与进步的王稼祥来说，无疑是沉重的枷锁。他曾在写给家乡学友王柳华的信中说："我想我们到学校来，也无非想得点知识，求点真理，若说为了饭碗，而离开这亲爱的家乡，那恐怕不值得吧！"

他把所有的精力都投入到学习中，学校里教授的内容掌握后，就去图书馆读书。很快图书馆已满足不了求知的欲望，于是他经常跑到科学图书社买书。阅读了《新青年》《向导》《中国青年》等进步书刊后，沸腾的血液在王稼祥的心中升起，他逐渐意识到封建军阀的统治是社会腐败落后的重要原因，并多次写信给好友说，要做一个有志的新青年！也是这一年，王稼祥与同学们不满学校的奴化教育，在学校串联发动了一次"地震"式的罢考学潮，尽管学潮很快失败，但却是王稼祥从事革命运动的尝试。

在教会学校鼓吹革命

1925年3月12日，孙中山先生在北京逝世，中国共产党和国民党联合发动社会各界举行多种形式的追悼活动。圣雅各中学的师生冲破校长的重重阻挠，于3月22日召开了追悼会，王稼祥登台发表了慷慨激昂的演说，"实现三民主义和救中国危难的责任，已落在我们青年肩上了！诸君呀！最有希望、号称社会之花的青年们呀！可知革命就是我们唯一的使命啊！"一声声呐喊在学生中产生了极大的热潮，也鼓舞着一众爱国青年们！

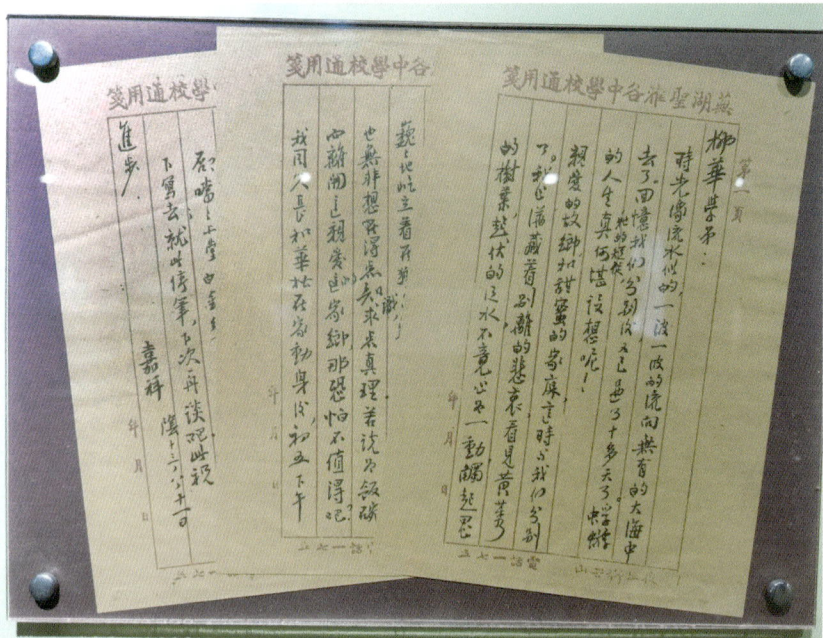

王稼祥写在圣雅各中学校用笺上的书信

为了广泛联络群众，王稼祥等进步师生创办了《狮声》月刊，以唤醒有志青年的觉悟。创刊号里，王稼祥发表了《三民主义与中国》《食与爱的本能与现代经济制度》两篇文章，多方面阐释了中国的现状及出路。

1925年5月，一场"收回教育权，废除奴化教育"的学潮在圣雅各中学拉开帷幕，他们向校方提出了取消《圣经》课、取消早晚祈祷、取消做礼拜等要求，并且在王稼祥等人策划下，成立了执行委员会，宣布集体罢课。5月20日，王稼祥为主笔起草了一封写给芜湖各家报社的信，陈述学潮发生的原因与真相，以争取社会广泛的同情和支持，芜湖《工商日报》等报纸立即刊登了这封信。学潮的影响不断扩大，安徽省学联代表王世英、张鹏超、龙超云，安庆圣保罗中学学生代表宋泯，上海非基督教代表张桐等纷纷来到芜湖，对芜湖学潮进行声援和支持。

被迫退学，走上革命道路

学潮发生后，教会学校大批学生退学，王稼祥作为两名学生代表之一，

5月26日前往安庆，与省教育厅进行交涉，最终退学的学生获得了转学证书，而领导学潮的王稼祥等人被开除学籍。尽管面临困境，王稼祥却浑身充满着斗争的力量，他在写给芜湖同学的信中说："回首以往，颇觉愉快，脱黑牢而入天堂，弃黑暗而受光明，前途绵绵，希望已临……翘首东望，诸君勉之，祥当努力前往，决不中馁，想诸君定能信任也。"1925年8月，王稼祥不顾家人阻拦，离开芜湖前往上海求学，从此开始了职业革命家的道路，并逐渐成长为中国共产党杰出的领导人。

1986年8月15日，王稼祥80周年诞辰之际，为了纪念这位在芜湖成长起来的革命斗士，芜湖人民在他当年读书的狮子山上修建了王稼祥纪念园。2006年，王稼祥100周年诞辰，纪念园又经过扩建开放，芜湖人民时刻怀念这位优秀的革命战士！

王稼祥纪念园前塑像（汪武 提供）

俞昌准：烈士丹心照后人

◇ 沈世培

俞昌准（1909—1928），又名仲则，乳名守法，化名陈青文，笔名俏郎、唱真、由我，南陵人。父亲俞晋运1912年当选安徽省议员。中央电视台新闻联播《永远的丰碑》栏目曾经介绍过这位烈士的英雄事迹。

在南陵播撒革命火种

俞昌准像

俞昌准9岁入私塾，后读小学，1923年夏毕业，秋天随二哥俞昌时赴上海，考入上海南洋中学。1925年，五卅运动爆发，他组织校内同学积极投身反帝和罢课等斗争。为响应中共中央指示，6月他偕二哥回到南陵，组织南陵工商学界一千余人举行声援五卅运动大会，成立"南陵反帝大同盟"和"南陵各界人民支援五卅惨案外交后援会"。6月20日，他又参与组织南陵民智促进会，在千余名师生和群众报告会上，报告五卅惨案经过，会后他又领导群众反帝游行。这场斗争，历时1个多月。不久，他回到上海，被校方认为"思想过激"，迫令退学。

1925年7月20日，俞昌准进入上海大学中学部。他阅读一些进步书刊，受到邓中夏、瞿秋白、恽代英等革命先辈和同志的教诲与影响，接受马克思主义和共产主义思想。9月12日，用"由我"笔名，在《中国青年》报上发表《我们的校长》一文，历数南洋中学校长迫害进步学生、破坏学生运动的罪行。不久，由恽代英介绍，加入中国社会主义青年团。

1926年2月8日，俞昌准回南陵，在城关举行共青团南陵临时特支成立大会，宣传"联俄、联共、扶助农工"三大政策。1926年春，他转为中共党员。7月，他在上大附中毕业，党组织决定派他到苏联莫斯科中山大学学习，但他却要求回南陵工作。他在给二哥信中说："安徽工作更加艰危……我愿做一个无名英雄！"8月，他偕二哥昌时再次回到南陵，开展建党工作和发动农民运动。返乡后，他写下一首《到天堂去》诗，以抒发自己革命情怀："那边是天堂，大家都想着进去。"他在南陵秘密发展了刘作俊夫妇和刘怡亭等人入党。11月25日，成立了中共南陵县特别支部，直隶党中央领导，俞昌时任书记，孙达任组织委员，昌准任宣传委员兼秘书。从此，南陵人民反帝反封建革命斗争，出现了崭新的局面。

点燃芜湖革命烽火

1927年1月，俞昌准调任中共芜湖特支书记，组织群众支援北伐战争。当时北伐军节节胜利，3月初，北伐军攻克芜湖，芜湖各界人民召开了万人大会，欢迎北伐军第六军程潜军长和党代表林伯渠、恽代英，俞昌准以中共地方组织代表发表演说，号召大家团结奋斗，实行孙中山三大政策。会后，他和其他同志积极帮助改组国民党芜湖县市党部，并发动各群众团体组织"前敌工作团"，支持北伐军。3月下旬，国民党安徽省第一次代表大会在安庆召开，他代表南陵县出席了会议。

4月12日，蒋介石在上海发动"四一二"反革命政变，18日，芜湖国民党右派在蒋介石支持下叛变革命，捣毁了芜湖国民党左派县市党部，大肆捕杀共产党员和革命群众。俞昌准撤回南陵。21日，国民党右派捣毁了南陵国民党左派县党部，他从窗口跳出，遂即组织200多名工人和学生，同反动派搏斗，救出了被捕的强保华。不久，他遭到通缉。6月底，他又回到芜湖。在离开家前夕，写了一首《别故乡》长诗，"我爱我故乡，不忍匆匆别。游子有使命，故乡未可停"。大革命失败后，他在芜湖坚持地下斗争，深入裕中纱厂、火柴厂，组织工人罢工，并创办《沙漠周刊》，宣传马克思主义，揭露国民党右派罪行，明确地提出"敌人有机关枪大炮，我们有斧头镰刀"的口号，号召工农大众与国民党新军阀作坚决斗争。

树起南芜边区农民政权第一面红旗

中共"八七"会议后，1927年10月，俞昌准再次回到南陵，开展农民运动，并向中央巡视员任弼时同志汇报工作，提出建议。他在谢家坝、七星圩等地成立农民协会，会员发展到2000多人。11月，他在谢家坝重新建立党小组，1928年初党员又发展到20多人，成立了党支部，他任支部书记。1927年12月，在谢家坝建立了南（陵）芜（湖）边区苏维埃政府和农民暴动指挥部，他任总指挥，还成立了南芜边区农民赤卫队。在严重白色恐怖中，他树起了南芜边区农民政权的第一面红旗。

俞昌准烈士家乡南陵县许镇镇（段焕元 提供）

为了使农民度过春荒，1928年1月，他在谢家坝组织了以"开仓济贫"为口号的农民武装暴动，先后在草沟湾、浮城、邓村、陶村等地发动农民

500多人，抢了地主郭成才、郭世模等人稻谷500余担，镇压了恶霸地主陈宗银儿子，有力地打击了地主土豪的威风，并两次击败了县自卫队武装，直接威胁南、芜两县国民党政权，遂遭到了国民党的镇压。

4月，俞昌准化名陈青文，考取省立安徽大学预科，但被同学告密，不得不离开学校，9月，任中共怀宁县委委员、共青团怀宁县委书记。11月22日晚，他偕女友吴本文在安庆大戏院看戏，遭叛徒刘怡亭出卖，被捕下狱。在狱中，他怒斥敌人："我们共产党领导全国人民推翻黑暗统治，创造光明的新中国，何罪之有？"12月16日上午8时，他被杀害于安庆北门外刑场，年仅19岁。他在赴刑场途中高呼："打倒国民党反动派！""共产主义一定会胜利！""共产党万岁！"他的大哥俞昌权将他安葬在安庆北门外马山上，难友从狱中带出他的一张小纸条，上有铅笔写的两行字："碧血今朝丧敌胆，丹心终古照亲人！"

张恺帆：铁骨丹心，风雨诗魂

◇ 何章宝

张恺帆同志是无产阶级革命家，新四军老战士，诗人和书法家。他投身革命事业，历尽艰辛，愈挫弥坚；他忠于党和人民，襟怀磊落，刚正不阿；他关注民生疾苦，为民请命，廉正无私……他将不平凡的岁月，融进诗歌的韵律里；八十多年的风雨人生，沉淀在那本《张恺帆诗选》中。

不知秋几许，但见海棠红

张恺帆（1908—1991），原名张昌万，无为县（今无为市）人。7岁就读私塾，颇有才名。1922年入无为县城小学，1926年初考入芜湖民生中学。在芜湖读书期间，他深受革命运动影响，参加了芜湖学生联合会，从此走上革命道路。

张恺帆像

他青少年时代的诗就很显才情。在师从吴凤楼先生时，曾写过《赞塾师吴凤楼醉后挥毫》："雅爱吾师好杜康，醉时走笔更锋芒。前朝多少真名士，翰墨千秋带酒香。"该诗得到了吴先生的褒扬。他在《水乡夏夜》里，既生动地描绘了"蛙声如鼓噪，萤火似磷光。父老谈古今，婆姑话短长"的美好情境，更通过"何来人哭泣，地主逼钱粮"，揭示穷人的苦难；乐景衬哀情，感情表达更强烈。《书院小憩》："竟日蓬窗下，咿唔雏诵中。不知秋几许，但见海棠红。"表现苦学而喜见秋色的情趣。

龙华仰高风，壮士志未穷

　　1928年8月，张恺帆加入中国共产党，并在斗争中逐步成长为无为党组织的主要领导人之一。1930年，他参加无为的六洲暴动，不久斗争失败；在困难的局面下，他代理中共无为县委书记。1933年11月，由于叛徒出卖，他被捕入狱，在狱中保守党的秘密，坚持斗争；1937年8月经党组织营救出狱，后奉命回无为开展工作；11月，中共长江局决定他为中共皖中工作委员会成员之一，后又任新四军秘书长。解放战争时期，任山东兵团前委秘书长，中共合肥市委书记等职。

无为市新四军七师纪念馆

　　他这时期的诗作富有战斗激情。最负盛名的是《龙华悼念死难烈士》："龙华千古仰高风，壮士身亡志未穷。墙外桃花墙里血，一般鲜艳一般红。"折射出忠贞气节和对烈士的敬仰。《病中逢春节》则表达了对父母的牵挂："一病缠绵一岁更，家中欲寄笔难擎。遥知父母新年里，老泪纵横对酒樽。"侧面表现了斗争的残酷和他的不屈精神。这次狱中生病，张恺帆饱受折磨，差点失去生命。但他毫不屈服，还在狱中组织了扪虱诗社，《如梦令·留别扪虱诗社诸友》其一："狱里方酣唱和，迷梦骊歌惊破。依念不堪行，情热相煎如火。无尔，无我，岁月莫虚空过。"表达了团结和乐观的精神。

战斗岁月难忘怀，在《祈雨山感赋》中，他通过"家园飘泊洪波里，壮士消亡子夜时。黑暗如磐复如纸，西南隐约见红旗"的诗句，表现了革命低潮时期的艰难，表达了坚定的革命信念。《随感》（其一）表达了抗日胜利的坚定信念："漫天飞雪舞狂风，黑暗光明决斗中。不信阴霾能蔽日，东方晓色已曈昽。"《夜渡进军皖南恢复根据地》抒发了胜利的喜悦和豪迈之情："一船明月一帆风，突破长江险万重。明日皖南元旦节，会当把酒醉黄龙。"

凫鹤谁长短，春秋玉尺量

新中国成立后，1949年11月，张恺帆调任淮南矿区党委书记；1952年1月，中共安徽省委成立，他是12名委员之一；1954年8月，他被任命为安徽省人民政府副主席，次年，当选为副省长。这一时期，他意气风发，勤勉辛劳。1958年底，张恺帆建议省委同志深入农村进行调查，但浮夸之风盛行；1959年7月3日，他来到无为调研，8日，指挥粮食调运并严令分发到户；他提出吃饭、房屋、自留地"三还原"，建议开放水面，开放自由市场。

从建国到改革开放这一时期，他的诗作始终保持着对人民的深厚感情、对真理的执着追求、对信仰的自觉维护。《下放劳动途中》："三十一年还旧我，一肩行李出庐阳。凫长鹤短谁争得，自有春秋玉尺量。"至1959年，他入党31年，他在多首诗中都提到"三十一年"，这是信仰坚定、坚守真理的表现。在《访贫问甘》中，一句"建国十年长，黎元尚菜糠"，表达了对群众生活艰难的深切同情。《书愤》："画栋深山里，哀鸿大路边。石关关不住，民怨已冲天。"对比饥饿中的群众，对建造豪华房屋表示了极大愤慨。对自己受到的不公正处分乃至打击，表现出了"受尽折磨受尽辱，丹心依旧向阳开"的不屈信念。

斯人何处去，涧水自西东

中共十一届三中全会后，张恺帆任中共安徽省委书记、省革委会副主任；1980年1月，他担任省政协主席、党组书记；1985年离休。他还担任了安徽省新四军历史研究会名誉会长，中国诗词学会副会长，安徽省诗词学会名誉会长等职。

1983年，张恺帆为芜湖翠明园题写的两幅匾额（姜辉 提供）

他在改革开放时期的诗歌，处处流露真性情。有对改革开放成就的赞扬，有直面现实、对官场腐败的批评，还有对友人、对亡妻史迈同志的怀念等。既有"长寿无方贵达观，胸怀坦荡海天宽"的胸襟，又有"去年今夕人何处，酒未盈樽泪已深"的深情；既有对李白"清风明月是前身"的凭吊，又有对诗会成立"高吟浅唱话春秋"的期待……

斯人已逝，英名永存！

周瑜：羽扇纶巾，江城练兵

◇ 何章宝

历史上的周瑜相貌英俊，才华横溢，雅量高致，有"王佐之才"。他胸怀大志，胆略兼人，是东吴"外事"的决策者；他羽扇纶巾，以弱胜强，是赤壁之战的总指挥。在汉末群雄割据之时，芜湖属于东吴的势力范围，因而留下不少周瑜在芜湖的故事。

慨然助孙策，出任春谷长

周瑜（175—210），字公瑾，汉末庐江郡舒县人，东吴名将、军事家。当初，孙坚兴义兵讨伐董卓时，将家眷迁往舒县；周瑜得以结识孙坚长子孙策，两人同年，交谊深厚。周瑜叔父周尚是丹杨太守，丹杨治所在今宣城，管辖范围是今天的长江下游东西两岸，芜湖也在其管辖之下。周瑜去投奔叔父。孙策东渡长江，到达历阳（今安徽和县），派人送信给周瑜，周瑜领兵前来迎接孙策，孙策高兴地说："我得到你，大事就顺利了。"于是周瑜跟随孙策转战江东，使孙策的队伍扩展到几万人。周瑜的兵力也得到壮大，孙策让周瑜回守丹杨。

建安三年（198），周瑜自居巢回吴，孙策先任命他为建威中郎将，后又任命他为牛渚（治所在今马鞍山市采石矶）守备，兼领春谷长。春谷是今天的南陵、繁昌等地。建安四年，周瑜任中护军，兼江夏太守，随孙策攻打皖城。可见，周瑜任春谷长时间较短，只有一年左右。相传周瑜曾在三山峨桥都斗门练兵，在南陵的奎潭湖训练水师。奎潭湖如今总面积700公

驰骋疆场

顷，湖中分布着7个小岛，在汉末时期连接多个湖泊直通长江。对于重视水军作战的江东兵马来说，周瑜驻军在春谷，在三山峨桥都斗门练兵、在奎潭湖训练水师是完全可能的。

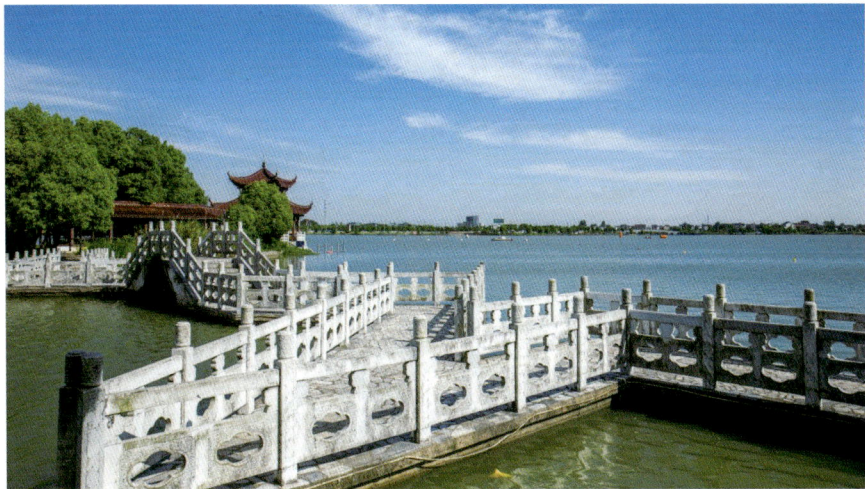

南陵县奎潭湖（魏玉祥 提供）

千年古台下，周郎或点将

芜湖市镜湖区原古城里的马号街，耸立一座古坛台，它高一丈二尺，宽约三丈，长六丈余，是用青石花岗岩砌成的；台中开一个拱形洞门，宽约一丈，高约九尺。这就是芜湖的衙署前门。

自宋至清，衙署前门数百年间屡毁屡建，现有木构建筑为同治年间重修；其拱形洞门用方楞木做门头过桥，保留了秦汉以来高台建筑的遗趣，具有较高的历史价值。2004年10月，衙署前门被公布为安徽省重点文物保护单位。

据传衙署前门就建在周瑜点将台的遗址上，当年赤壁之战前夕，周瑜在此建点将台，设中军帐，同刘备密切配合，先是演绎了"周瑜打黄盖"的精彩故事，然后火烧赤壁，战胜了强大的曹军。传说周瑜军队曾驻扎在"大营盘"和"小营盘"，就连"马塘"也传说因周瑜在此给马喂水而得名。所以至今芜湖百姓还是喜欢称之为"周瑜点将台"。芜湖隶属丹杨，周瑜在此进行军事活动、设点将台、训练士兵，合乎逻辑。黄盖是赤壁之战的关键人物，曾任春谷长，殁后葬在此地，今南陵县许镇镇有黄盖墓。

芜湖城市宣传片中的周瑜与小乔（曹峰 提供）

迎灵至芜湖，吴主备哀伤

赤壁之战后，周瑜又乘势夺取了江陵等地，被任命为偏将军，兼任南郡太守。此后，他向孙权上奏应软禁刘备，分开关羽、张飞以为己用；孙权没有采纳。又觐见孙权提出进攻益州刘璋，伺机吞并张鲁，然后北上攻曹；孙权同意了。于是他准备回江陵整顿人马，行至巴丘（今岳阳）病逝。《三国志》记载："瑜还江陵为行装，而道于巴丘病卒，时年三十六。""瑜卒，统送丧至吴。"当时庞统担任周瑜帐下的功曹。

消息传到吴郡，孙权大惊，痛哭流涕说："公瑾有王佐之资，然而寿命短促，我还能依赖什么呢？"穿着孝服为周瑜举哀，感动了众人。孙权还亲自从京口（今镇江）赶到芜湖，迎接周瑜灵柩。周瑜葬礼的所有费用，全部由孙权提供。孙权后来还下令："已故将军周瑜、程普，他们家的田客，都不要纳税服役。"周瑜墓落何处，有不同说法。其中位于庐江县城的周瑜墓现为安徽省重点文物保护单位。

陈稜：具有"开台之功"的隋代将领

◇ 何章宝

在芜湖市鸠兹古镇南边，有一条"陈稜（léng）路"，是为了纪念陈稜这位有着突出历史贡献的重要人物。陈稜（？—619），字长威，隋朝庐江郡襄安县（治在今无为市襄安镇）人。

襄安新貌（李和平 提供）

寒门崛起，归顺新朝

陈稜先世属于贫苦寒门，祖父陈硕是渔民，"以渔钓自给"。他的父亲陈岘非常勇敢，在动乱的南朝后期被陈将章大宝招为贴身近侍。后来，升为刺史的章大宝因治政贪暴被南陈朝廷撤职，于是在所任福州一带举兵造反。陈岘不满章大宝所作所为，"告大宝反，授谯州（今安徽亳州）刺史"，成为有实权的地方军政长官。

隋文帝开皇九年（589），隋平定南陈，各州刺史均任用北朝人，陈岘任职四年后，被弃用归家。当时，隋文帝为强化集权统治，将施行于北方的政治、经济措施强行用于南方，严重损害了江南豪族地主的利益，使得南方到处出现不同规模的武装反抗斗争。高智慧等作乱时，"庐州豪杰亦举兵相应，以岘旧将，共推为主"，陈岘想推辞，陈稜说："大家已经造反，拒绝他们将会祸及自身。不如先假装顺从，将来另外做打算。"陈岘以之为然。隋由杨素指挥平叛战争，很快就宣布"江南大定"。其时，陈岘等活动在庐州一带，与隋军并未正面冲突。上柱国李彻军队到了当涂，陈岘暗中派陈稜到李彻驻地，请求作为内应。李彻军队还没到达，密谋泄露，陈岘被手下杀害，陈稜仅仅逃脱性命。文帝因为他父亲的缘故，授予府兵军职。李彻军队受晋王杨广节度，陈稜归顺新朝，实际上已经取得了与杨广的联系。

远征流求，经略台湾

陈稜在隋文帝一朝未见重用。炀帝即位后，授骠骑将军，正四品；大业三年（607），拜武贲郎将。大业五年（609）末，隋炀帝在派遣羽骑尉朱宽两次至流求招抚未果之后，决定出兵流求，由陈稜率朝请大夫张镇周发东阳兵一万余人，从义安（今广东省潮安县东北）出海。

由于路途不熟，又遇大雾，舟师漂泊至岱山东北，陈稜在鹿栏晴沙一带安营扎寨，在泥螺山徐福祭过的祭台上，杀白马祭海七昼夜，祈望保护远航安宁。刑马七天后果然雾散波宁，海阔天空，陈稜率军扬帆而去，经过一个多月到达流求。

流求人开始见到隋朝船舰，以为是商旅。陈稜率大军顺利登岸，派懂流求语的士兵劝说流求投降，可流求王欢斯渴刺兜不答应。于是双方开战，陈稜以张镇周为先锋，欢斯渴刺兜派兵迎战。隋军屡次击败流求军；陈稜率主力进至低没檀洞（今台湾彰化县），流求小王欢斯老模率军出战，被陈稜击败并斩杀。隋朝大军分为五军进攻流求王老巢，欢斯渴刺兜被迫亲自率军出战。双方从早到晚激战一整天，流求王被打败，退入营栅内，陈稜等人乘胜攻进营栅，杀死欢斯渴刺兜，俘获其子岛槌。

大业六年（610）二月十三日，陈稜等向炀帝献流求俘虏1700人，隋炀帝大喜，提升陈稜为右光禄大夫。

平定叛将，转战南北

大业九年（613），隋王朝发动第二次征高句丽之战，陈稜转任东莱留守。东莱是对高句丽作战的战略基地，有建造战舰和聚集水师的军港。作为有一定水事经验的将军，陈稜驻守东莱是用其所长。在杨玄感反叛朝廷之时，他率兵进攻驻守大本营黎阳的元务本，平定黎阳，斩杀元务本。后来，他又被派往江南营造战舰。

其时，义军蜂起，陈稜参与征讨，颇有胜绩。大业十三年（617），他作为右御卫将军率八千兵马攻打活跃在江淮之间的义军杜伏威；由于兵力较少，他选择坚守策略，准备将杜伏威的粮草耗尽时，再发起攻击。杜伏威采用激将法，派人送给陈稜一套女人服装以羞辱他；陈稜果然怒不可遏，立即率兵出城应战。在战局开始时，迅速掌握了主动权，将杜伏威打得落花流水。但是，杜伏威十分勇猛，亲率精锐部队向陈稜主力发起猛攻，最终陈稜被击败。

发丧炀帝，见害宿仇

武德元年（618），隋炀帝被禁卫所杀，兵变首领宇文化及裹挟萧皇后北返中原，陈稜受任江都太守。杨广死的时候，萧皇后拆床板做了一口小棺材，将杨广葬在江都宫的流珠堂下。陈稜找到隋炀帝的棺椁，集合部众穿孝衣，为隋炀帝发丧，准备好仪仗，把隋炀帝改葬在吴公台下；他穿着於海，所謂竹仔行也。其後漸建市廛，而廟仍在，相傳剷額三字爲明寧靖王手書，今已非舊。

開山宮 在府治內新街。鄭氏時建，祀隋虎賁中郎將陳稜。乾隆五年倚。而舊志以爲吳眞人，且謂豪哲，以稜有開臺之功，故建此廟。夫吳眞人一醫者爾，何得當此開山之號？鄭氏之時，追溯往

興濟宮 在府治鎮北坊。鄭氏時建，祀吳眞人，稱保生大帝，神名本，福建同安白礁人，生於宋太平興國四年，茹素絕色，精醫術，以藥濟人，康恩不苟取。景祐二年卒，里人祀之，有禱輒應，勅賜慈濟。慶元間，復勒爲忠顯。開禧二年，封英惠侯。

北極殿 在東安坊。鄭氏時建，祀北極眞君，或稱玄天上帝，按玄武，北方七宿也，其像龜蛇。

東嶽廟 在東安坊。鄭氏時建，祀東嶽泰山之神。康熙間倚，乾隆十六年，學士許志剛等重倚。

馬王廟 在東安坊。鄭氏時建，祀天駟之神，而俗以爲輔信將軍。

總管官（按即宮） 在西安坊。鄭氏時建。神倪姓，軼其名，爲海舶總管，歿而爲神。又一在大西門外，中樓仔街，康熙三十年建。巡道高拱乾建。

天公壇 在西定街。祀玉皇上帝。

三官堂 在寧南坊。乾隆四十三年建，祀三官。

五帝廟 在寧南坊。康熙時建，祀五顯大帝，又稱五顯靈官。

藥王廟 在西定坊。康熙時邑人建，祀神農。

卷二十二 宗教志

五五九

连横《台湾通史》书影

孝服拄着哭丧棒送丧，悲痛之情感动路人，谈论的人都认为他的行为符合义的标准。

武德二年（619）四月，陈稜以江都之地降唐。是时，杜伏威据历阳，李子通据海陵，三方实力相敌。后来李子通攻打江都，陈稜向割据江东的梁王沈法兴和江淮楚王杜伏威求救，梁楚两军分头赶到，驻扎在清流、扬子，相距数十里；有人向李子通献计，冒充梁军偷袭楚军，杜伏威果然上当，误认为沈法兴偷袭自己，立即组织反击，梁楚两军相互猜忌、防范，谁也不愿意救助陈稜。李子通离间之计得逞后，得以全力攻打江都，城破后，陈稜投奔杜伏威，杜伏威念及旧隙，害怕他东山再起，杀害了陈稜。

陈稜远征流求，是一次寻求统一的出征。据连横《台湾通史》记载，明末郑成功在台南修建开山宫，祭祀陈稜，以纪念其"开台之功"。此外，在彰化，也有一条"陈稜路"。

黄得功：战死板子矶的抗清名将

◇ 何章宝

明末清初诗人汤燕生在组诗《赭山怀古》中写道："赤铸山头鸟不飞，上皇曾此易青衣。"诗中"上皇曾此易青衣"，指的是南明弘光帝朱由崧青衣小帽，避开大路，逃至芜湖投奔一位镇守于此的将军。这位将军就是黄得功。

黄得功（1594—1645），字浒山，号虎山，辽宁开原卫人，祖籍庐州，明朝末年著名爱国将领；官至太傅、左柱国，封靖国公。福王朱由崧南京为帝，开设四个藩镇，黄得功晋为侯爵，他在镇守庐州时，先是进驻无为州，后徙至太平府，镇守芜湖。

少孤家贫，从军建功勋

黄得功早年丧父，和母亲徐氏相依为命；小时候胆气过人，有谋略，识字很少，外号黄闯子。他十二岁那年，母亲酿好了酒，他偷偷地喝了；母亲责怪他，他笑着说："赔你很容易的。"当时辽地战事很紧，他拿刀混入官军中，斩获敌人两颗头颅，得赏银五十两，回家献给母亲，说："我用这钱弥补偷喝的酒。"

就这样，黄得功凭着勇力过人、善于骑射而投军，不久被提拔为帐前亲兵。每次作战，他都十分勇敢，冲锋在前，尔后凭战功升为游击将军，率领机动部队往来防御。接着，随大部队进入山东，升为参将。他打仗有个习惯，临阵时饮酒数斗，让自己血脉偾张，勇于深入敌营，不顾生死，所到之处，敌人望风披靡；崇祯九年（1636）升为副总兵官，分管京师的卫戍部队。崇祯十一年（1638），率禁军跟随熊文灿征讨起义军，击败马光玉，被封为太子太师，领总兵军衔。崇祯十四年（1641），黄得功率兵驻守定远，守卫皇陵；这时，他的部队已经成为一支独立的中坚力量了。

鏖战桐城，大败张献忠

桐城地处江淮要冲，兵家必争。崇祯十四年（1641），张献忠第四次攻打桐城，并挟持营将廖应登到城下诱降；驻守定远的黄得功奉命驰援桐城，他和刘良佐（四藩镇之一、广昌伯）两面夹攻，再与城内守兵里应外合，张献忠招架不住，往潜山方向溃退。黄得功紧追不舍，面部被流矢射中，他毫不畏惧，斩杀了张献忠的义子王兴国——绰号三鹞子，差点活捉了张献忠。

崇祯十五年（1642），黄得功移守庐州。二月，张献忠第五次攻打桐城，围攻了14天，因城防坚固而不克；接着，张献忠转攻庐江、无为等地，五月，攻陷了无为城。十一月，张献忠第六次攻打桐城，黄得功率五千兵马予以阻击，双方在石牌遭遇；此次交锋，张献忠不战而逃，黄得功在追击中斩首6000。他还想活捉张献忠，两人相距一步之遥时，他的战马忽然跌倒，张献忠趁机逃脱。此后，张献忠再没有进入桐城地带。此战，黄得功还救下了张献忠掳掠的百姓一万余人，让他们各回乡土，缴获的武器辎重等献给了朝廷。

张献忠六次攻打桐城而不克，于是流传"铁打桐城"之说。

固江防叛，驻军无为州

南明弘光皇帝朱由崧昏庸无能，内部常常互相倾轧，争斗不休。四藩镇之一、兴平伯高杰为争夺扬州，忌恨黄得功，在其必经之路上暗伏精兵袭击，打得黄得功措手不及，所部300卫士全部战死，他本人凭借非凡勇力得以逃生。黄得功上报朝廷，愿同高杰决一死战，后在史可法的调停下避免争端。而不久之后，高杰被河南总兵许定国设宴杀害。

弘光元年（1645）四月，坐镇武昌、拥兵自重的宁南侯左良玉以奉太子密诏"清君侧"为名，由九江东下进军南京，矛头直指当朝首辅马士英。左良玉兵势浩大，弘光朝廷由兵部尚书阮大铖，会同黄得功、刘良佐等人沿江设防，进行阻击，黄得功随即率兵进驻无为州。

左良玉从九江出兵不久，就病死于舟中；众人推举其子左梦庚为帅，秘不发丧，继续东进。黄得功兵分两路予以迎击，一路在灰河（今属铜陵），一路在荻港，两路军都大获全胜。战斗中，黄得功依然身先士卒，自己中了三箭；弘光朝廷听闻捷报，加封他为太傅，并派遣太监王肇基至军中慰劳。而左梦庚进退无方，竟然率20万大军投降了清军。

1922年的板子矶。黄公阁位于山顶,仅存下半段。

独木难支，殒身板子矶

弘光元年（1645）五月，清朝豫王多铎率军攻打南京，朱由崧逃往芜湖。多铎在南京城不攻自破之后，得知朱由崧出逃，以降将刘良佐为先锋，率兵追击。至荻港板子矶，两军正面遭遇，黄得功率部奋勇作战，刘良佐不一会儿便被"擒斩过半",且多铎所率清兵也被打得连连后退。

但是,黄得功在作战中被砍中左臂,筋骨皆伤,几乎脱落,他穿着粗布衣服,用丝制布条缠住止血,佩战刀,驾小舟督促麾下总兵整装迎敌,正遇刘良佐。刘良佐站在船头,呼唤黄得功投降,黄得功喝问刘良佐:"你真的投降了吗?"却被刘良佐身后一人用暗箭射中咽喉。他自知回天乏术,拔刀自刎。

黄得功,这位明代末年充满血性、心怀忠烈的悲情英雄,曾经呼啸于马上,决眦在阵中,当他轰然倒下之后,后人并没有忘记他。清嘉庆年间,繁昌知县洪占鳌为纪念黄得功战死板子矶,在板子矶修建黄公阁;道光年间,赭山滴翠轩有二黄祠,祭祀黄庭坚与黄得功。谢崧《移祀张于湖于桧轩》说:"况有二黄共香火。"其下自注说:"祠之中楹祀黄涪翁暨黄靖南。"

板子矶,位于繁昌区荻港镇新河村(肖本祥 提供)

丁汝昌：甲午悲剧痛心扉

◇ 何章宝

他私塾只念了三年，却有一手好文笔；他是步兵出身，却指挥着当时亚洲最大的海军舰队——北洋舰队；他在那场海战中弹尽粮绝，舍生取义，却被朝廷严厉查处，死也不能入土为安；他的人生历程演绎了一出时代的悲剧。他就是晚清北洋海军提督丁汝昌。

丁汝昌（1836－1895），字禹廷、雨亭，安徽庐江人。早年参加太平军，后叛投湘军，不久改投淮军，平捻有功；官至北洋海军提督，在甲午海战中因见援兵不至，服毒自尽。

丁汝昌像

举家迁无为

丁汝昌的父亲丁灿勋，居住在庐江丁家坎村，以务农为生；尽管他们家生活贫苦，丁汝昌幼年聪颖，曾入私塾读书三年。十岁后辍学，帮人放牛、放鸭、摆渡船；十四五岁被送至同宗伯父的豆腐店做学徒。咸丰元年（1851），庐江一带发生严重灾荒，其父母先后病故；三年（1853），太平军占领庐江，丁汝昌被征入太平军，后随军驻守安庆，成为程学启部下。咸丰十一年（1861），湘军围攻安庆甚急，程学启深夜率丁汝昌等300余人翻墙投降湘军。而后，他凭战功升为千总，充当开字营哨官。后又调入刘铭传部，升任营官，授参将。

同治三年（1864），丁汝昌升为副将，他请地理先生勘查风水，将家室迁入无为州汪郎中村（今巢湖市高林镇汪郎中村）。这一年距离其先祖迁居庐江的元代至正二十四年（1364），正好 500 年；这不是巧合，而是丁汝昌着意安排的。搬迁的原因，一般认为是"大将当避地名"，避的是"钉（丁）在炉（庐）上"之讳。其时他效力军营，无暇顾及搬迁之事，搬迁是由其原配夫人钱氏、堂兄丁先远共同操办的。

血战多死士

在无为市与巢湖市交界处，有一座龙骨山，山脚下即为汪郎中村；龙骨山山腰的荆棘丛中，还掩埋着十来位北洋水军将士的遗骨，由于年代久远，大多湮没难寻。近年来，有人发现这里有"北洋海军将士夫妻合葬墓"，墓碑是今人所立，碑文中的"先公卒于光绪二十年八月十八日""北洋海军血战身亡"等内容，记录了一段黄海大东沟血战的历史。

光绪十四年（1888）九月，奏准丁汝昌为海军提督，不久赏加尚书衔。光绪二十年八月十八日（1894 年 9 月 17 日），日本联合舰队在黄海大东沟对北洋舰队进行突然袭击，经过 5 小时激战，北洋舰队损失 5 艘战舰，死伤官兵 1000 余人，失去了黄海制海权。此役中牺牲的将士，不少是丁汝昌从家乡带去的，两个月后，消息传回，一些海军官兵的妻子选择了自杀殉夫。

乡人鸣先声

光绪二十一年（1895）正月，日军攻打威海卫，并将北洋水师围困在威海湾刘公岛；至二月十二日，由于内乏粮草，外无救兵，丁汝昌在毅然回绝日军劝降后，自杀身亡，时年 59 岁。

北洋水师覆灭后，各方将罪责归于丁汝昌；清廷发布上谕，定其为降将，下令将其遗体着黑色囚服，盛以黑棺，外加三道铜箍捆锁，不得下葬。

后又下旨"籍没家产",罪及子孙。

最早公开为丁汝昌鸣冤叫屈的是南陵人鲁月斋。光绪二十七年（1901）四月，鲁月斋在安徽同乡组织里，积极推动为丁汝昌平反，撰写一篇呈文，刊载在香港《循环日报》上，详细介绍了丁汝昌殉难情形。这篇呈文打破了沉寂，开启了十年的平反之路。

立墓祭忠魂

继鲁月斋之后，许多人通过不同方式发出呼吁，直至宣统二年（1910）四月，清廷才下诏为丁汝昌平反，以其在海战中"力竭捐躯，情节可怜"，恢复官职，还给田产。丁汝昌棺木终于得以安葬，墓址是离家不远的小鸡山梅花地；后来其墓遭到毁坏，孤坟冷寂，忠魂徘徊。

丁汝昌墓

现在的丁汝昌墓建在无为市严桥镇北长岗小鸡山上，为芜湖市重点文物保护单位，无为市爱国主义教育基地。爱国将领冯玉祥曾在威海凭吊丁汝昌，并题联曰："劲节励冰霜，对万顷碧涛，凭此丹心垂世教；登临余感慨，望中原戎马，擎将热泪拜乡贤。"

柏文蔚：深刻影响芜湖的革命先驱

◇ 沈世培

柏文蔚（1876—1947），字烈武，号松柏居士，安徽寿县南乡柏家寨人，是我国旧民主革命的先驱者之一，是孙中山先生的得力助手和重要军事将领。

宣传革命思想

桂军继长先生惠存

柏文蔚谨赠

柏文蔚像

柏文蔚幼年随父柏玺读书，16 岁即可代父授业，在考中秀才后，便正式开馆授课。他与孙毓筠、张树侯等创立"读书报社"，立志研究新学，阅读《申报》《湘学报》《盛世危言》等。1899 年，就读于安庆求是学堂，参加陈独秀、潘赞化组织的安庆藏书楼演讲，反对中俄密约，愤然退出学校，转往南京，专事革命活动。后来他投身安庆武备学堂练军，充当学兵，组织同学会，传播革命思想。1903 年 6 月，柏文蔚参与张之屏和界首会党首领郭其昌组织的起义筹划工作，后因事败露，再走南京。

1905 年底，柏文蔚 29 岁，应枞阳人李光炯之邀，由皖北来至芜湖，出任安徽公学体操教员。当时郭其昌已死，徒众四散，官厅也不再追究。安徽公学，原是 1903 年李光炯、卢仲农在湖南创办的安徽旅湘公学，赵声、张继、黄兴等革命志士都在此任教。因从事反清革命活动为当局所不容，1904年，安徽旅湘公学，改名安徽公学。在此学校任教的，除柏文蔚外，还有陈独秀、刘师培、陶成章、刘光汉、江彤侯、苏曼殊等，皆为当时宣传革命思想及活动的领袖人物。他们除向学生宣传革命思想外，还指导学生传阅革命书籍、刊物。

在这批领袖人物执教下，安徽公学对安徽革命起了很大的推动作用。当时安徽省各地的学堂，如芜湖的皖江、安庆的尚志、桐城的崇实、寿州的蒙养、怀远的养心、合肥的城西等学校，都唯安徽公学的马首是瞻。安徽公学成了当时皖江流域革命运动的中心，也成了皖江流域文化运动的总汇。

成立"岳王会"

1905年夏，为筹备组织反清革命团体，柏文蔚与陈独秀、宋少侠、方健飞、王静山等人，游访皖北，先至怀远、蚌埠，经蒙城、涡阳、亳州、太和、阜阳、正阳关到寿州。在寿州，他们在柏文蔚家住了数日后，柏文蔚再至下塘，经合肥回芜湖。

随着革命思想传播，安徽公学内具有反清革命思想的学员愈来愈多。1905年6、7月间，由陈独秀、柏文蔚联合学生中的先进分子常恒芳、宋少侠、杨端甫、盛汰颃等建立秘密革命组织"岳王会"。陈独秀担任会长。会员以安徽公学中的优秀分子为主，还有武备学堂的部分军人，共有30多人。岳王会成立时，全体会员在关帝庙烧香盟誓，誓词为"岳武穆抵抗辽金，至死不变，吾人须继其志，尽力排满"。会名取效法岳飞精忠报国之意，进行反清革命，重点联系原武备练军同学会成员、新军和警察学堂中的革命分子、安徽公学中的进步学生，为反清运动聚集力量。

1905年9月，柏文蔚应南京赵声之请，去南京充任新军第9镇第33标第2营前队队官。他充分利用其管带职务之便，对兵士灌输"兴汉排满"思想，并广泛联络革命志士，发展革命力量。在此基础上，他成立了"岳王会南京分会"，自任分会长。常恒芳因到安庆尚志学校当训导主任，便在安庆成立"岳王会安庆分会",并任分会长,又成立了一个外围组织,叫"维新会"。"岳王会南京分会""岳王会安庆分会"及"维新会",侧重在新军中活动,扩大自己的力量,积蓄推翻清王朝的武装力量,以待时机,发动武装起义。以后在辛亥革命光复南京时,新军第9镇举行起义,这与柏文蔚组织成立的"岳王会南京分部"活动有很大关系。1906年春,东京东盟会派吴旸谷到长江流域发展同盟会组织,柏文蔚首先率岳王会全体成员加入同盟会,并任新军管带。岳王会的出现,标志着安徽的革命运动进入一个新的阶段。

辛亥革命后仍心系芜湖

欲将轻骑逐大

雪满弓刀

柳翼三先生

柏文蔚

柏文蔚书法

1911年辛亥革命爆发,柏文蔚率军光复皖省,应同盟会南方同志电邀前去上海,12月2日与黄兴、陈其美等光复南京。南京光复后,他领导的部队改编为中华民国陆军第1军,他被任为第1军军长兼北伐联军总司令,率领联军5军驻军蚌埠,击败张勋于固镇,进拔徐州。

辛亥革命时,革命同志在安庆、合肥、芜湖三地分头进行革命活动,分别成立军政府。芜湖于同年11月9日宣布独立。芜湖军政分府在大花园成立,公推吴振黄为总司令,李葆林仍为芜湖关监督,朱绣封仍为芜湖县县长,刘醒吾为军政部长,李伯良为警察厅长,郑西平为革命军第1团团长,胡泳澄为革命军第60团团长。

南京临时政府成立后,安徽军政不统一,在柏文蔚协调下,芜湖和庐州这两个军政分府同时撤销，民政统一归安庆省府管辖。芜湖军事上成立革命军陆军第 15 师，以孙品骖为师长，师部驻芜湖。同盟会在芜湖设立支部。

1912 年中华民国成立后，柏文蔚就任安徽都督，在陈独秀、祁耿赛等人襄助下，澄清吏治，仅半年时间，就在教育、实业、交通等方面做出了成绩，尤其是严令禁烟一项成绩更为显著，他无视英炮舰威胁，下令焚烧了英商贩卖的鸦片，受到孙中山先生的称赞。在他的禁烟令下，11 月 27 日芜湖鸦片商店宣布停业，12 月 26 日鸦片无公开进口。

1913 年"二次革命"时，柏文蔚任安徽讨袁军总司令，与江西李烈钧、湖南谭延闿、广东胡汉民宣告独立，反对袁世凯，称讨袁四都督。失败后，他退芜湖，走日本，追随孙中山。为保护红十字会芜湖分会，他专门在《民立报》上发表公告《大有为之芜湖——保护赤十字会》，呼吁对以湖南会馆为医院地点的芜湖红十字会予以保护。

徐庭瑶："装甲兵之父"

◇ 章征科

徐庭瑶故居,位于无为市人民医院(邹喜庆 提供)

徐庭瑶（1892—1974），原名其瑶，字月祥，无为市开城镇先锋村人，国民革命军装甲兵之父，著名抗日将领，于书法、篆刻、诗词也颇有修养。

投笔从戎

徐庭瑶出身于当地的名门望族，6岁启蒙，从祖父读诗书，聪慧过人。光绪二十六年（1900），肄业于当地书院。三十二年（1906），转入皖江中学。民国初年，徐庭瑶目睹时局艰危，国敝民疲，遂投笔从戎。20岁考入武昌陆军第二预备学校。毕业后考入陆军军官学校，与张治中、白崇禧、蔡廷锴等成为同学。

1916年冬毕业，入皖督倪嗣冲所部担任见习官。但是，看到军阀们只知道抢地盘，根本不顾老百姓死活，徐庭瑶一气之下辞职回家，当了教师。

1922年10月，徐庭瑶受友人邀请南下广州，加入粤军许崇智的部队，在第 1 旅任连长。1925 年春，配合黄埔军校教导团进行东征，作战勇敢，被提升为营长。1925 年 9 月，许崇智所部被蒋介石改编为第 1 军第 3 师，徐庭瑶任该师第 8 团团长，受到了蒋介石的赏识，此后一路高升。

北伐战争中徐庭瑶因功升任第 4 师副师长，杜聿明、戴安澜、郑洞国是其部下。1927 年春，徐庭瑶调任第 2 师副师长。8 月下旬，徐庭瑶率部参加龙潭大战，为保卫南京立下战功，9 月底，徐庭瑶任第 2 师师长。

抗日名将

1933 年，日军占领热河，进犯长城，蒋介石迫于舆论压力，急调徐庭瑶率领第 17 军北上驰援。3 月，日寇进攻古北口，徐庭瑶所部与日军展开激战。古北口抗战也让徐庭瑶的威望达到了顶峰。

在这场战斗中，徐庭瑶目睹 17 军官兵以血肉之躯抵抗日军机械化部队，于是他便向蒋介石建议，要组建中国的机械化部队，以应对未来可能爆发的中日全面战争。全面抗战爆发后，在苏联的援助下，徐庭瑶终于组建了中国第一支机械化部队——新编第 11 军（后改番号第 5 军），并担任该军军长。

1939 年 9 月，军事委员会以第 5 军、第 99 军编成第 38 集团军，以徐庭瑶为总司令，参加桂南会战。徐庭瑶第 38 集团军主攻昆仑关。中国军队终于在 12 月 31 日全歼昆仑关日军，让日寇第一次领教到了中国机械化部队的厉害。

军事专家

1934 年春，徐庭瑶率团赴欧美诸国考察军事及机械化装备之运用。及至欧美，凡经意、德、俄、法、英、美等 11 国，历时 10 月，博访周谘，收获甚多。考察结束后，徐庭瑶撰呈 60 余万言考察报告，得到蒋介石的赞许。徐庭瑶获令筹办交通兵、辎重兵、通信兵三校，任教育长，为中国陆

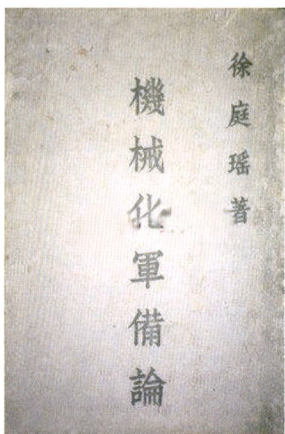

《机械化军备论》，1934年，
徐庭瑶自费印刷2000本

军培植骨干。随后，徐庭瑶奉命在南京方山组建装甲兵团与战车营，国民革命军机械化由此奠基，在军中有"装甲兵之父"之称。

徐庭瑶组建的陆军交辎学校分交通兵与辎重兵两部分，设有战车作战、汽车运输和战车、汽车技术各兵科。学校后改名为机械化学校。在教学中注重理论与实践并重，教学设施完备先进。徐庭瑶自1935年筹办学校一直到1943年离开机械化学校，培养了近5000名机械、汽车、坦克技术人才。解放后，机械化学校师生为新中国机械工业、汽车工业的发展做出了突出贡献。

1946年6月，国民政府国防部设立科学委员会，主管军事科学技术的发明及利用，徐庭瑶被任命为专任委员。

徐庭瑶治军之余，潜心著述，计有《步兵操典之研究》《带兵要则》《机械化军备论》《战车兵操典》《机械化部队作战纲要》等20多种著作问世。他对于工厂管理、机械设备等之研究，亦颇深入。

旅居台岛，抱憾家乡

西安事变发生后，作为何应钦系统出身的徐庭瑶拒绝了老朋友张治中的劝告，执意加入何应钦的主战派，任"讨逆"东路军前敌总指挥，并因此受到蒋介石的冷落。虽取得了昆仑关的大捷，但却依然没能改变国民党军队在整个战役中溃败的局面。抗战后期他对国民党也已失去信心，与人交谈中多次谈及国民党的腐败，对此深恶痛绝，但却无法脱离国民党阵营。抗战胜利后，他准备解甲归田，深感中国职业教育的落后，想退役后在无为建立一所职业学校，所有学生免费上学，结果也无从落实。内战爆发后，他无所事事，空度时光。1948年春，他虽被任命为装甲兵司令却无法掌控军队。

解放战争后期，其故交、原皖中根据地参议会参议长金稚石先生曾奉命赴徐州争取徐庭瑶留在大陆，1949年，徐庭瑶最终跟随蒋介石去了台湾，于1952年退役。1974年12月16日病逝，享年82岁。

徐庭瑶重视乡谊。戴安澜将军牺牲后，一方面努力将其遗骨移葬芜湖，并在公祭时致辞，另一方面曾支持在广西全州创立安澜纪念学校，后易名为安澜工业职业学校，1947年迁回芜湖复校。中华人民共和国成立后，该校工科及机器设备并入芜湖电力学校（即现在安徽工程大学的前身）。

无为环城河风光（李珑 提供）

生前，徐庭瑶曾留下遗愿，希望支持家乡无为的教育事业，希望将他的遗骨送回故乡安葬。他曾表示："在1948年回过无为一次之后，我就再也没有机会回到故乡了。看来，我生前想再回到故乡看看，是不可能的了。中国历史上有一个规律，就是合久必分、分久必合，将来两岸总要合起来的。今后，一旦有可能，你们要尽早回乡寻根，看望亲友，最好能筹措一些资金，支持家乡发展教育事业。如果有可能的话，把我的遗骨送回故乡，我好叶落归根！"家乡如今已经发生了翻天覆地的变化，但由于两岸阻隔，时至今日，他的遗愿仍未实现，这既是他个人的终身遗憾，也是中华民族的现实之痛。

叶挺：大江两岸抗日烽火中的将军

◇ 秦建平

叶挺（1896—1946），原名叶为询，字希夷，号西平，广东惠阳人，中国人民解放军创始人及新四军重要领导者之一。1989 年 11 月，被中央军委确认为"中国人民解放军军事家"。

抗日战争爆发后，1937 年 9 月，叶挺被任命为新四军军长。在他担任军长期间，曾在芜湖境内长江两岸留下足迹，也留下了人们无尽的追思和回忆。

驻军南陵，号召抗敌

1938 年 5 月上旬，叶挺率军部从歙县岩寺出发，于 5 月 26 日到达南陵县土塘村驻扎，他本人住在村民徐恩禄家。

土塘村位于南陵县三里镇南部，系泾县、南陵两县交界处。东临泾县小岭村，西接南陵古城村，南靠泾县云岭，北与南陵山泉村毗邻。距三里镇 15 华里，距云岭 20 华里。

新四军军部到达土塘不久，叶挺就在土塘亲自主持召开两次会议。一次由地方乡绅、乡村教师、农民和妇女代表参加的各界人士会议。叶挺讲话感谢各界对新四军的支持，感谢他们对新四军的到来所给予的热情慰劳与种种帮助，重点强调严明纪律以及同群众的鱼水关系。会后，叶挺将军设便宴招待与会人员，并一起观看军部战地服务团的慰问演出。一次是群众大会。会上，叶挺发表了热情洋溢的演说，详细阐述了新四军深入皖南敌后的抗日主张和抗日民族统一战线问题等。他在会上一再强调，国家兴亡，匹夫有责，号召土塘人民积极行动起来，支援新四军，共同打击日本侵略者，把日本侵略者从中国的土地上赶出去！他还号召大家积极参加农抗会、青抗会、妇抗会等群众性的抗敌协会组织，以实际行动支持抗敌活动。在叶挺的宣传鼓动下，南陵土塘、山泉、古城等村的群众踊跃报名参加抗敌协会，仅土塘一带参加抗敌协会的群众就达1000余人，抗敌活动在土塘一带蓬蓬勃勃开展起来。

土塘新貌（周逢庆 提供）

新四军军部驻扎土塘期间，适逢夏季，叶挺时常冒着炎热，深入到老百姓中间，体察民情，宣传抗日。还常常到涌珠泉去洗澡，他轻车简从，也不设岗布哨。路过的老百姓见到他，都亲热地上前问好，他也亲切地和老百姓交谈，说说家常话。虽然话语不多，但从来不摆架子，非常平易近人。平时，他常常穿一套灰布军装，佩带整齐。有时也会穿西服，戴礼帽，拿着手杖，带着照相机，随时拍下一些照片。

叶挺在繁昌红花山

　　土塘的老百姓得知军部要移师云岭时，于头天下午就选派数十名代表，次日清晨，敲锣打鼓，鸣炮抬轿，来到徐恩禄家，准备送叶挺去云岭，可是却扑了个空。因为叶挺为了不打扰老百姓，早在天蒙蒙亮时，就和军部其他领导一起离开了土塘，徒步前往云岭。自5月26日至8月2日，叶挺及新四军军部在土塘驻扎虽然只有68天的时间，但是，他朴素亲民的作风和伟大的人格魅力却深深留在土塘人民的记忆里。

视察无为，发表演讲

　　为了协调整个新四军作战区域，1939年4月27日，叶挺将军及邓子恢、罗炳辉、赖传珠等人率相关军事人员，在两个连部队的护送下，由繁昌红花山经油坊嘴横渡长江，到达无为白茆洲复兴滩，当晚在五号村宿营，次日经临江坝乘船抵达无为县城。

　　4月29日下午2时，在中共无为县委组织下，全县各抗日团体在县体育场举行万人大会，欢迎叶挺军长一行到无为视察。叶挺在大会上作了关于与日军作持久战的长篇演说，动员全县人民投入对日斗争。他特别强调，兵民是胜利之本，战争的伟力之最深厚根源存在于民众之中。县战时文化服务社赶印了数千份宣传材料，在大会上广为散发。

无为襄川各界欢迎叶挺将军

在无为期间，叶挺将军还召见了胡竺冰等地方知名人士和江北游击纵队干部，与他们交流谈话，了解无为地方政情和部队活动情况。5月1日下午在夫子庙召开江北游击纵队连以上干部大会，叶挺发表讲话，并宣布将新四军3支队5团团长孙仲德及随行部分军事人员调整充实到游击纵队，以加强领导力量。5月2日，叶挺将军从无为县城至襄安镇，受到襄安各界群众的热烈欢迎。在当地党组织的安排下，襄安各界代表和襄川小学师生在襄川小学举行集会，叶挺到会讲话，时任新四军政治部副主任的邓子恢同志就持久战问题作长篇演说。当日下午，叶挺一行乘船离开襄安，3日晨到达庐江县城，前往新四军江北指挥部驻地庐江县汤池。

1941年1月，皖南事变发生，叶挺在与国民党军队谈判中被无理扣押，从此被国民党关押达5年之久。蒋介石、陈诚等多次劝降，许以高官厚禄，均被断然拒绝。经中共中央多次交涉，叶挺等人于1946年3月4日获释出狱。同年4月8日，在飞赴延安途中，因飞机失事而遇难。

李克农：红色情报王

◇ 魏文文

李克农和夫人赵瑛（原名赵彩英）

1956年6月，一位年近六旬的老者缓步走向芜湖市吉和街，在阔别多年的老街来回踱步，终于找到了那个让他日思夜想的地方——马家巷1号，这是他父辈居住过的地方，是他出生成长的地方，也是他与妻子共同生活与战斗过的地方。这位老人就是李克农将军。他一生没有带过兵，没上过硝烟滚滚的战场，却在1955年被授予上将军衔。毛泽东主席曾说："他（李克农）是个大特务。不过他是共产党的大特务、大功臣。"这位传奇的共和国功臣、著名的外交家、中共隐蔽战线的领导者、组织者，一生都在肩负着党和人民交付的特别任务，在没有硝烟的战场上叱咤风云，堪称红色情报王。

在芜湖出生、读书和工作

李克农，又名泽田、峡公、种禾、曼梓、稼轩、天痴、震中，1899年9月15日出生于芜湖市鸡窝街（今吉和街）马家巷1号，其父亲李哲卿本是巢县烔炀人，幼时曾过继给芜湖的养父李老太爷，此后读书、工作在芜湖，并育有三子，李克农是长子，按宗谱本应"泽"字辈，但是为了表示与原李家的区别，便将其改为"克"字。1905—1908年，李克农在私塾读书，1909年转入巢县初等小学，次年重返芜湖，在芜市米捐局巷内的安徽公学附属小学读书，与阿英同窗4年。

1911年李克农考入芜湖圣雅各中学时便开始了小说、诗歌创作。其中有一篇以家门口鸭子厂为背景的小说，在上海一家小有名气的刊物上发表，这让阿英羡慕不已。此后李克农经常在《皖江日报》上发表小说、杂文、诗歌、随笔。

芜湖市圣雅各中学旧址

怀揣着"男儿志在四方，去闯闯天下，亦可练练笔力"的梦想，1917年初李克农任性地从圣雅各中学退学，只身来到北京，在《通俗周报》做发行工作。但是好景不长，由于张勋复辟，《通俗周报》被查禁，李克农只好辗转返回芜湖。两年后，经省立五中高语罕、刘希平介绍，李克农奔向当时安徽革命运动的中心安庆，担任《民国日报》编辑，因大胆揭露反动军阀的黑暗统治而被捕入狱，在好友与群众的奔走营救下李克农得以出狱，出狱后再次返回芜湖。

创办中学，培养学生军

1925年，芜湖掀起了"反对奴化教育，收回教育权"的风潮，李克农与宫乔岩、阿英等人参加"芜湖救济教会学生组织新校筹委会"，研究创办新学校，以接纳教会学校大批退学的学生。他将学校定名为"民生中学"，选址在面对长江的大官山上。当年9月10日，民生中学正式开学，以"陶成坚洁人格，激发国家观念为宗旨"，宫乔岩担任校长，李克农任主任。

李克农不仅重视学生的政治教育，宣传进步思想，还对学生进行严格的军训，规定学生一律身穿灰色制服，头戴灰色布帽，束皮带，打绑腿，当地人称赞民生中学"培养着一支生龙活虎的学生军"。每逢节假日，民生中学学生上街公演话剧，李克农亲自编排导演过《李克用卖国》《荒山泪》《兵匪交易》等剧目，还引导和支持学生到工厂、农村办夜校。

芜湖民生中学，旧址位于大官山

打入青帮，投身隐蔽战线

1926年12月，李克农光荣地加入中国共产党，积极参与迎接北伐军的武装起义准备工作。1927年3月17日，北伐军抵芜，国共合作的芜湖县党部正式挂牌办公，李克农任执行委员，负责宣传事宜，并参与前敌工作团筹备，组织谍报队。3月下旬，经中共芜湖特别支部决定，李克农与阿英等人打入青帮，刺探情报，从此投入到没有硝烟的斗争中。顺利打入青帮后，李克农便开始广交朋友，收集情报。

4月14日，李克农打听到蒋介石将于4月18日镇压芜湖国民党左派人士和共产党员的消息后，立即冒险通知了芜湖的共产党组织，为组织转移赢得了宝贵的时间。4月18日夜他们避居在江北裕溪镇小王庄，但行踪很快暴露，李克农妻子赵瑛身怀六甲，冒着倾盆大雨及时报信，他们才逃脱敌人的捕杀。

1927年初蒋介石下野，革命形势逐渐好转，李克农回到芜湖，着手恢复民生中学，担任校长兼董事会主席。根据中共安徽临时省委的指示，民生中学成为省临委干部训练中心和皖省"济难会"的核心据点。但是由于保密工作不严密，在国民党右派的搜捕下，"济难会"被毁，负责人王绍虞等共产党和革命群众40多人被逮捕。李克农返校途中遇到了校工，才得知发生了重大变故，于是机智地脱掉长袍，戴上一顶破毡帽，混过了重重关卡，取道南京，到了上海。

此后，在中国共产党的领导下，李克农开启了长达数十年的情报生涯，为党的隐蔽战线工作做出了卓越的贡献，而在芜湖打入青帮内部、刺探情报的这段经历，则为他提供了诸多的经验。

谭震林：名震皖南的司令员

◇ 章征科

谭震林（1902—1983），原名谭喜起，湖南攸县人，中国共产党的优秀党员、久经考验的共产主义战士、杰出的无产阶级革命家。

左为谭震林与葛慧敏在中分村连理树前合影，右为今日之连理树（姜辉 提供）

五保繁昌，名震皖南

新四军成军后，谭震林为第 3 支队副司令员，率部在皖南广泛展开抗日游击战争。五次保卫繁昌之战最为激烈。

繁昌是皖南的门户，是当时新四军军部及其后方基地的屏障，地理位置十分重要。1938 年 12 月新四军第 3 支队在谭震林率领下开赴铜陵、南陵、繁昌抗日前线，进驻到大工山北坡的沙滩脚、塌里牧、燕子牧等地。司令部设在大工山的沙滩脚牧庭芬家，政治部设在铜陵燕子牧。战地医院设在尹冲钟家祠堂。司令部后移至繁昌中分村（1939年4月）。

1939年1月至12月，日军先后5次进犯繁昌，谭震林直接领导和指挥繁昌保卫战。第一次繁昌保卫战始于1939年1月10日，历时4天，毙敌20余人；第二次保卫战始于2月5日，历时3天，日军伤亡10余人；第三次保卫战始于5月20日，历时4天，日军伤亡300余人；第四次保卫战从11月7日，直至23日，繁昌县城被新四军重新收复，历时半月之久，日军伤亡450余人；第五次繁昌保卫战发生在12月21日，此战历时两昼一夜，日军伤亡100余人，再次粉碎了日军占领繁昌的企图。

新四军第三支队司令部旧址，位于芜湖市繁昌区孙村镇中分村（肖本祥 提供）

繁昌保卫战意义重大。军事上，歼敌1000多人，粉碎日军攻占繁昌的图谋，守住了"皖南门户"；政治上扩大了新四军的政治影响，也使得国民党"新四军游而不击"的谣言不攻自破。新四军《抗敌报》评价繁昌保卫战是"芜湖失守以后最大的血战""皖南抗战史上空前伟大的胜利""粉碎了敌人'扫荡'皖南的野心，屏障了皖南大后方的徽（州）屯（溪）重地"。新四军政治部根据战役情况，谱写《繁昌之战》的歌曲，歌颂了新四军第3支队的战功，表达了强烈的革命情怀，批判了国民党的不实指责。

加强统战，团结抗日

谭震林率新四军3支队进入繁昌后，加强统一战线工作。在繁昌城联合召开纪念五四运动20周年大会上，他发表讲话，号召各界青年发扬五四精神，"立即组织起来，武装起来，坚决反对投降，坚持抗战到底，沿着先烈的血迹前进"。他曾亲自登门拜访或邀请地方名流来3支队司令部共商团结抗日的大计，争取国民党地方当局和驻繁昌国民党军队共同抗日。

谭震林与新四军政治部副主任邓子恢、3支队政治部主任胡荣一起，召集铜、南、繁3县县、区、乡地方官员130多人参加的座谈会，宣讲中共中央的抗日民族统一战线政策，介绍新四军各部抗日事迹，工作很见成效。国民党繁昌县县长张孟陶承认："在沦陷一半的繁昌主政，主要是靠新四军的支持和帮助。"谭震林还曾与新四军政治部主任袁国平等一起应邀去川军第5军军部"联络情谊""交换敌情"，并作"抗日救国"的讲演，宣传共产党的抗战主张，使川军官兵感到"大家要团结一致，共同抗日"。

深入农村，宣传抗日

新四军3支队来到南陵、铜陵、繁昌以后，谭震林提出：3支队不是单纯的军事组织，也不能单纯地搞统一战线，要做好民运工作，建立和发展地方党的组织。在谭震林为代表的支队党委领导下，立即成立了中共铜南繁中心县委，管辖整个铜陵、繁昌和南陵的第四区，配合新四军3支队民运工作。

从1938年底开始，3支队派出大量民运工作队，深入农村，广泛开展抗日宣传、社会调查，动员和组织群众参加抗日救亡运动。由于出色的民运工作，皖南人民群众被广泛地动员起来，为新四军在皖南的立足和发展打下了坚实基础。3支队驻繁昌期间，建立了农抗会、妇抗会、青抗会、猎户队等抗日进步群众团体。这些群众组织在宣传抗日、动员参军、送情报、带路、支前、劳军等方面都起了重要作用。在人民群众支持下，3支队取得了辉煌战绩，成为一支常胜之师。

红色恋歌，终成连理

1939年2月，周恩来到新四军军部视察，其间了解到军部有不允许官兵恋爱结婚的规定。他认为这个规定不近人情，不利于部队建设。于是，他提出了"285团"的原则，即年龄超过28岁、参加革命满5年、团级以上的干部可以恋爱、结婚。谭震林符合这三个条件，因此开始考虑自己的婚事。

1939年3月，新四军政治部副主任邓子恢前往第3支队防区铜陵、繁昌前线视察，将一位叫田秉秀的女同志留下，担任了铜陵、南陵、繁昌三县的妇委会宣传委员。不久后，铜陵、南陵、繁昌三县妇女救亡训练班正式开学，田秉秀负责教学事务。

开学典礼前，田秉秀争取到了国民党繁昌县县长张孟陶参加，张孟陶特意邀请了谭震林一起参加开学典礼。谭震林见到田秉秀，因她太像自己的去世妻子蒋秀仙，而留下深刻印象。田秉秀1919年出生于安徽蒙城，从小在蚌埠长大，后入南京汇文中学读书，毕业后到上海求学，因受到我地下党的影响，积极参加革命活动。在谭震林的真诚追求下，1939年6月，谭震林终于和田秉秀正式结成了终身伴侣。田秉秀婚后改名为葛慧敏，她与谭震林携手走过了几十年的风风雨雨，为国家和人民做出了重要贡献。

伫立在中分村村口的两棵大树，见证了新四军3支队副司令员谭震林和田秉秀的烽火恋情，因而它们被称为"将军连理树"。

戴安澜：将军赋采薇，浩浩忠魂归

◇ 何章宝

戴安澜全家福，包括妻子王荷馨、儿子戴复东、戴靖东、戴澄东，女儿戴藩篱。拍摄于1936年

为纪念著名抗日爱国将领、革命烈士戴安澜将军，1943年9月，"安澜纪念学校"在广西全州第200师发祥地开学，戴安澜夫人王荷馨女士捐献出全部特恤金并担任名誉校长，学校几经迁移，于1947年迁址芜湖，是为芜湖二中前身。如今，遥望赭山，忠魂不远，凭吊江畔，碧水东流，让我们自然地联想起这位喋血沙场、马革裹尸的民族之雄——戴安澜将军。

戴安澜（1904—1942），原名衍功，学名炳阳，无为县（今无为市）人；报考黄埔军校第3期时，为表达挽狂澜、纾国难的决心，改名安澜，号海鸥。他1926年黄埔军校毕业后，先后在国民革命军中任排长、连长、团长、旅长、副师长，1939年1月，升任第5军200师师长。

抗倭血染昆仑关

1939年11月，日军从广西钦州湾登陆，随后占领南宁，切断了我方由桂林经南宁至镇南关一线的陆路补给线。中国最高统帅部令第5军南下迎战，11月25日，第200师先头部队600团在南宁北部遭遇敌军，展开激战，阵地几度易手。由于中国军队没有制空权，600团面临被围危险，戴安澜率部打击敌军侧翼，沉着指挥突围。战斗中，团长、团副牺牲，士兵伤亡过半。日军第5师团中村旅团乘势占据了距南宁东北约50公里的昆仑关。

昆仑关是广西南路的重要屏障，战略位置十分突出。军长杜聿明根据作战时机和兵力优势，制订了"关门打狗"的作战计划，以200师为接应的正面主攻部队。12月18日，第5军发起攻击，遭到了敌军的顽强抵抗，战斗异常激烈。戴安澜率部连续向敌军凭险固守的阵地猛攻，一步一步地推进，至次年1月4日，第5军夺取了昆仑关的大部分高地；他在激动之余，口占七绝一首："仙女山头树战旗，南来顽寇尽披靡。等闲试向云端望，倩影翩翩舞绣衣。"

戴安澜亲自到炮兵指挥所指挥射击，1月11日下午3时，敌军一发炮弹在他的附近爆炸，弹片穿入左背部，血染征衣，他依然手握望远镜指挥炮兵还击。为表彰戴安澜在此役中的出色表现，国民政府授予他宝鼎勋章一枚。

远征缅甸人不还

太平洋战争爆发后，日军继续向东南亚各国进攻，占领了泰国、马来西亚、菲律宾等国，准备攻占缅甸，切断滇缅公路这条我国唯一的国际通道。1942年3月，戴安澜率领第200师作为先锋部队，入缅作战。3月2日，蒋介石在缅甸腊戍一天三次召见他，面授机宜。

他率部迅速推进到缅甸中部的同古（又称冬瓜），协助英军防务，掩护英军撤退；3月19日，在敌先头部队追击英军、轻敌冒进时，戴安澜构筑埋伏阵地予以突然狙击，歼敌过半，这是日军入缅以来的第一次重大损失。第二天开始，日军第55师团在空军的掩护下，联合向同古阵地猛攻；在12天中，战斗一度打到师指挥部附近，戴安澜手握冲锋枪亲临一线迎战。在200师的顽强抵抗下，以伤亡1000人的代价，歼敌5000人，实现了掩护英军的目标，在中国军队远征史上写下了辉煌的一页。

此战之后，由于远征军长官司令部内部意见不统一，造成平满纳会战

戴安澜：将军赋采薇，浩浩忠魂归

未能实施，加之英军情报失误，戴安澜第200师到达棠吉时，已被敌军占得先机；他率部奋力争夺，用一天时间克复棠吉。蒋介石亲自传令嘉奖。但是，由于腊戍受攻甚急，司令部命令第200师放弃棠吉；敌军得以长驱直入，中国远征军10万人马被阻断退路，陷入包围。5月18日，在突围时遭遇敌军伏击，戴安澜胸、腹部中弹受伤；由于环境险恶、缺医少药，5月26日下午，他在缅甸茅邦村壮烈殉国。弥留之际，他要战士扶着他向北方的祖国深情注视，不久就闭上了双眼，年仅38岁。

备极哀荣葬赭山

戴安澜灵榇（chěn）护送回国后，暂厝在广西全州香山寺。1943年4月1日，在全州举行了追悼大会，蒋介石特派李济深代表致祭，并亲书挽联；毛泽东、周恩来、朱德等也书挽联送至大会。戴安澜夫人王荷馨的挽联最为沉痛，曰："天道无凭世道衰，君斯壮烈成仁，已侥幸薄取勋名、略酬素志；国难未纾家难续，我忽强肩巨责，应如何勤待二老、教抚孤儿。"

戴安澜故居，位于无为市洪巷镇（邹喜庆 提供）

为慰藉忠魂，美国政府颁授戴安澜将军懋绩勋章一枚，这是第二次世界大战中第一位获得美国勋章的中国军人；国民政府追赠他为陆军中将，灵位入祀忠烈祠。抗战胜利后，国民政府行政院对安葬戴安澜一事进行了讨论，决定迁葬芜湖小赭山。1948年5月3日举行公葬，杜聿明、徐庭瑶及地方军政官员参加公祭，送葬队伍长达三里多。1978年，根据邓小平同志批示，芜湖市人民政府拨款将戴安澜墓地修葺一新；此后又经数次修建，现为"芜湖市爱国主义教育基地"。

1956年，中央人民政府内务部追认戴安澜将军为革命烈士，向其家属颁发了由毛泽东主席署名的"革命牺牲军人家属纪念证"；1985年颁发革命烈士证书。2009年，戴安澜被中央宣传部、统战部等11个部门评为"100位为新中国成立作出突出贡献的英雄模范人物"之一。

粟裕：与芜湖颇有情缘的将军

◇ 秦建平

粟裕像

无产阶级革命家、军事家粟裕（1907—1984）在他传奇的一生中，与芜湖有着千丝万缕的联系。早在土地革命时期，他随红军北上抗日先遣队深入皖浙赣边界，锋芒直指蒋介石老巢，威名远播芜湖；抗日战争爆发，为响应中央号召"向北发展"，粟裕率新四军第2支队挺进江南敌后，威胁南京、镇江、芜湖敌军。渡江战役，他"运筹帷幄之中，决胜千里之外"，芜湖战局尽在其掌握之中。芜湖解放以后，他担任南京市军管会主任期间，还给时任芜湖市委书记李步新写了一封亲笔信，至今还保存在芜湖市档案馆里。

长途奔袭官陡门

粟裕与芜湖的故事，传诵最为广泛的是"奇袭官陡门"，也是最能体现粟裕将军军事指挥特点的一次战斗。1939年1月21日晨，粟裕率新四军2支队3团1部，突然袭击了官陡门据点，活捉了一批俘虏，缴获了守敌枪弹、军需用品不计其数。这一战，狠狠打击了日伪军的嚣张气焰，极大地鼓舞了江南敌占区人民的抗日信心和斗志。《新四军大事记》《中共芜湖党史大事记》等详细记载了这次战斗。

这次战斗，规模不算很大，从开始到结束，只有8分钟。但其影响很大，首先是因为自新四军挺进江南敌后，开展游击战争以来，敌军收缩兵力，集中在南京、镇江、芜湖据点，而官陡门据点正是日军的重要战略据点之一，处于南京、镇江、芜湖日军重点交通线上。"奇袭官陡门"是新四军进行的首次长途奔袭战，而且是在敌人重兵把守的江南战区，所以战略影响很大。其次是发扬了我军的优良传统，新四军2支队司令员张鼎丞评价这一次战斗，"是最标本（准）的一次远袭击"。在总结这次战斗取得胜利的原因时，他认为："（一）靠敌情的侦察详细与真确；（二）靠我们的坚定性及刻苦耐劳的精神；（三）靠动作敏捷；（四）靠牺牲的精神。"对于这次战斗，粟裕同志亦亲自撰文《芜湖近郊的奇袭》，对此次战斗的战前准备、战斗过程以及战斗后的凯旋都做了详细的介绍，绘声绘色，形象生动。

时间过去了几十年，官陡门人民也没有忘记粟裕将军和这次"奇袭"战斗，他们设立了"官陡门大捷纪念馆"，缅怀粟裕将军。

粟裕与李步新

解放初期，李步新率三野先遣纵队来芜湖，担任市军管会主任、市委书记、市长等职。粟裕与李步新曾是红军、新四军、解放军时代战友，虽不在一个部门工作，但亦多有交集，互有情牵。

粟裕与李步新分别多年，但"彼此的情形都是大概知道的"（粟裕语）。1949年4月，包括南京在内的江南大部城市解放之后，粟裕将军奉命进驻南京，履行军政首长职责。他们共同的战友胡明、牛澍才（皖南区党委负责人）

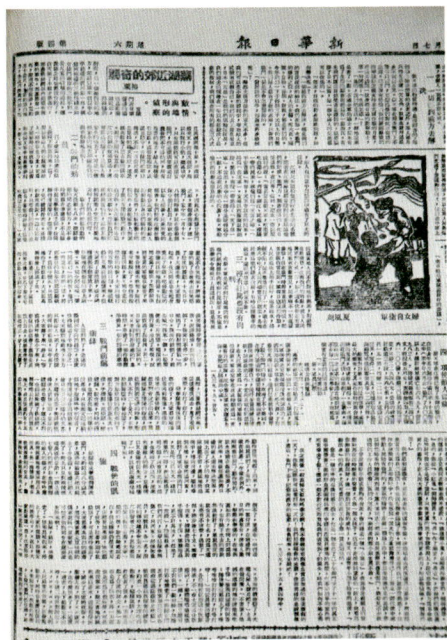

粟裕在新华日报发表的《芜湖近郊的奇袭》

去南京，粟裕就非常关心地了解李步新的情况。而恰在此时，粟裕的妻子詹楚青要生产了。对妻子关怀备至的将军就给时任芜湖市委书记、军管会主任的李步新写了一封信，想请李步新同志在芜湖或者皖南地区帮他物色一个奶妈。关于奶妈的条件、延请的手续无微不至，字里行间，足以看出将军内心的缜密。

从芜湖请的桐城保姆

后来粟裕将军家的保姆，还是在芜湖找的。2003年11月14日《大江晚报》"在粟裕大将家做保姆的日子——方忠义老人的传奇一生"说的就是这件往事。方忠义，1915年出生，安徽桐城白马乡人。1954年，为了生计，来到芜湖，在兵役局童政委家做保姆。据她回忆："1956年的某一天，童家来了一个很大的官。他看到我为人周正，把童家照料得妥妥帖帖，就对童政委说：'我这次从北京来，是想为总长家找一个保姆的。总长夫妻俩都忙于工作，孩子又小，家里没个妥帖的人怎么行呢？可就是一直没有遇上符合条件的。'童政委听出来人的话音，立即就说：'如果你觉得我们家的方姨条件可以，就请她去总长家吧。'"后来方忠义才知道，总长就是粟裕，时任中国人民解放军总参谋长。

在粟裕家中，方忠义很快取得了将军夫妇的信任，深受孩子们的喜爱，后来，方忠义因为家庭问题，回到了安徽。当粟裕将军得知方保姆回家后的生活有困难时，再次将她接到北京，与他们共同生活。

亚冰：渡江侦察立首功

◇ 沈大龙

　　1952年，由陈毅市长提议，著名剧作家沈默君根据渡江战役前夕先遣渡江侦察的战斗经历，创作了电影文学剧本《渡江侦察记》。1954年，上海电影制片厂将其摄制成故事片。首映式上，侦察连李连长的原型、原先遣渡江大队大队长亚冰（1922—2006，后改名为章尘）激动地对演员们说："我们创造了历史，你们创造了艺术！"电影上映后，惊心动魄的先遣渡江侦察的故事在全国家喻户晓。

　　亚冰率部先遣渡江侦察的故事就发生在芜湖的无为、繁昌、南陵等地。

渡江先遣大队侦察员在观察敌情

飞渡长江

1949年3月中旬的一天，三野9兵团27军81师242团参谋长亚冰接到通知，来到无为县临江坝军指挥所，军长聂凤智、政委刘浩天向他交代任务，中央军委决定27军派一支部队先遣渡江，深入江南敌后，执行侦察任务。军党委决定，由军侦察营1、2连及3连60炮班，79、81师的3个侦察班，共300余人，组成"先遣渡江大队"，亚冰任大队长、临时党委书记，军侦察科科长慕思荣任副大队长、临时党委副书记。聂军长要求，只能成功，不能失败。

亚冰后来得知，新四军老首长、27军80师师长张铚秀觉得他是皖南歙县人，熟悉江南情况，就向军首长推荐了他。

大队战士多是北方人，不会游泳，见到水就怕。亚冰带领战士们首先熟悉水性，学会了划船。他们监视江面动静，掌握敌人江上巡逻规律；开展敌前侦察，乘着夜色渡江抓捕俘虏，摸清敌岸布防情况。

按计划，先遣大队兵分两路，亚冰率领的左路从无为县石板洲起渡，在繁昌县荻港十里场登陆；慕思荣率领的右路从无为江心洲起渡，在铜陵县北埂王登陆。4月6日晚9时半，亚冰率左路乘8只船分4个箭头，像离弦之箭飞驰南岸。离敌岸约300米时，对岸突然响起了密集的枪炮声，敌人发现了。亚冰命令："全速前进，强行登陆！"船上机枪、冲锋枪一齐向敌岸还击。两名机枪手牺牲了，副射手接过来继续射击。战士们勇猛登岸，打垮了守敌，绕过敌堡和封锁线，脚不沾地，一口气赶了60多里，拂晓前占领了铜（陵）繁（昌）交界的狮子山。

与敌周旋

亚冰率左路登上山顶的清凉寺，立即给军部发电报，报告渡江情况。

4月7日9点多，带哨的班长带来一个送信的人，一张名片上印着"繁昌县自卫团少校营长×××"，背面写着"贵部是何部？往何处去？"显然，敌人已找上门来了。侦察员们有的穿国民党军军服，有的着便装，这些国民党地方武装搞不清来的是什么部队。亚冰有意拖到下午才回信："我部是88军149师师部搜索队"。敌人将信将疑。下午3时，亚冰就拉着部队从后山隐蔽下山了。当晚到达南陵县牧家亭，8日凌晨，慕思荣的右路与亚冰会师，为迷惑敌人，部队赶到一个村庄，便燃起炊烟，但天一黑就立即转移到张家山（位于南陵县何湾镇）进行隐蔽。亚冰接军部电示，要求尽快与地方游击队取得联系。亚冰找来向导何道成，10日拂晓，先遣大队到达南陵大工山老庙，何道成带领南繁游击队叶明山、叶显金等赶到老庙会合。下午，先遣大队与伪南陵县大队交火，打死敌人2人，打伤多人。战斗结束后，亚冰向军部报告了渡江的情况。军部回电说，主力部队渡江时间向后推迟，先遣大队继续向南转移。随后先遣大队由叶明山和叶显金带路，向泾县陈塘冲进发。12日，大队向南转移到南陵和泾县交界的村庄，先后与皖南沿江工委副书记、沿江支队队长陈洪，南陵县委书记陈作霖，沿江工委书记、沿江支队政委孙宗溶等会合。

南陵县板石岭，位于南陵县家发镇联三村（陈德发 提供）

侦察接应

在沿江支队配合下，渡江先遣大队开展敌后侦察，以弄清敌江防部署、兵力调动、指挥系统、炮兵阵地、地形交通等情况。繁昌、铜陵两地的地下党组织派出小股武装到江边活动。当地党组织先后建立了近20个江边工作站，收集了大量有关情报。他们及时掌握了沿江某地由1个师增加到3个师的重要情报。杨鹏（又名王安葆）除派毛和贵等人去江边搜集情报外，还通过敌营中想给自己留后路的人获取情报。这些情报通过大队电台源源不断地发往江北，为主力部队制定具体渡江登陆作战方案和首长及时、果断下定渡江决心，提供了可靠的依据。

4月18日下午，军部电示："决于20日发起渡江战斗"，并赋予亚冰攻占繁昌江边龙门山、马鞍山（蚂蚁山），破坏敌通信联络，打乱指挥，策应主力部队渡江的任务。

黄昏，亚冰率先遣大队北上，向繁昌江边急进。先遣大队与王安葆、杨鹏、毛和贵等南繁芜游击总队同志在南陵板石岭会师。傍晚，先遣大队和南繁芜总队警卫排从板石岭出发。阮致中（时任繁昌县委代理书记）负责原地指挥。20日晚9时左右，亚冰率领的一部占领获港寨山，发现敌人已溃逃，便迅速向龙门山、马鞍山搜索前进，拂晓前在两山之间的高地与80师238团2营会师。其他各部占山头、割电线、放火堆、袭扰指挥所，使敌指挥中断，腹背受敌，军心涣散。

22日晨曦初露，27军指挥所渡江后到达大礚山麓的一个小村庄，聂凤智军长、刘浩天政委亲切接见了亚冰等人，聂军长紧紧握着亚冰的手，连声说："打得好！打得好！你们完成了历史性的先遣渡江任务，你们辛苦了！"先遣渡江的成功，彻底消除了"木船不能渡江"的疑虑，给大军渡江以极大的信心。

亚冰率部出色地完成了先遣渡江侦察任务，受到上级嘉奖：军侦察营荣立一等功，侦察营1连荣立特等功，2连被授予"先遣渡江英雄连"称号，亚冰、慕思荣均荣立一等功。

李家发：保家卫国的抗美援朝英雄

◇ 龚云云

用胸口堵住地堡的枪眼，生命从此定格。李家发，1934年3月出生于安徽省南陵县，1951年6月参加中国人民志愿军赴朝作战，在战地练兵和修筑工事中，成绩突出，荣立两次三等功。1952年冬任通信员，英勇机智地穿梭在敌人的炮火中，被誉为"铁腿通信员"。1953年7月在朝鲜金城反击战中，为了战争的胜利，以身堵枪眼，掩护后续部队向敌人冲锋，壮烈牺牲，年仅19岁。

李家发像

苦练本领，追求进步

1951年6月，李家发参加中国人民志愿军，被分在67军199师595团1营1连2排6班当战士。在行军中，李家发的身体虽然瘦弱，但他不管做什么都要做在别人前头，即使累得呼呼喘气，汗水遮住了眼睛，但坚决不掉队。在部队刚开始进行战地练兵时，李家发的射击成绩较差，心里非常难受，但他并不气馁。他一面虚心请教班里的老战士，一面细心琢磨，勤学苦练，终于掌握了射击的要领。实弹考核中，他3枪打中27环，成绩优秀，被选送到团训练队学习特等射击。集训结业时，他5枪打了50环，受到团首长表扬，并荣立三等功。1952年10月，李家发加入中国新民主主义共青团。

李家发是一个谦虚勤奋的人，他常以英雄为榜样来激励自己。他虽然识字不多，但特别喜爱看《董存瑞》《钢铁战士》《大渡河》等英雄画册，经常反复阅读这些画册，把英雄们的事迹深深地铭记在心。他非常钦佩黄继光的英雄事迹，并在一次班会上表态说："黄继光等革命烈士是我学习的榜样，如果遇到他们那样的情况，我一定照着他们那样去做。"

不顾安危，抢救财物

在朝鲜，李家发遵照部队首长的教导，深深地热爱着朝鲜人民，对朝鲜山山水水和一草一木怀有深厚的情感。在一次敌机空袭中，当他看到一个朝鲜大娘的房屋被炸起火时，立即奋不顾身地冲进浓烟烈火中，帮助老大娘抢救粮食、衣被和器物。在一次又一次钻进浓烟烈火中，衣服被烧焦了，双手被灼得红肿，脚被烙了好几个大泡，一双眉毛也被烧光了，回到班里就病倒了。那位朝鲜大娘得知李家发生病的消息，赶忙带一筐苹果来看他。李家发热泪盈眶地对大娘说："阿妈妮，我们中朝人民是一家，为朝鲜人民排忧解难，是我们志愿军应尽的义务。"

赤诚报国，壮烈牺牲

1952年12月，部队在庆岘（xiàn）山坚守阵地，李家发任2排通讯员。李家发的任务是：每天由庆岘山腰到玉女峰前沿班送信。然而从庆岘山腰到玉山峰要通过一片200多米的开阔地，敌人每天要向这片开阔地倾泻成吨的弹药，任务既艰巨又危险。李家发勇敢无畏，穿梭敌火，传递军情，每次都出色地完成了任务，被誉为"铁腿通讯员"。

1953年7月13日，在金城战役反击南朝鲜军的轿岩山战斗中，李家发所在的第2排的任务是突破轿岩山的南山脚，然后顺着南山脚把红旗插到轿岩山主峰。在冲锋时，部队受敌地堡火力阻滞。他主动请战，领受爆破任务，机智地炸毁主地堡外围3个火力点后，身负重伤。他强忍着剧痛，咬着牙艰难地向前爬进，用最后一颗手榴弹摧毁敌人的主地堡，随之陷入昏迷。反击部队发起冲锋时，又遭敌另一暗堡火力封锁，再次受阻。李家发从昏迷中醒来，他十分清楚，志愿军千军万马正在等着一连拿下轿岩山主峰，好从山下通过，杀向南方，夺取夏季反攻战役胜利。不能等待了，可是所带的两枚手榴弹已经用完，怎么办？"照着黄继光的样子去做！"想到此，李家发毫不犹豫地迅速滚到地堡跟前，手扶地堡站了起来，张开双臂向地堡机枪眼猛扑过去，用胸膛堵住了敌人的地堡机枪眼，为受阻部队扫清了前进障碍。战友们把胜利红旗插上轿岩山主峰，志愿军取得了轿岩山战斗的胜利，而李家发则为抗美援朝战争壮烈牺牲。

一级英雄，永垂不朽

"年轻立志入军营，不惧艰难奉赤诚。弹雨伴行踏冻雪，枪林对峙逆寒风。轿岩山上英雄气，鸭绿江边战士情。只为国家生死以，今朝欣看九州兴。"这是后人为歌颂李家发烈士所作，寥寥几句讲出他一生为国家奉献自己的伟大精神。

李家发烈士纪念馆（魏玉祥 提供）

1953年9月，中国人民志愿军领导机关追认他为抗美援朝特等功臣，授予"一级战斗英雄"光荣称号，所在部队党委根据他生前的申请，追认他为中国共产党党员。同年12月15日，朝鲜民主主义人民共和国最高人民会议常任委员会追授他"朝鲜民主主义人民共和国英雄"称号，并授予金星奖章、一级国旗勋章。1953年9月25日，为悼念李家发烈士，中共南陵县委隆重举行"李家发烈士追悼会"。中共南陵县委和县人民政府研究决定，将李家发所在的乡村更名为家发乡，以表达对李家发烈士的永久性纪念。1997年撤乡设镇改称家发镇，一直延续至今。南陵县人民政府在家发镇马山嘴建立李家发烈士纪念碑，2020年9月30日南陵县李家发烈士纪念馆对外开放。

干将、莫邪：铸剑神山，名闻吴楚

◇ 沈世培

干将、莫邪（yé）是春秋末期吴国人，著名剑匠，与欧冶子同师，都善于铸剑。他们夫妇为吴楚铸剑，曾在芜湖神山铸剑，留下千古佳话。

铸剑吴楚多传奇

干将、莫邪先后为吴王、楚王铸剑，西汉刘向《列士传》、东汉赵晔《吴越春秋》、东汉袁康和吴平《越绝书》、西晋张华《博物志》、东晋干宝《搜神记》等均有不同描述。其中以《吴越春秋》记载较详。

干将为吴王阖闾（hé lǘ，又称吴王光）铸剑历经曲折。吴王阖闾当政时，命剑匠干将、莫邪夫妇铸剑。干将奉命作剑，"采五山之铁精，六合之金英"，但是经过鼓铸，金铁之类不销，三月铸剑不成。"干将妻乃断发剪爪，投于炉中，使童女童男三百人鼓橐装炭，金铁乃濡，遂以成剑"。他们铸剑2枚，阳曰"干将"，阴曰

干将、莫邪雕像，位于芜湖神山公园（姜辉 提供）

"莫邪"。干将隐匿阳剑，献出阴剑，阖闾很看重。

楚王听说吴有干将，越有欧冶子，善于铸剑，就派风胡子到吴国通过吴王请此二人为楚王铸剑，二人铸剑，称为"龙渊""太阿"。据《越绝书》载，欧冶子、干将铸剑3枚，称为"龙渊""太阿""工布"。3剑铸成，风胡子上奏楚王，楚王大悦。

楚王为了使自己宝剑成为绝版，将干将灭口。干将儿子赤鼻立志报仇，为接近楚王，献出头颅，由侠客带到楚都献给楚王。楚王在宫中置锅煮其头，见其头三日三夜不烂，感到奇怪，近前察看，被侠客剑断其首，继而侠客亦自刎。三头入锅，烂不可辨，同葬一穴，称为"三王冢"。此事见诸《搜神记》《列异传》等，后来被鲁迅先生著为短篇小说《铸剑》。

神山也是铸剑处

1972年，南陵出土的春秋吴王光剑，现藏于南陵县博物馆

关于干将、莫邪究竟在何处为吴王、楚王铸剑，在历史上有江苏松江县有午山、浙江莫干山、苏州、芜湖神山4种说法。此4处皆有可能。

干将、莫邪铸剑神山并非虚妄传说。芜湖位于吴头楚尾，并处于宁芜铁矿带，铁矿资源丰富，为干将、莫邪铸剑提供了条件。1972年，在芜湖市南陵县出土了一柄吴王光剑，足以反映当时芜湖的铸剑技艺。干将、莫邪铸剑神山，除民间传说外，亦屡见于史书和名人诗篇。

据《图经》记载，芜湖"县东北六里赤铸山，楚干将造剑之处，山有干将墓。又有火炉山两座，相传干将造剑设炉于此，因以为名。"宋代以后，干将、莫邪铸剑神山记载越来越多，也多引用《图经》记载。北宋乐史《太平寰宇记》载，干将墓在赤铸山，"楚干将坟，在（芜湖）县东北九里。楚干将、莫邪之子复父仇，三人以三人头共葬在宣城县，即芜湖也"。南宋周必大《周文忠集》卷一六八《杂著述六》载，赤铸山，"干将被诛后，葬古宣春县，即此地。……今村民指其旁一山，号神山，山冢多石，有泓坎，相传为淬剑之所"。古宣春城即汉芜湖故城，明代芜湖县城东门名为宣春门，即由此而来。到清代之后，康熙《太平府志》、乾隆《江南通志》、民国《芜湖县志》等书陈陈相因，大同小异。

古代诗人也屡屡提及干将铸剑神山之事。如北宋黄庭坚读书赤铸山所写的诗句"古剑摩空宇，寒光启太阿"；明代汤显祖《赤铸山》诗，记载了阖闾当政时干将、莫邪铸剑芜湖赤铸山典故，"干将昔此铸芙蓉，风雨千秋石上松。借问阊门腾虎气，何如江上镇蛟龙。"清代诗文记载更多，如乾隆进士、芜湖人韦谦恒《赤铸山》云"干将铸剑处，山气尚氤氲"等。

1978年，北京大学侯仁之教授曾考察神山，他的《芜湖市历史地理概述》最终确认神山及其周围的三座小山，就是干将、莫邪当年为吴王阖闾铸剑之地。

开创炼钢业先河

铁在冶炼时，添加的碳量达到0.25%～1.7%，再经过锻打锤击，就变成了钢。这种钢叫"渗碳钢"。干将、莫邪铸剑，将头发和指甲等投入炉中，使铁增加含碳量，此法所铸剑就是渗碳钢剑。范文澜在《中国通史简编》中说："干将、莫邪所锻铸的渗碳钢剑是我国伟大的成就之一，不仅在中国历史上最早，而且比世界上任何一个国家都早。"干将、莫邪铸剑芜湖神山开创了芜湖一带炼钢业的先河。自此，芜湖一带炼钢业日渐兴旺，经历了两千多年发展，形成了特色产业，产生了"铁到芜湖自成钢"谚语。

干将铸剑处，在今芜湖神山公园。1984年，恢复淬剑池、试剑池、铁门槛等景点，并有干将、莫邪铸剑的塑像。

米芾：无为知军有作为

◇ 胡传志

米芾（fú，1051—1107）是宋代四大书法家之一，崇宁三年（1104），正值其书法巅峰期，出任无为知军。军是与州、府并列的行政区划，无为军下辖无为、巢县、庐江三县，军治在无为。崇宁五年，离任回京，再任书画学博士。短短两年多时间，米芾在无为除了留下广为人知的拜石轶事之外，还颇有作为，给无为增添了新面貌。

兴建宝晋斋

墨池，位于无为市米公祠内（邹喜庆 提供）

米芾崇尚晋宋人物，尤爱王羲之等人书法，建中靖国元年（1101），获藏东晋谢安《八月五日帖》，便将自己的书斋命名为"宝晋斋"，亲切地称为"吾家宝晋斋"，足见其喜爱程度。

米芾到达无为之后，新建宝晋斋，亲自摹写他所珍藏的王羲之《王略帖》、王献之《十二月帖》、谢安《八月五日帖》，并倾心书写"墨池""宝藏"四个大字，每个字直径两尺左右，予以刻石。宝晋斋实际上成了书法示范基地，无为民众因此得以欣赏这些难得一见的珍宝。

到南宋时期，这些石刻陆续残破。绍兴十四年（1144）前后，无为地方官、镇江人葛祐之据拓本重刻，咸淳四年（1268），无为通判、庐山人曹之格再次摹刻，加上他家所藏晋人书法和米芾的书法，编成著名的《宝晋斋法帖》。后人为了纪念米芾，在宝晋斋旧址上兴建了米公祠。

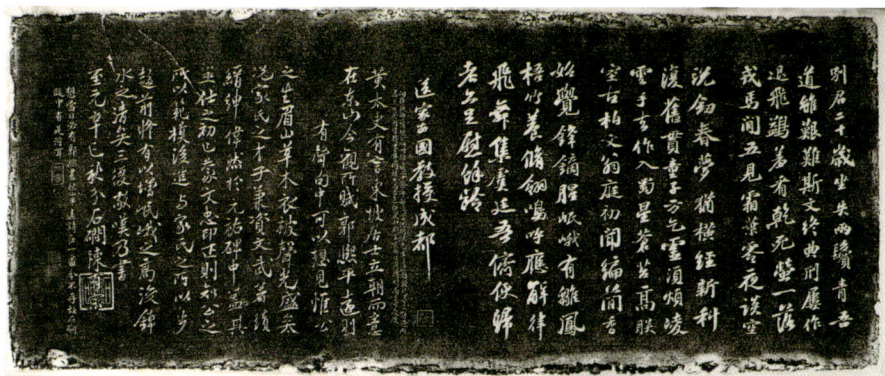

米公祠所藏苏轼书法碑

关心农耕军务

米芾在无为的行政作为，大多为其书法名声所掩盖，现存文献只能见到一鳞半爪。

南宋青阳人叶寘（zhì）《坦斋笔衡》记载，米芾秋日与同事在城楼宴集，遥望田中一片青绿，便询问老农，稻田为什么又青了？老农回答那是"稻孙"（稻的孙子），水稻收割后，遇雨再次抽穗。米芾第一次听见稻孙之说，更喜欢再生稻这一现象，非常高兴，即兴挥毫，书写"稻孙"二字，并将此楼命名为"稻孙楼"。从这一轶事可见他重视农耕的情怀。

知军有管理军队之责。无为军队驻地之北有一射箭场地，射箭场的正北方面对北极帝君，为士兵们所忌讳，经常"折弓损指"，而南方又是"太乙所照"，东西向地势低凹潮湿，不宜存放弓箭。主事者要求修缮这一场地。米芾在军队驻地后方不远处发现一块高地，另建一射箭操练场，命名为"仰高堂",不仅有助于提高训练水平,还寄寓"仰止高山,景行前修"之意,米芾特意写下《仰高堂记》。

尊医重教

无为章迪(字吉老)、章济、章权祖孙三人,以针灸闻名一时,"起病如神"。米芾到无为时,章迪已过世,章济得其父真传,医术高明,无为知军陈瓘(guàn)曾为他作传。章济请周元章为章迪撰写墓志铭,再请米芾书写这篇墓志铭,另外撰写一篇《无为章吉老墓表》。米芾一一应允,足见他对医生的尊重。

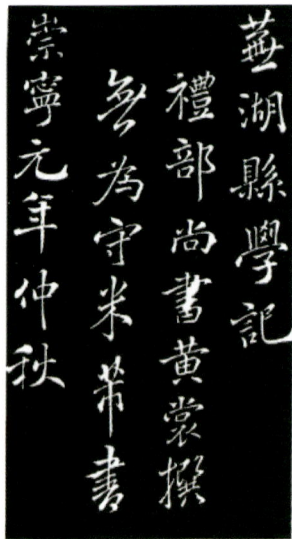

《芜湖县学记》碑,左为原碑,右为早年拓片(局部)

慕名求字的还有芜湖县令林修。崇宁元年(1102),宋徽宗诏令继续推广宋神宗时的"三舍法",礼部尚书黄裳认为三舍法"宜近不宜远,宜少不宜老,宜富不宜贫",主张遵守科举旧制,建议各个县邑进一步设置学校。林修响应这一号召,崇宁二年建成芜湖县学。林修生平失考,或许与元祐初年担任凤翔府宝鸡主簿的林修为同一人。林修邀请黄裳撰写《太平州芜湖县学记》,黄裳(1043—1129)是元丰五年(1082)状元,崇宁年间任礼部尚书,他在记文中大谈县邑学校的重要性。林修获得记文不久,正巧米芾来到无为，就请米芾书写记文。米芾一定认识黄裳，当即挥毫，为芜湖教育事业贡献了一分力量。这方石碑一直流传到今天，现存于芜湖古城大成殿。

建造九华楼

除宝晋斋之外，米芾在无为还兴建了一处名胜——九华楼。九华楼位于无为城移风门之上，面对江南九华山，风景绝佳，因在城南，又称南楼。九华楼大得无为老诗人杨杰的称赞，他连写三首诗歌，每首诗歌都以"此楼此景它州无"开篇，其中第二首写得最好："此楼此景它州无，天高水阔连平芜。绿杨深处杏花发，日暖数声山鹧鸪。"（《登南楼》）另外，米芾还为楚泽门明远楼题写匾额。

米芾刚到无为，情绪低落。他觉得无为有些偏僻落后，写信给友人，称"濡须僻陋，月十日无一递，无一过客，坐井底尔"，濡须是无为境内的河流名称，常用来指代无为。一段时间后，米芾逐渐适应，渐入佳境。《丑奴儿·见白发》一词可以为证："跚蹒山下濡须水。我更委酡（tuó）。物阜时和。迨暇相逢笑复歌。　江湖楼上凭阑久，极目沧波。天鉴如磨。偏映华簪雪一窝。"出现白发，老境将至，本让人伤感，但米芾却一任天然，惬意自得。可以想见，米芾最终带着微笑、唱着小调高高兴兴地离开了无为，无为人民以实际行动报答了这位书法家长官。

萧云从：画开一派的宗师

◇ 唐　俊

芜湖政务新区有一条"云从路"，为纪念萧云从而命名。萧云从（1596—1673）是芜湖古代最杰出的画家，是被公认为姑孰画派领袖而载入中国美术史的一代宗师，还是一位学养深厚的学者、诗人，颇有造诣的书法家。

乾隆四题云从图

萧云从塑像，位于芜湖镜湖公园（郭青　提供）

乾隆三十八年（1773），距离萧云从辞世100周年的时候，在乾隆帝指示下，中国文化史上的一项重大工程——编纂《四库全书》，正式肇始。

乾隆对编纂《四库全书》高度重视，不仅制定编辑原则，而且时常过问具体事宜。一日，宫保曹文埴进献一卷画册给乾隆，画的题材是屈原楚辞作品。乾隆展阅之下，觉其"笔墨高简洁净，颇合古法"，非常喜爱，询问曹文埴后，方知画师名叫萧云从。

这卷画册就是萧云从的《离骚图》。可惜画册原图只有64幅，乾隆觉得不足以反映屈原《离骚》全貌，于是"钦定补绘"。接受补绘任务的是宫廷画师门应兆，门应兆总共补绘了91幅。乾隆四十六年（1781），门应兆补绘完工之后，呈请御览。乾隆披阅后特为《离骚图》题诗："画史老田野，披怜长卷情。不缘四库辑，那识此人名。六法道由寓，三闾迹以呈。因之为手绘，足见用心精。"这是乾隆第一次为萧云从画作题诗，此后他还为萧云从画作《涧谷幽深卷》《关山行旅图卷》和《秋山红树卷》题诗。"日理万机"的乾隆，竟然为一位画家四次题诗，足见萧云从绘画艺术水平之高。

《离骚图》在"补绘"之后，更名为《钦定补绘萧云从离骚全图》并被收入《四库全书》里，但萧云从原画册上多达8000余字的题跋注文，却被删去了。原因是里面有"不合时宜"甚至暗含讽刺清人入主中原的内容。萧云从的题跋注文是谁删的已经无从查考，但删除者执行的是乾隆的旨意，则是毫无疑义的。

创作于明朝灭亡前后的《离骚图》是忧时愤世之作，在艺术上代表了明清人物版画的高峰，萧云从因此被誉为与陈洪绶"双峰并峙"的版画家。

太平山水寄乡情

萧云从生活于明末清初。明亡前的萧云从科举不顺，又不屑为胥吏欺压百姓，故以鬻画授徒谋生；明亡以后，待时局基本稳定，萧云从结束在高淳的避乱生活，回到芜湖。他把在芜湖古城东北角附近的旧居"梅筑"简单修葺后入住，生活算是安定下来。

顺治四年（1647），太平府推官张万选登门拜访萧云从。张万选在任4年，政声不错，政事之余，酷爱诗文，流连山水。眼看任期将至，离任之前的张万选萌生一个心愿，就是将历代名人吟咏太平山水的诗文汇集成书，且绘图供品味赏玩。张万选久闻萧云从大名，故特地登门邀请。萧云从被张万选的诚意感动，答应了他的请求，很快投入到创作中去了。

萧云从首先绘制《太平山水全图》，这是当时太平府辖境内山水名胜鸟瞰图。图中峰峦林立，草木翁郁，溪环水绕，阡陌纵横，一派江南水乡风光。画面左上角题杨万里诗："圩田岁岁镇逢秋，圩户家家不识愁。夹路垂杨一千里，风流国是太平州。"萧云从以这首诗表达他挚爱乡梓之情。

《太平山水图·大小荆山图》

　　《太平山水图》其余42幅为太平府所辖当涂、芜湖、繁昌三县的名胜风景图。这些图或描绘山川胜景、山村水郭，或刻画春雨秋云、晨曦暮霭，或实写百姓劳动和生活场景，展示了三县优美的自然景色，深厚的文化积淀。如《赭山图》，萧云从绘画的是赭山冬景，画的左边着重刻画了山中广济寺院及殿后高塔，画的右角描绘的是两人骑驴上山，山上的树木，除松树外，均为枯树，用笔遒劲老辣。

《太平山水诗画》书影

　　在《大小荆山图》上，萧云从题写的是元代芜湖县县尹欧阳玄的诗："一山西出一山东，八字分明在水中。古往今来多少恨，客愁无不在眉峰。"萧云从借题写这首诗，表达对"为官一任，造福一方"的欧阳玄的敬仰之情。

　　顺治五年（1648），《太平山水图》全部完成。张万选花重金邀请旌德名刻工汤尚、刘荣等精心刻制，以"怀古堂"名义，把《太平山水图》编入《太平三书》中刊行。《太平山水图》刊行后很畅销，影响也很大；传到日本后被改称为《萧尺木画谱》，日本南宗文人画派画家奉其为圭臬。

于湖画友姑孰派

虽然萧云从因版画享有盛誉，但他最擅长的是山水画，尤其是山水长卷。除故宫博物院等国内多家博物馆藏有其画作，美国、瑞士和日本等国家的博物馆或私人也收藏有他的山水画。

萧云从绘画水平和文化修养高，向萧云从学习绘画的亲友、弟子众多，受他影响的外地画家也多，如孙逸、韩铸、孙据德、释海涛等，自然形成了一个被后来的美术史研究者公认的画派——姑孰画派，萧云从也被后人尊为开宗立派的一代宗师。

萧云从《云台疏树图》（局部），南京博物馆藏

本来这个画派称为"于湖画派"才更准确，因为被列入姑孰画派的那些画家以芜湖人和寓居芜湖的画家为主体，而芜湖历史上被称为"于湖"，黄钺就曾将他们称为"于湖画友"（黄钺《于湖画友录》）。只是萧云从山水画代表作《太平山水图》《归寓一元图》等画了大量的太平府境内的山水，而太平府府治在当涂，当涂别称姑孰，萧云从开创的这个画派遂被称为姑孰画派。萧云从的艺术成就和历史地位得到后人高度肯定。

人生的最后阶段，萧云从在芜湖古城萧家巷安度晚年。在年轻铁匠汤鹏登门求教后，70多岁的萧云从指导他成功创制出"中华一绝"芜湖铁画。这是"老有所为"的萧云从为芜湖文化做出的最后贡献。

1986年，为纪念萧云从诞辰390周年，芜湖市人民政府在镜湖之畔修筑"尺木亭"，并以紫铜铸其全身坐像于亭畔，供人瞻仰。

萧云从：画开一派的宗师

渐江：却望芜湖是故乡

◇ 唐　俊

渐江（1610—1664），本名江韬，字六奇，安徽歙县人。清兵进攻徽州时，渐江曾参加武装抗清斗争。失败后，渐江远走他乡。过了几年，渐江在福建皈依古航禅师，削发为僧，法号弘仁。出家后的渐江云游各地，以自然为师，领悟画道提升画艺的同时，也在山水名胜之中获得慰藉。大致在45岁至50岁期间，渐江多次客居芜湖，与大画家萧云从等交往切磋，甚为相得。

客居芜湖作画图

渐江客居芜湖的居所并不固定。因为是游方僧，很多时候，渐江挂单芜湖准提庵等寺庙。民国《芜湖县志》记载："释渐江，徽人。明亡，遂为僧。住锡准提庵，与汤岩夫最善，日以诗字相琢磨，兼能画。……其诗字画幅，邑之旧家多珍藏之。"从中可以看到，虽然渐江不以字画为谋生手段，但当时芜湖爱好、收藏他字画作品的人还不少。

顺治十二年（1655），渐江在《仿王孟端山水扇》上题："偶见王孟端小册，用拟其意，寄龙超居士，乙未蒲月，时客区湖。渐江僧。"蒲月指农历五月，区湖借指芜湖。据此可知渐江这年五月左右在芜湖。顺治十五年（1658）底，渐江离开南京，在湾沚住了一段时间，其间作《沚埠册》。

渐江在芜期间，曾为芜湖遗民文人陈香士等人作山水画，还向芜湖同道传授画艺。"释碧澄号荻舟，吉祥寺僧，工画，山水学渐江。"（民国《芜湖县志》）这些说明，被誉为清初四大画僧之一的渐江，为当时芜湖绘画艺术的交流与发展做了不少事。

多次客居芜湖的渐江，离开芜湖回老家歙县时，心中应该会有"却望芜湖是故乡"的情愫吧？

湾沚淡定度岁朝

顺治十六年（1659）元日，此时还寓居湾沚的渐江作《梅花书屋图轴》，并在其上题跋："度腊沚水，己亥元日，偶成短句，并为拈此，寄直遇亭口一啸。弘仁。""沚水"指湾沚境内的青弋江，"元日"是正月初一，据此可知，这一年渐江是在湾沚过春节的。这个春节过得有点冷清，不过渐江十分淡定。

湾沚新貌（程儒勇 提供）

渐江与好友萧云从一样，既是画家，也是诗文修养极高的文人。他在《梅花书屋图轴》题跋中说的"偶成短句"，是一首自题诗："雪余冻鸟守梅花，尔汝依栖似一家。可幸岁朝酬应简，汲将陶瓮缓煎茶。"此诗前两句用拟人手法写鸟，其实也是在写自己，因为这年春节前，湾沚"大雪弥漫，舟车胶涩"，渐江只能困居于屋，哪里还有什么应酬。诗中"岁朝"就是农历正月初一，在别人也许会为过春节冷冷清清而沮丧时，渐江却能"汲将陶瓮缓煎茶"，把清贫平淡的生活过得很有诗意。

渐江：却望芜湖是故乡

《黄山图册》之一，故宫博物院藏

渐江又号"渐江学人"，充分说明他对读书的爱好和对自己学问的自信。有一次，渐江在游览吴中后，作《吴中山水轴》并题诗："漂泊终年未有庐，溪山潇洒树扶疏。此时若遇云林子，结个茅亭读异书。"可见，他的理想是有个茅亭能读异书就行，所以春节过得有点冷清是不足挂怀的。

萧汤二老最相知

芜湖"萧汤二老"这个并称，是黄钺提出来的。黄钺《壹斋集》里有《萧汤二老遗诗合编》，"萧汤二老"即萧云从、汤燕生。渐江在芜湖，和他俩相交最多，相知最深。

萧云从比渐江大14岁，他很欣赏渐江人品高古，二人经常相互切磋画艺，画风上萧云从对渐江影响很大。渐江辞世于萧云从之前，消息传来，萧云从作《题渐江为汤玄翼写梅》悼念之，其中有"梦转三更空自语，心伤一折待谁来？"萧云从有一个自号是"梅花道人"，而渐江被称为"梅花古衲"，二人都爱梅之高洁，是梅花的知音。第二年，萧云从又在渐江的《黄山图册》上题跋。为了山水画的创作，萧云从游历名山大川颇多，不过他也为未曾到过黄山感到遗憾。在绘画艺术上，萧云从是下过苦功夫也是颇自负的。但是他对渐江的推崇更高，他在题跋中说"乃睹斯图，令我敛手"，意思是看到渐江的《黄山图册》，就再不敢画黄山了。萧云从以在渐江画作上题跋的方式，表达对老友深切的怀念之情、推崇之意。

渐江如今传世的字画作品逾百幅，有人统计，在上面题诗题跋最多的，除了作者渐江本人，就是汤燕生了。康熙三年（1664）初，渐江圆寂于故乡的宝相寺。汤燕生赶赴其家乡，帮助料理后事。安葬时，名士百人齐负土，绕塔栽梅数百株。汤燕生作《哭渐江师》七律四首吊之，其二曰："先期一日弄寒烟，乞与贫家度腊钱。索取匡庐峰上履，濯来宝相寺中泉。翛然待尽松门远，及尔闻声夜壑迁。人事纷吾征应急，知师飞遁阿谁边。"汤燕生与渐江感情甚笃，除了料理其后事，写悼挽诗，后来还作诔文以及多篇回忆的诗文，伤感之情久久不能平复。

汤燕生：清初皖南艺文的热心传播者

◇ 唐　俊

明末清初著名遗民诗人和书法家汤燕生（1616—1692）本是宁国府太平县（今黄山市黄山区）人。1645 年，明亡之后，汤燕生举家移居芜湖，以授徒谋生。他诗文书画无所不能，与许多遗民文人有交往，是清初皖南艺术和文化的热心传播者。

隐居芜湖东河沿

汤燕生到芜湖后，在古城附近的东河沿筑"补过斋"隐居下来。南明小朝廷的史可法、瞿式耜（sì）曾以书招汤燕生，但是他知道小朝廷已病入膏肓，就辞谢了。汤燕生日常交往的都是文人雅士。寓居芜湖不久，他就与萧云从、沈士柱等成为好友。偶有达官贵人慕名到访"补过斋"，汤燕生一概闭户不见。

汤燕生有个侄子叫汤胤宜，为人豪侠仗义。他把儿子送到汤燕生那里请他教读书，看见"补过斋"非常简陋，就要在"补课费"之外另送 200 金给汤燕生，想让他置办点资产。汤燕生笑着推辞说："你不了解我啊。"汤胤宜也不敢勉强他。因为有一肚子学问，曾有人劝汤燕生著书，他回答说："诗文非今世所崇，孔孟之道，愿学未能，而敢分先儒一席乎？"

赭山怀古恸明亡

汤燕生本是诗人，又是关心民生疾苦的正直文人，清初残酷镇压汉族百姓、肆虐江南的现实让他深切感受亡国丧家之痛；而那本应该奋发作为拯民于水火之中的南明小朝廷却因为内斗不息、贪腐无极而很快土崩瓦解。尤其是比阿斗还不如的南明弘光帝朱由崧，于清顺治二年（1645）居然就在芜湖被手下将领绑送清军。这件事对汤燕生精神上的刺激太大了，他于悲愤交加中，作《赭山怀古》五首。

赭山，位于芜湖市中心（姜辉 提供）

组诗第一首写的是朱由崧在芜湖被捕的事："赤铸山头鸟不飞，上皇曾此易青衣。无多侍从争投甲，有限生灵但掩扉。五国城西边月苦，景阳楼下夜钟微。伤心莫唱零铃曲，未得生从蜀道归。"传说朱由崧被捕前是在芜湖赭山脱下黄袍换上书生装束想趁乱逃跑的，诗中"上皇曾此易青衣"说的就是这件事。

朱由崧在做世子时便以荒淫出名，顺治元年（1644），明朝灭亡，崇祯自缢后不久，朱由崧在南京被马士英等拥立为帝。朱由崧称帝后，大难当头却只顾沉湎酒色，不理朝政，将大权委于马士英、阮大铖这些奸佞，国事遂不可为。顺治二年（1645）5月，清朝豫亲王多铎率清军血洗扬州后渡江直扑南京。朱由崧慌忙收拾行装，弃城逃至芜湖黄得功军中。第二天，清军追到，两军展开水战，黄得功被冷箭射中，拔刀自刎。部将田维乘机反叛，捆绑了朱由崧及其爱妃，送与清军邀功。朱由崧最终被清朝处死，结束了他可耻的一生。

汤燕生具有强烈的遗民情结和高尚的民族气节，只是为了尽可能不罹文字狱之祸，《赭山怀古》只能借古讽今，写得十分含蓄。汤燕生后来把自己的诗集命名为《商歌集》。商声凄凉悲切，商歌即悲凉的歌。所以汤燕生把诗集名为《商歌集》是有含义的。

皖南画派连线人

古代的皖南山区，虽交通不便，但山川秀丽，地灵人杰。明末清初之际的皖南地区，相继诞生了载入中国美术史的三大画派——姑孰画派、新安画派和黄山画派，成为古代史上绝无仅有的安徽美术高峰，也成为美术史专家长期探究的艺术课题。非常有意思的是，汤燕生与这三大画派主要创立人芜湖萧云从、徽州渐江和宣城梅清都是至交。

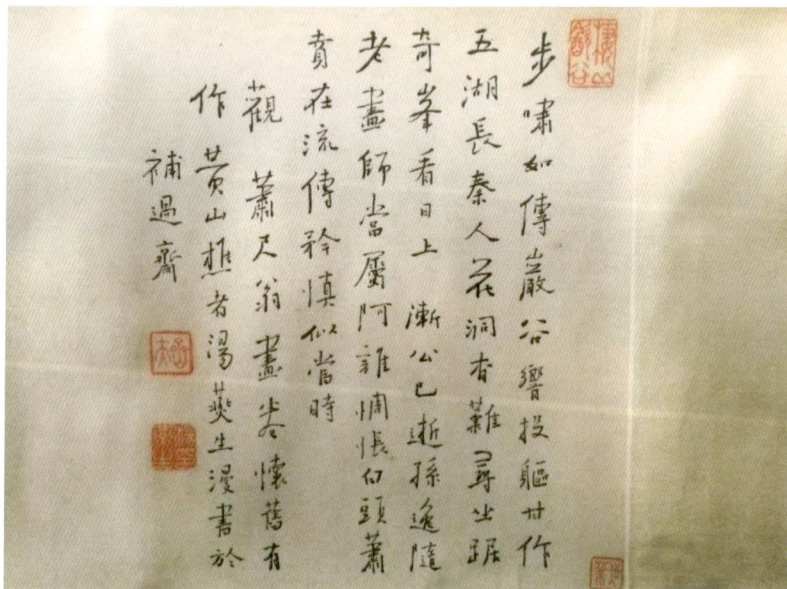

汤燕生《观萧尺翁画卷怀旧有作》

汤燕生能与上述诸位成为好友，除了意气相投，便是基于自身深厚的艺术修养。他酷爱吟诗，诗风庄丽凝厚；书法造诣也极高，篆籀功夫犹深，与金陵郑簠（fǔ）齐名。有人评论汤燕生的小篆得李斯笔法。

汤燕生与梅清都是宣城人，相交数十年。梅清晚年想念汤燕生时赋诗一首："难忘江上是岩夫（汤燕生字岩夫——引者注），古道于今屈指无。君看千峰头尽白，青青只有一松孤。"（梅清《瞿山诗略》）

汤燕生与渐江本是好友。渐江得与萧云从相识，就是汤燕生引荐的。汤燕生先把萧云从一幅青绿山水长卷带给渐江看，渐江细细观赏，赞叹道："这位尺木先生，深于画道，三百年来无复此作。"后二人遂相来往。萧云从在渐江客居芜湖期间，经常与他切磋画艺，这一时期的交往对双方的绘画艺术发展都产生了积极的影响。汤燕生为渐江和萧云从画作题诗题跋甚多。黄宾虹在《书画编》中评价汤燕生时说："渐江大师山水画、诗词题跋，当时诸友，要以宁国太平汤岩夫书翰为最多。……又萧尺木与渐师画中，题语多精确。"

"平生不解藏人善，到处逢人说项斯"的汤燕生对渐江、梅清和萧云从等画家的不懈揄扬，对推动清初皖南诸画派艺术成就的对外传播发挥了很大作用。汤燕生是皖南地区三大画派的连线人，堪称皖南艺文的"吹鼓手"。

汤鹏：芜湖铁画创制者

◇ 唐　俊

20世纪六七十年代的人民大会堂里，周恩来总理喜欢站在巨幅铁画《迎客松》前与外宾合影；1997年7月香港回归时，安徽省人民政府最终选定铁画《霞蔚千秋》作为代表安徽的赠品。这两幅芜湖铁画代表作都是铁画工匠与画家合作的成果，而芜湖铁画这一工艺美术奇葩的诞生，也正是由于300多年前一位铁画工匠与一位画家的"天作之合"。这位在画家萧云从指导下创制芜湖铁画的杰出工匠就是汤鹏。

自谋生路到芜湖

汤鹏，字天池，江苏溧水人，顺治至康熙年间在世。汤鹏家乡的百姓多以锻铁为业，汤鹏少时耳濡目染，掌握了初步的打铁铸铁技能。因家贫，又听说芜湖铁工技艺优异，汤鹏便到芜湖学做铁匠活以谋生。

汤鹏先在一家铁作铺里做徒工。寒来暑往，几年后汤鹏出了师。出师以后的汤鹏，租用乾隆朝进士黄钺曾祖父的一间门面房，自己开了个铁业作坊。黄钺说："（汤）鹏字天池，……初赁屋于先曾祖。"（《汤鹏铁画歌·引》）

这黄家大院既近县衙，又邻花街，是芜湖古城当年很热闹的地方。芜湖既是江南水陆交通要道和各种物资集散中心，又因为距离佛教圣地九华山不远，众多前往九华山朝佛进香的香客都喜欢购买芜湖铁匠铺打制的铁花枝、铁花灯以及一些佛堂专用的灯盏灯檠，作为上山敬佛之用。汤鹏的铁匠铺自然也供应这类产品。与汤鹏同时代的黄钺祖父后来告诉孙儿，他租房给汤鹏，不收租钱，到年终岁末时，汤鹏则用铁制灯屏烛檠作抵。因为好赖有生意可做，汤鹏就此定居芜湖。不过由于芜湖铁业作坊多，能工巧匠也多，汤鹏的生活还是比较贫困。

发愤研制新铁花

在芜湖勉强生存下来的汤鹏与一般铁匠不同之处在于，天资聪慧的他，"不太安分"。

汤鹏打铁之余，免不了四处逛逛。花街的花灯好看，他凑上去瞅瞅；画店里画师作画，他也在边上瞧瞧。那时大画家萧云从名播大江南北，徽州、宣城等地来芜湖交流的画家很多，一时画风很盛。身为铁匠的汤鹏在这特定的环境中对绘画发生了兴趣。

人生的发展有时候需要外部的刺激，而促使汤鹏发愤创制铁画的这个刺激来自一个画家。按照韦谦恒的说法，汤鹏"少为铁工，与画室邻，日

汤鹏铁字对联（复制品）：晴窗流竹露，夜雨长兰芽。落款：鸠江汤天池

窥其泼墨势，画师叱之。鹏发愤，因锻铁为山水障，寒汀孤屿，生趣宛然。"（《铁画歌并序》）"日窥"画家作画，可见汤鹏对绘画已经入迷；而画家或因汤鹏"不务正业"而看不起他，或觉得汤鹏影响了自己创作，于是指责汤鹏几句也在情理之中。但这位叱骂汤鹏的画家并非萧云从。萧叱骂汤的说法源于谢堃（kūn）的《金玉琐碎·铁画》，而他是光绪年间扬州人。汤鹏与萧云从两人的真实关系，还是以在年代上更接近汤萧的芜湖人说法为可靠。韦谦恒只说汤鹏"与画室邻"，没说画室主人是萧云从；而黄

钺则说汤鹏"往诣萧尺木，求其稿，今所见萧画也"。（《铁画歌并序》）"往诣萧尺木"就是去拜访萧云从，这就明确在说两人不是邻居。

不过可以肯定的是，受到责骂的汤鹏不仅没有放弃，反而激发出用铁打制铁画的创作灵感，并为此发愤努力。如果说此前的铁花主要是家庭实用品上的装饰件或铁花灯之类物件，那么汤鹏打制的新铁花则脱胎换骨了——那些铁打的花鸟虫鱼既有浅浮雕的立体感，又布局并固定在一个平面上，可以像字画那样装框挂上墙，成为独立的工艺品。总之，新铁花——初级阶段的铁画在汤鹏的一双巧手下诞生了！

汤鹏的成功来之不易。与黄钺同时代的芜湖人许仁在《汤天池铁兰花》中赞美汤鹏："花满琼瑶雪满苔，巉岩时见数枝开。等闲凭仗东风力，我自千锤百炼来。"

汤萧联手创铁画

汤鹏与萧云从塑像，位于芜湖滨江公园
（姜辉 提供）

汤鹏打制铁画的技能无疑十分高超，高超的技能只能来自学习、实践和反思，因此黄钺在《铁画歌并序》中说"道士击其灶"后，汤鹏"觉心手有异"，从此打制铁画"随物赋形，无不如意"的说法是无稽之谈。

不过黄钺关于汤鹏"往诣萧尺木，求其稿"的说法是可信的，因为此说源自其祖父。萧云从是山水画大师，汤鹏求的自然是山水画的画稿。黄钺也说汤鹏"第惜山水未能也"。据此可以推断，此前汤鹏打制新铁花的时候要么有无名画家提供花鸟虫鱼画稿，要么就是汤鹏本人自学成才，会自绘简单的花鸟虫鱼图案，然后打制成尺幅小景。

汤鹏之所以去求萧云从山水画画稿，应该与市场对铁画的需求有关系——比如大户人家需要大幅铁画中堂、山水铁画屏风之类的产品；另外，萧云从是著名画家，用他的画稿，能发挥名人效应。毫无疑问，汤鹏是一位好学敢闯且头脑活络的铁匠。

查考萧云从生平，他有结交忘年交的"爱好"，其好友梅清、汤燕生、施闰章等都比他年轻20岁左右。当萧云从得知汤鹏来意后，被他的诚意和创意打动，接受了他的请求，是顺理成章的事。另外，萧云从的山水画本有萧疏简洁的特点，何况在创作

汤鹏铁画《溪山烟霭》，镇江博物馆藏

《太平山水图》时，他又有与木刻工匠合作的经验，因此知道怎样的画稿有利于汤鹏打制铁画。萧云从不仅把合适的画稿提供给汤鹏，而且将国画中的"减笔皴（cūn）"等技法也毫无保留地传授给汤鹏。汤鹏对照画稿，仔细揣摩，以锤当笔，以砧为砚，以铁作墨，经过反复试验，赋予顽铁以艺术生命的芜湖铁画最终诞生了！

汤鹏创制的铁画，借鉴了国画的笔意和布局，画面明暗对比，线条苍劲古朴，花鸟草虫生趣宛然，山水画作气势宏伟，再配以精心定制的画框，挂在墙上就是一幅立体感非常强的水墨画。

杰出工匠汤鹏和绘画大师萧云从的联手，使"铁为肌骨画为魂"的芜湖铁画从此进入中国工艺美术的殿堂。

梅清：梅花清气溢芜宣

◇ 唐　俊

　　芜湖、宣城两地不仅在地理上毗邻，而且历史上行政区划变更时，多有交融，且所辖的乡镇有时归属于芜，有时又划归于宣。芜湖和宣城简直就像一家子，两地老百姓心理上也有一家人的感觉。明清之际，两地文人交往特别密切，留下许多佳话。被誉为"黄山画派"巨子的宣城梅清与芜湖萧云从、汤燕生等人交往的故事，至今还被后人津津乐道。

登门求教萧云从

　　梅清，字渊公，号瞿山，安徽宣城人。生于明天启三年（1623），卒于清康熙三十六年（1697）。萧云从长梅清二十七八岁，两人属于两代人，是忘年交。

　　梅清在 20 岁那年即专程到芜湖拜见当时已颇有名气的萧云从。他在作于顺治十年（1653）的《芜江萧子尺木》诗序中写道："宛水距芜江不二百里，乃一别竟十余年。回首昔游，不胜怅望。"其诗云："江上才名独有君，画师词客总难群。西庄自足王摩诘，坐客何忧郑广文。按卷近翻新律吕，开图长见旧烟云。春来小阮曾相问，书到扁舟可一闻。"（《天延阁删后诗》）从诗中"江上才名独有君"可以看出梅清对萧云从非常尊崇。

　　康熙元年（1662）梅清游金陵时，又到芜湖拜访萧云从。萧云从见到老友，非常高兴，作《题画赠渊公》："秋华揽尽日幽闲，放艇开尊暮未还。有句惊人怀老谢，松风直到敬亭山。"此诗赞美梅清才华与品格皆高，也表现了两人之间的深厚友情。诗中引与敬亭山相关的谢朓故事是为了写梅清。"有句惊人"是说梅清才华出众，"松风"是说其品格高洁；"放艇开尊暮未还"则表现二人游兴谈兴俱浓，是情趣相投的好朋友。

梅清以画黄山著名，与弘仁、石涛并誉为"黄山派"三巨子。从梅清的画中，明显地可以见到萧云从对他的影响，尤其松树画法与萧云从所画几乎一致，透露出其间青出于蓝的关系。

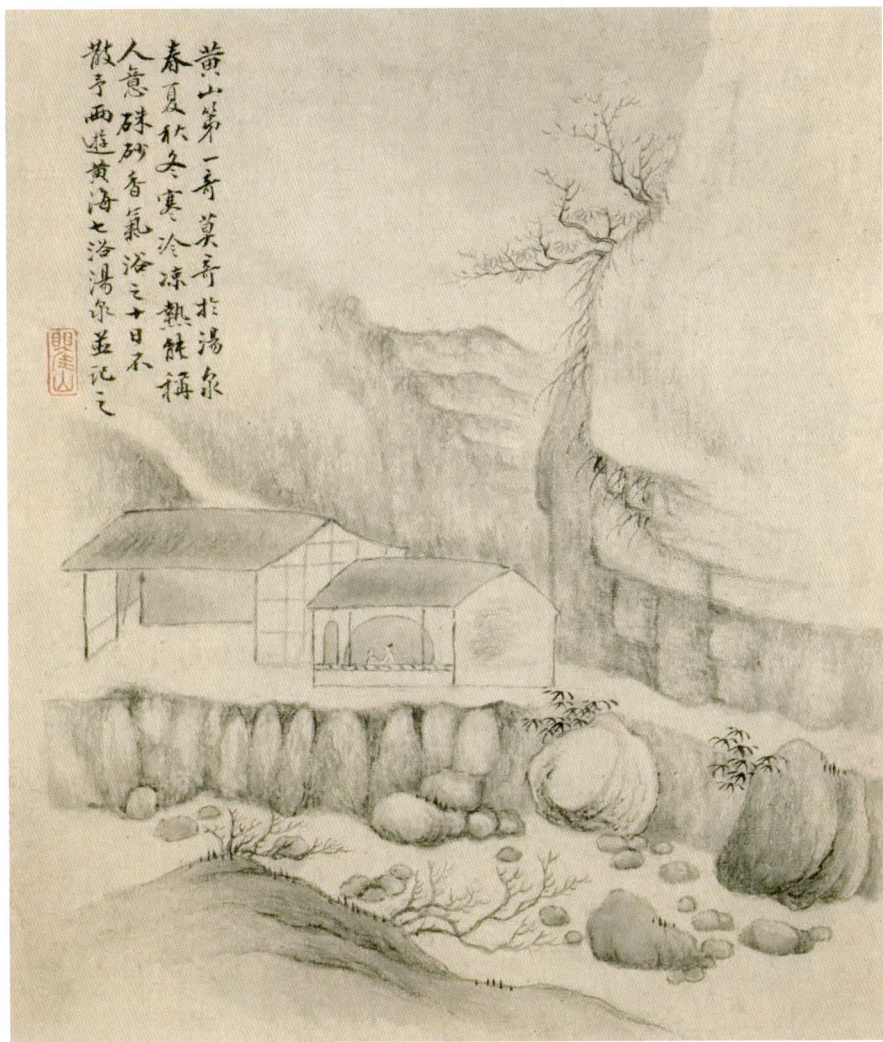

梅清《黄山图册·汤泉》

比邻知己繁昌多

"海内存知己，天涯若比邻。"梅清颇好交游，为人一派天真，故海内新朋旧雨很多。人之相交，双方如果是知己，天涯尚且若比邻，何况繁昌与宣城是真"比邻"，而梅清在繁昌也确实有多位知心好友。

繁昌古称春谷，在梅清《瞿山诗略》《天延阁删后诗》中，不乏题目中含有"繁昌""春谷"字样的诗作，如《繁昌魏朋三邮书索字画赋此奉答》《同张公菊水登春谷城楼》《春谷何氏园林宴集》等。魏朋三直接修书向梅清索要字画，张菊水陪同梅清登楼，皆可见不是泛泛之交。梅清又与何瑟斋等七八人一起雅集于何氏园林，"即席限韵"赋诗。梅清在宴集时心情极好："都是神仙侣，行吟向碧霄。酒酣寒渐薄，雨霁兴偏饶。归火分林杪，春星落涧腰。诗成复长啸，别思倚轻轺。"（《春谷何氏园林宴集》之一）

繁昌山中风光（俞乃思 提供）

芜湖雅集花果会

入清定后，梅清、施闰章等人相继参与科举考试，宣城诸子相互切磋时艺而订为文会，制义之余，酒酣兴发，赋诗唱和。后来，施闰章因科举顺利走上仕途，常年在外做官。梅清则于康熙六年（1667）礼闱落第，无意科举之后，就在家乡成立诗画会，经常举办以饮酒赋诗作画为活动内容的雅集。

康熙二十六年（1687），梅清于20年后又倡议成立花果会，花果会除了饮酒赋诗作画，还可鸣琴、博弈，活动内容更加丰富多彩。梅清在《〈花果会〉引》中说："吾里旧有诗画会，予与愚山（指施闰章——引者注）……石涛诸公联吟泼墨，一时称盛。二十年来，虽老志半谢，而继起尤蕃，于是复有花果会之约，始于丁卯九日，岁必数举，不拘时地，凡有诗歌辑成卷帙，予因以《花果余音》名是年之集。"（《花果会唱和诗》）因为有梅清、石涛等人领头，活动形式又十分自由，所以不仅宣城本地，而且周边地区参加的文人也越来越多，其中自然不乏芜湖人。

康熙三十一年（1692）六月十一日，梅清在芜湖举行花果会。当天，梅清约宣城、太平两府同学诸子26人在芜湖壶天亭饮酒赋诗。梅清酒酣，诗兴大发，作《壶天亭醉歌》，诗前小序提到的"同集者"中有汤燕生、沈士尊、倪上兴、潘岵（hù）、葛舒英等芜湖人。从诗中可见当日花果会盛况和梅清的心情："一杯一杯千百杯，炎威四座何有哉！茉莉花、来禽果，芰荷一日开千朵。荷叶团团吹作筒，酒倾香注喉难锁。噫吁嘻！四十年前盛萧沈，时移物换风流冷。当风酹酒更高呼，长啸一声发深省。诸子才华倍昔时，千古骚坛今再整。但愿行乐莫烦忧，但愿常酣莫常醒。"（《瞿山诗略》卷三十二）而其中"四十年前盛萧沈，时移物换风流冷"两句怀念和感慨的正是清初芜湖遗民文人萧云从和沈士柱。

梅清对芜湖充满感情。他在《芜江感旧》中写道："谁歌谁舞最高楼，眼底纷华旧日愁。唯有悠悠一江水，多情不解向西流。"（《瞿山诗略》卷十）诗中的"一江水"指流经芜湖、宣城两地的青弋江，而两地文人的密切交往，在增进彼此情谊的同时，也促进了文化的交流与发展。

梅清：梅花清气溢芜宣

229

缪阗：迥异风尘俗吏的古琴家

◇ 秦建平

在芜湖古城花街中段，有一座品位独特的古建筑，人们称之为"缪家大屋"，现称"楠木厅"，位于原花街44号。

缪家大屋又称"又谦楼"。据相关资料记载：缪阗（tián）一字又谦，号绰韩，芜湖人也。而经房管局档案证明以及该屋原住民作证：屋主当为曾被林则徐赞为"迥异风尘俗吏"的缪阗。

官宦世家 华美建筑

缪阗，出生于嘉庆九年（1804），逝世于同治六年（1867）。世代官宦，民国版《芜湖县志》中，缪氏家族传承有序，自明万历年间至清同治年间，记载清晰，涉及履历事迹者有50人次之多，其中9人有《传》，青史留名。民国版《皖志列传》、1993年版《芜湖市志》、2008年版《安徽历史名人词典》等均有"缪阗传""缪阗"词条。

缪阗的太祖缪金，曾任江宁王府典仪。万历三年（1575），倡议创建城墙并带头捐资助工，自造城墙若干丈，受到"勒石被奖"。

缪阗的曾祖缪孔昭，乾隆十三年（1748），在芜休假期间，督修县学宫，任劳任怨，掌管款物支出，尤为谨慎。

据相关史料记载，缪家大屋坐东朝西，原本是六进二层楼房，每进二楼皆以回廊相通（俗称"走马楼"），砖木结构，抬梁式建筑。现存建筑面阔三间，两进进深。屋内有八根粗大的立柱，全部是名贵的楠木，从上到下，通体一样粗，是缪家大屋的一大亮点，在芜湖古城独一无二。缪家大屋的天井廊庑屋顶上的拱轩，乍看是一个完整的拱轩，但实际上是半拱，但因做法特别，拱轩插入横梁之中，所以看上去就是一个完整的拱轩，展现了匠师的高超技艺和艺术创新，这在芜湖古城建筑中也是仅此一家，别无二处。设计者这种既省料又美观的创新手法和高超工艺，让后人叹为观止，市文物局在《鸠兹古韵——芜湖市第三次全国文物普查成果汇编》中认为："该屋单步梁的做法十分特别，曲线极为优美，是芜湖市现有历史建筑物中难得的艺术品"，也是我们研究芜湖古城建筑艺术的重要标本。

居官谨饬 迥异俗吏

至于缪阗本人，历任工部虞衡司、屯田司，云南陆凉州、罗平州、新兴州知州，白盐井提举，澄江知府兼河阳县。他于道光二十五年（1845）所撰《重修〈陆凉州志〉序》，阐述了他对编史修志的见解。尤其是"序"中介绍，他自己上任第一天，就索取《州志》，了解社情民意，并对乾隆《陆凉州志》提出了自己的见解。在他的指导下，该州用四个月的时间重修《州志》。民国版《陆凉州志》"循吏传"，称其"行政折狱，出于公平；续修邑志，赖公始成"。

在云南任职期间，时任云贵总督林则徐赞其"缪可斋刺史……居官极其谨饬，且未延幕友，文牍楚楚可人，毕竟曾游匠石之门，迥异风尘俗吏"，意思是说，他曾得名师沈维鐈的指点，与一般官吏大不相同。缪阗被道光皇帝赏顶戴花翎二品衔，后任甘肃平庆泾道，诰授通奉大夫。

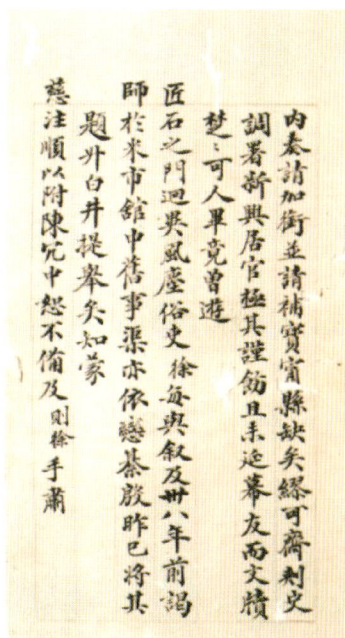

林则徐致沈维鐈书信手迹，藏于福州林则徐纪念馆

精研琴乐 勤于著述

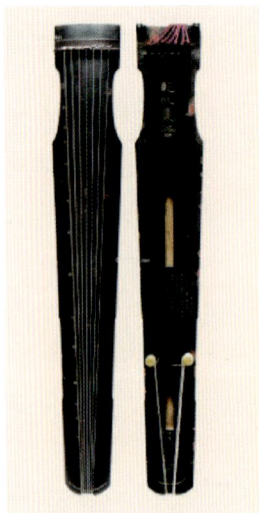

缪阆所藏宋代古琴

然而缪阆最为人称道的，并不是他的宦迹，而在于他"精于乐律"。缪阆因为"幼读四子书，即好玩《律吕相生之图》，以其形之如盘如规，而钟吕配合之工也"。其父缪元益（江苏徐州知府）便聘请琴师，向他传授音乐知识。他的父亲本来也只是"顺其性而导之，冀读书之得间耳"，但他"欲明（律吕）其理"而不得。道光二年（1822），因随侍金阊，结识琴友，"窃谓律吕之义，于此可通也"，遂一发不可收拾，陷入其中。他于道光九年（1829）购得宋代制作的仲尼式古琴，非常喜爱，把玩30余年，随身携带二万余里，于同治三年（1864）命名为"乾坤橐籥（tuó yuè）"，请擅长铁笔的儿子缪曾恩在古琴上镌刻这四个字和百余字的铭文。这把古琴如今还流传于世，曾于2014年在杭州西泠印社组织的拍卖会上，以920万元成交，现列入《中国古琴珍萃》（增订版）。

但在学琴过程中，他意识到自古相传的"律吕"有模糊晦涩之弊，尤其是由于中国古乐，在秦朝以前并没有相关典籍，而"乐律"的记述是从东汉班固才开始的。一般来说，古律有12个，但是只用了7个，其余5个属于"虚存其度"者。东汉以来，历代都有人欲探究考证其声律对应关系，但都无果而终。缪阆也是苦苦追求而不得，为此蓄疑30余年。咸丰十年（1860），他因工作调动由云南入京，途中遇到马云衢。马云衢看他所带行李，除琴之外，别无长物，心生奇异，便与他详谈，两人意气相投，遂结同好。缪阆因此有机会将马云衢所藏之谱全部阅读了一遍。此后又在客馆、旅途苦思冥想，反复玩绎，终于茅塞顿开，撰《律吕通今图说》一卷，又作《律易》，对"律吕之义"做了全面阐释。同治年间，重修此书，合名为《庚癸原音四种》，对音调定程、弦徽宣秘，皆有新解。

何许人：自学成才的陶瓷美术大师

◇ 章征科

何许人（1882—1940），原名处，字德达，乳名花子，后改为华滋，安徽南陵人，景德镇"珠山八友"之一，被后世尊为中国陶瓷美术大师。

转益多师的画家

学习前人。何许人自幼喜爱画画，14岁与乡友从安徽到景德镇瓷庄学艺。初学青花，后学粉彩、浅绛彩及青绿山水。他聪慧过人，谦虚好学，刻苦用功，循古人规范，摹前人技法。少时常以清初"四王"之作为范本，书法初学"二王"，后学汉隶。又好交友学艺，与景德镇的画瓷名家过从甚密，终成景德镇陶瓷艺术界的仿古高手。

何许人像

技艺大进。在其而立之年，应詹元广、詹元斌兄弟之聘，赴北京学仿古瓷，客居数年。此次北京之聘，他结识许多前清遗臣贵族、八旗子弟，求教切磋；又饱览故宫历代名画名瓷，并临摹了大量宋元大家作品，扩大了自己的绘画视野和审美情趣，绘画技艺大进。他在"师古人"的同时"师造化"，曾多次游历黄山、庐山等名山大川以开阔眼界，提升画技。

善微书又善彩绘雪景。中年后于九江自设店号，自画自销。常往来于景德镇与九江之间。学画经商，勤于创作，自成一格。他能于径寸印盒上书

《出师表》《赤壁赋》。后专攻彩绘雪景。何许人的雪景山水技法，远承宋人造景取势之长，又有明代宫廷院画风格，近受清初王石谷山水画技影响。

扬名景德镇

珠山八友瓷板画大师之一。何许人在客居九江时因一场大火，店铺被毁，便回到景德镇。他把主要精力放在陶瓷创作上。其创作的许多作品，用笔流畅，构图大方，结构紧凑，有董源、巨然的影子，有浙派山水吴伟、戴进的流脉。在瓷画工艺上，已逐渐摸索出一套革故鼎新的技法。"珠山八友"成员品评画理，合作完成八块成堂配套的瓷板画。

开创景德镇粉彩雪景之先河。何许人研习以粉彩画雪景，渐次深谙其中奥妙，松针积雪的技法，用笔精到，工丽严谨，法度整饬。无论是整体布局还是细节刻画，既显传承，又能创新，开启了景德镇瓷上雪景山水画之先河，发展成为具有景德镇特色的一个瓷绘体系，影响了一代又一代的瓷画名家。其传世代表作为一套雪景四屏瓷板画，弥足珍贵。

瓷板画《寒江钓雪》

育人有成。何许人晚年不仅专于画瓷，而且设帐授徒，悉心传道，培养了众多人才，门下的邓肖禹、余文襄、龚耀庭等成为景德镇后起瓷画名家，尤其是余文襄，继承何许人衣钵，专事粉彩雪景，并发扬光大，成为著名花鸟画家、雪景大王。

影响深远。在清末民初景德镇瓷画名家中，何许人作品虽存世不多，却是具有深远影响的一位。何氏弟子为其立像并撰悼诗云："壬午降人世，殁于庚辰年。平生好丹青，雪景海外传。出身非寒苦，一炽赴贫贱。由浔入浮梁，艺坛新技添。珠山结八友，广交天下贤。先生云游去，美名扬画苑。"2011年1月22日，经由近百名中国陶瓷美术高级人才、大师、教授、新闻媒体代表的举手表决，一致同意追授何许人为"中国陶瓷美术大师"荣誉称号。2023年5月，何许人入选1911年后已故陶瓷类作品限制出境名家名单。

画中乡情及文化

何许人作品常见落款为："许人""何处""许人出品""许人何处画于溢浦客次""许人何处画""阳谷许人何处画于溢浦"等。阳谷即春谷，晋代因避简文宣太后讳，改春谷为阳谷。"阳谷许人"表达了对家乡的思念之情，"许人何处画于溢浦客次"表达了对九江生活的记忆，因为"溢浦"即九江的古称。

何许人接受朋友建议，将乳名"花子"改为华滋，又因陶潜《五柳先生传》中"先生不知何许人也"句，更名何许人，表现出他的文化气质以及他对陶渊明的推崇。何许人的作品，追求一种平淡天真，萧散闲逸的艺术境界，常用诗句描写画中之景，画外之意，抒发自己的情愫，瓷、画、诗浑然天成，透出清新脱俗的艺术气息。如《寒江独钓图》诗云："六出霏霏舞，孤舟倚石矶。浑然冷不觉，把钓独忘归。"《踏雪寻梅图》题："豪气冲寒雪浪开，骑驴蹒跚小桥来。梅花岭上馨香满，折得旋归助酒醅。"诗画相映，意境深远，表现出深厚的文学修养。

储炎庆：新中国第一代铁画大师

◇ 沈　娴

储炎庆（1902—1974），安徽枞阳人，新中国芜湖铁画第一传人，第三届全国人大代表，参加过安徽省和全国先进分子代表大会。

芜湖"偷艺"

储炎庆，生于光绪二十八年（1902），出身贫寒。储家4代铁匠，兄妹6人，储炎庆排行第4，6岁亡父，12岁丧母，大哥、大姐及五弟也相继夭折，二姐当了童养媳，他只有领小妹乞讨度日。邻居汪兴发同情他们兄妹，介绍他到汪永和铁铺当学徒。1917年，他被介绍到安庆杨姓铁铺帮工，后经该铁匠铺杨老板的一位芜湖亲友杨吉年介绍，1920年到芜湖西花园杨同兴铁铺帮工，后因意见不合而离开。他只得流落街头乞讨，夜晚便栖息在城隍庙里，从乞丐们闲谈中，得知清代铁工汤鹏与姑孰画派始祖萧云从合作创造了芜湖铁画的故事，便萌生了要学做铁画的念头。

储炎庆去了位于芜湖江边码头"沈义兴铁匠铺"，拜能打铁画的沈德金为师，学习打铁。由于当时封建思想影响，铁画手艺传男不传女，传内不传外，他学艺一年多，没有学到铁画制作关键技艺。他便想到了"偷艺"，假装发病晕倒在地，师傅让人扶到小阁楼休息。他非常高兴，从地板小孔偷窥楼下师傅夜间打制铁画经过。经过1年刻苦模仿学习，他终于熟练掌握了打制铁画的技艺。

一日，师傅外出，这时正好教堂来定制16幅铁画，要求3天交货。他便答应下来，经过3天制作与锻造，成功锻制出梅兰竹菊和花鸟虫鱼等16幅精美铁画，并把铁画送到教堂，传教士很满意，便给了他16块大洋。当他高兴地将大洋交给师傅时，师傅知道沈家传家本领已被外姓偷学，火冒三丈，把他铺盖卷从阁楼窗口扔了出去，那时储炎庆28岁。

1935年，他在芜湖花津桥附近独自开了一家储永昌铁铺，以打铁器和铁画来维持生计，生意却十分清淡。无奈，他只好担起铁炉，串街走巷。随着军阀混战和后来抗日战争爆发，铁铺也随之倒闭。

重振铁画事业

新中国成立初，沈德金因病而卒，芜湖城里已经找不到一家像样的铁画作坊，芜湖铁画已面临失传境地。芜湖市委根据党中央的文艺方针，发掘民间工艺，挽救濒临失传的芜湖铁画工艺。经过多方调查，市委才了解到储炎庆是唯一幸存的铁画艺人，但是他已有20多年未操此业了。如果没有他"偷艺"，或许铁画早已失传了。1956年市委负责人多次登门拜访他，成立了以储炎庆为首的芜湖铁画生产小组，对此，他感到无比的幸运。1957年他出席了全国工艺美术艺人座谈会。

储炎庆与徒弟们在一起（储金霞 提供）

自此，他重燃激情，创作热情高涨，带领杨光辉等徒弟，将国画和铁画技艺熔于一炉，创作出许多具有独特意韵的铁画作品。1972年，芜湖市工艺美术厂成立，他收了30多名艺徒，其中包括艺术学校毕业生。他带领徒弟，日夜锻制，打造了梅兰竹菊屏幅。市里又请来安徽师范大学艺术系老师王石岑和宋啸虎，设计画稿，供他锻造，把国画和铁画结合，将绘艺与锻技结合，使他技艺显著提高。可以说，这次艺术家与铁工的合作，是芜湖铁画历史上第二次艺术与技术的结合。

打造国家铁画精品

新中国成立后，储炎庆在铁画工艺上，承前启后，创作了很多精品。在成立生产小组当年，储炎庆率杨光辉等徒弟，就创造了《白蛇传·断桥相会》《奔马》以及《四君子》等作品，终于使即将失传的芜湖铁画技艺重放光彩。1958年，《关山雪霁》《黄山莲花峰》等参加国际造型艺术展览，获得了好评。9月17号，毛泽东主席视察安徽时，还参观了他的《奔马》等作品，并在这幅画前与时任安徽省委书记曾希圣合影。10月17日，刘少奇副主席来到安徽，听取了他铁画制作的汇报，并嘱咐他要发展和宣传铁画工艺。朱德委员长还曾两次接见了他，鼓励他在铁画上超过汤鹏，培养好接班人，使铁画艺术流传后世。

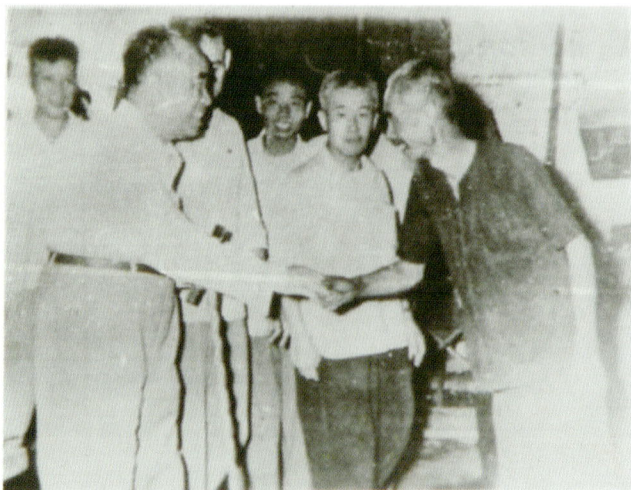

1960年夏，朱德委员长在合肥接见储炎庆（储金霞 提供）

1959 年，他接受了为人民大会堂锻制大型铁画《迎客松》任务，他带领杨光辉等 8 大弟子，并与王石岑等画家一起日夜奋战，终于完成这幅巨作。这棵迎客松，矫健挺拔，郁郁苍苍，似向人们伸出了热情的臂膀，展现出祖国和人民热情好客的情怀。它被安置在人民大会堂迎宾厅，60 多年来，党和国家领导人在铁松之下接待了无数宾朋好友，留下了很多美好的瞬间。

通过多年努力，储炎庆带领徒弟杨光辉，与画家王石岑、宋啸虎以及申茂之合作，先后创作出铁画《奔马》《梅山水库》《许仙借伞》以及郭沫若题诗等。1959 年，应世界和平理事会的邀请，他在巴黎世界博览会上展出《黄山莲花峰》《松鹰图》《花蝶》等画作，深受西方艺术家们的好评，名扬海外。1962 年，他将剪纸、木刻、金银首饰镶嵌等技法融进铁画制作技艺当中去，碰到问题时，常和王石岑、张贞一共同探讨，尽可能提高艺术性，并将这些毫无保留地教给徒弟们。

1974 年 12 月 28 日，储炎庆病逝，终年 72 岁。在芜湖铁画传承上，他被誉为新中国第一代铁画大师。

郭沫若 1964 年题字："以铁的资料创造优美的图画，以铁的意志创造伟大的中华。"

黄叶村：自号"竹痴"的书画大家

◇ 沈世培

黄叶村（1911—1987），原名厚甫，学名黄成昆，别号后父、听雨主人、痴翁、痴叟、竹痴叟、竹痴老人，芜湖市澛港人，中国书画大家。他因喜欢苏东坡"扁舟一棹归何处，家在江南黄叶村"诗句，改名"黄叶村"。黄叶村晚年有《寒舍家言》，叙述了自己的艰难曲折生平，尤其他穷且益坚、不坠竹节之志，令人动容。

逆境中进取

黄叶村像

黄叶村，1911年生于江南名镇澛港，澛港距芜湖市仅10公里，风光秀美，航运发达，商贸繁荣。父亲黄思进是个裱画师，能书会画。受父亲影响，黄叶村自幼酷爱书画。他7岁读私塾，开始临摹颜真卿《麻姑仙坛记》和《多宝塔》书帖。1920年他进公立小学上学。据说他上学期间，一张习字帖就卖到了1个铜钞。因家境贫寒，11岁时他常到芜湖长街，为一些小店书写招牌。他说："吾出生清贫，少时终年不得温饱，为谋生计更无力求学。"

1926 年，黄叶村小学毕业，为了谋生，他到繁昌周义和布店当学徒。因不愿从商，他回家跟着父亲学书画和裱画。澛港名医计大先生，善书画，见他聪明好学，就收他为义子，教他书画。这为他日后成为名师打下良好的基础。

1932 年，他一幅山水画在芜湖市展出后广受好评。在好友徐少鳌的帮助下，获得了去日本留学（学习绘画）的名额，终因母亲苦苦不放远行而痛失良机。可在解放前，光靠画画是不行的，1934 年他到霍邱县城关松滋小学任图画教师。从 1934 年到 1962 年，为生活所迫，他先后在霍邱、歙县、郎溪、太平、屯溪、泾县、南陵、青阳、贵池、桐城、安庆、怀宁等地 10 所中学和师范学校教授美术。1958 年，因所谓"历史问题"，他在怀宁县师范被停职降薪（减半），不让教书，只给学校放牛养猪。一家 6 口仅靠他每月 36 元生活费以及夫人替人家洗衣维持生活。他一生清贫而曲折，但是在逆境中，仍然热爱艺术，没有放弃他的书画事业，书画艺术日益精进。

书画艺术的三次腾飞

抗战时期，为躲避战乱，1940 年，黄叶村至由芜湖南迁到歙县芜关中学教授历史与图画，校长汪嵩祝将他引荐给父亲汪福熙。汪福熙能诗工书，尤擅隶法；其在家养病的儿子汪采白曾任北师大和南京中央大学国画系主任，是新安派的大画家。黄叶村受到汪氏父子的指教，临摹汪家所藏历代名家书帖和绘画，尤其是新安画派诸家真迹，学业精进，为他日后成为姑孰画派和新安画派集大成者奠定了基础。这是黄叶村人生和艺术重大转折点，实现了绘画艺术上第一次腾飞。这年黄叶村还不到 30 岁。

1962 年秋，因怀宁师范学校停办，黄叶村退职，住在芜湖新家巷（今东郊路）18 号一间不到 8 平方米的茅草棚里。房子矮，雨天漏水，他自嘲称这间房为"镜湖草堂"，在家门上写了这一副对联："一间破草屋，两个无用人。"他白天作画或接待客人，还要点上油灯。芦席篱笆墙内，黄叶村静下心来，进行书画创作，实现了绘画艺术上第二次腾飞。

墨竹图

1979年之后，黄叶村在政治上和生活上待遇大有改善，被任为文联专职画家、芜湖市政协常委、安徽文史馆馆员、安徽省美协会员、安徽省书协理事、芜湖市中山书画社社长等职。在党和政府的关心下，他数次登黄山，上九华，游三峡，览桂林，用画笔描绘祖国大好河山，创作了数以千计的力作，实现了绘画艺术上第三次腾飞，达到他个人创作史上鼎盛时期。

比肩萧云从的大画家

黄叶村得到新安派名家汪福熙及其子汪采白指教，饱览了汪家珍藏的历代书画真迹，登临名山大川，感悟自然的神奇，使他的书画形成自己独特的风格。其书，糅合真、草、隶、篆，酣笔舞墨，自成一家。其画，山水花鸟，扎根传统，开拓新意，以神传形，精到天然。其花鸟、山水画作及书法作品在芜湖市广有收藏。

黄叶村尤擅画竹，自号"竹痴"，名噪江南，有"江南一枝竹"美誉。有诗道："平生爱画竹，画竹常青青。月上清影泻，风来奏好音。"他说："厚甫素爱画竹，喜竹之性，故自号竹痴。幼竹可掀翻巨石，破土而出，因其未出土时先有节。望风而长，挺拔自立者，盖因其虚心向上也。"竹子顽强不屈，坚韧不拔，宁折不弯，虚心向上，正是黄叶村品质和操守的写照。

他一生清贫，1940年他与农家女宗翠凤结婚，有4女1子，1女送人，独子病亡，备尝艰辛。但是，他像竹子一样，为人刚直，挺拔自立，意志坚定，并胸怀天下。他说，他平生有三愿：一愿国家富强，二愿人民安乐，三愿为国效力。其人格魅力和书画成就，令人敬仰。他也成为继萧云从之后芜湖最有成就的书画名家。人们称赞他为"真正继承和发展新安画派传统之第一人"。

1987年5月12日，黄叶村因病逝世。他的声名不因为他的去世而沉寂，其画作不断被展出，

黄叶村山水画

媒体也争相报道。1994年，安徽美术出版社出版《黄叶村画集》；2002年，安徽美术出版社出版《黄叶村画选》；2007年，人民美术出版社出版了《中国近现代名家画集——黄叶村》，其画作获得"大红袍"级礼遇。《光明日报》刊文称"黄叶村是继黄秋园、陈子庄之后我国又一位梵高式画家"。

王莹：从芜湖走出去的文化名人

◇ 孙栋华

　　王莹（1915—1974）是从芜湖走向世界的文化名人。20世纪二三十年代，她受到新文化运动的滋养，由童养媳成长为追求自由进步的新女性，在中国共产党的领导和指引下，成长为坚定的左翼文化战士。她的一生熠熠生辉，在中国电影史、话剧史、抗日救亡史和中西文化交流史上，都留下深深的足迹。

从芜湖师范生到上海电影明星

王莹像

　　王莹1915年出生于芜湖上长街一户喻姓人家，原名喻志华，后取名王莹。少年时期，她进入设在芜湖的安徽省立第二女子师范学校（简称二女师）读书。这所学校是清末民初几位思想进步的爱国教育家创办的，聘请了包括早期共产党人、后来成为著名文学家阿英（钱杏邨）等青年教师授课。王莹受到了反帝反封建革命思想的教育，开始产生了走出家门、校门，解放自己身心的自觉意识。社会上风起云涌的革命斗争，对王莹有极大的教育、触动。当时她被送给人家当童养媳，她不甘命运的沦落而出逃，最后来到上海。经过一位革命青年的介绍，进入中国济难会，帮助传递书信、文稿，认识了一批革命作家，直接得到了艺术的熏陶，为走上文学创作和演艺之路打下了基础。

1929年，王莹加入了上海艺术剧社，参加了公演，同时加入移动剧社，到工厂、学校演出。她先后主演了《酒后》《炭矿夫》《放下你的鞭子》《钦差大臣》《约翰·曼利》等一大批中外名剧。1932年，王莹经过党组织的安排，进入电影界，先后主演了4部具有反帝反封建意义的影片，其中《女性的呐喊》第一次在中国银幕上展示了中国工人的生活，展示了最受剥削、最受压迫的包身工——"罐装了的劳动力"的非人遭遇，表现了她们的觉醒；《铁板红泪落》第一次强烈地暴露了旧中国农村中地主土豪的罪恶和农民被压迫的痛苦，第一次勇敢地描写了中国农民起来同地主武装势力的斗争。

在这期间，她在许多报刊上发表了多篇感情真挚、委婉细腻的散文随笔，显示出高雅的情趣和修养。当时，有的评论称她为"文艺明星"，"有独特的风格，在文学上和戏剧上的成就显著"，因此是一位"未来型"的明星，是"中国电影进展的一种路标"。

巡回演出，宣传抗战

王莹积极参加同国民党反动派和帝国主义的革命斗争，先后三次被捕入狱。抗日战争爆发后，她与一批演员组成流动演剧队，历时20个月，徒步8个省，在前线、在山野、在街头，演出740余场，出生入死，宣传抗日。在宋埠、在桂林等地几次遭遇敌机轰炸，身边的队员壮烈牺牲，王莹侥幸逃过一劫，与死神擦肩而过。

1939年，她率领救亡演剧队赴香港以及新加坡、马来西亚演出募

《放下你的鞭子》，徐悲鸿画，1939年

245

捐，引起巨大的轰动，激起香港同胞和华侨支援祖国抗战的热潮，她的个人魅力也得到了充分的展现，被称为"马来亚情人"，给南洋华侨留下了美好的印象。

1942 年，她赴美国留学，把《放下你的鞭子》演进了白宫；她在各种场合宣传中国的抗战，呼吁开辟第二战场，打击日本法西斯侵略者。她与美国著名作家、诺贝尔文学奖获得者赛珍珠结下了深厚的友谊，协助史沫特莱撰写《伟大的道路》（即《朱德传》），为中西方文化交流做出了积极的贡献。

《宝姑》中的芜湖背景

《宝姑》书影，中国青年出版社 1982 年版

芜湖是一座历史悠久的文化古城，两千年的流风遗韵熏陶和哺育了王莹。她虽然少年时代就背井离乡，多年独在异乡为异客，在云波诡谲的大上海演艺圈中奋斗，在生死莫测的战场前沿奔波，直至赴美留学 13 年，身心劳顿，艰苦备尝，但她始终十分热爱家乡。这在她的长篇自传体小说《宝姑》中有着生动的体现。

《宝姑》是 1945 年在美国开始动笔创作的，身处金元帝国，去国日久，家乡的天地山水、房屋街巷，时时浮现在眼前，年迈的祖父母和父母的身影深深印刻在脑海中，更有那熟悉的乡音和俚曲不时在耳边回响。这一切，构成了宝姑故事的底色。在王莹的笔下，祖父热乎乎的大手，牵着宝姑软绵绵的小手，从长街的石条路面上走来，过狮子桥，看着沿途五颜六色的各家商铺招牌和灯光，听乞讨的盲艺人唱着不知名的小调慢慢走远……宝姑慢慢长大了。后来，便是她漂泊四海的人生故事。一部《宝姑》是20世纪初叶芜湖生活图景的侧影，定格了王莹思念和牵挂中的远去亲人背影，也是这位走向世界的文化名人对家乡最深情的回眸。

1955年，王莹返回祖国，在身患重病、处境困难的情况下，修改完成了长篇自传体小说《宝姑》、创作了反映中美人民友谊的长篇小说《两种美国人》，1974年，病逝于北京。

1980年以后，王莹的遗著《宝姑》和《两种美国人》先后出版发行，早年的散文小品也结集为《衣羽》出版。中央电视台"走遍中国"频道拍摄了《宝姑出逃》专题片，2006年3月19日播放，向海内外观众全面介绍了她历经磨难而色彩斑斓的一生。

现在，芜湖市中心碧波粼粼的镜湖公园烟雨墩上，家乡的父老乡亲建立了"王莹资料室"，竖立了汉白玉的王莹塑像。这是家乡人民对王莹依恋故乡的回应，寄托和表达着对她的崇敬和怀念之情。

赖少其：红色版画家

◇ 匡永琳

赖少其（1915—2000），号木石斋，广东省普宁市人，抗日战争期间曾担任新四军第3支队5团政治处宣教股长，新中国成立后积极参与芜湖铁画的恢复工作，对芜湖文化事业的发展作出了重要贡献。

从繁昌保卫战到上饶集中营

赖少其像

1937年7月7日，卢沟桥事变发生，抗日战争全面爆发。1938年秋，赖少其去桂林，在那里积极举办木刻展览，进行抗日文化宣传。1939年10月，赖少其从桂林来到安徽省泾县云岭新四军军部，被分配到政治部工作。在那里，赖少其不仅在集市上举办街头画展，还为《抗敌报》和《抗敌》画报提供画稿，并创作出新四军《渡长江》的歌词。这份歌词经何士德谱写成曲后，迅速在新四军的军队中流传开来，受到了巨大的欢迎。

1941年元旦，新四军军部向毛泽东、朱德等人发送了《新四军决定皖南部队全部经苏南北移致毛泽东等电》，决定让新四军向苏北地区转移。在铜繁前线驻防的3支队5团也接到了军部的通知，于1月4日开始北移。

赖少其也跟随部队前行，在半夜时渡过了青弋江，向茂林（今安徽省泾县辖镇）方向进发。1月6日，到达茂林的新四军突然遭到国民党军队的攻击，皖南事变爆发，赖少其不幸被俘。为了脱逃，他找机会偷走了国民党军队一个传令兵的臂章，假装送信给繁昌县县长徐羊我。实际上，他计划从繁昌渡江，去寻找新四军的部队。在抵达江边时，赖少其遇到了国民党的巡逻兵，因此被带到国民党繁昌县政府。新四军驻扎在繁昌时，赖少其曾与徐羊我有过接触，当时徐羊我对待新四军的态度还比较友好，对抗日工作也比较热心，但是这时，徐羊我的态度发生了巨大转变，不仅不打算放赖少其走，反而想将其活埋。由于遭到民主人士邓昊明的阻止，赖少其才逃过一劫，转而被押送到泾县的监狱中。不久，赖少其等人又被押送到上饶集中营，在监狱中受到了残忍的对待，后经人帮助才逃了出来。

抗日战争期间，赖少其致力于木刻版画的创作，其作品《抗战门神》一经发表，便受到了广大人民群众的热烈欢迎。

组织锻造铁画迎客松

新中国成立后，赖少其不仅进一步关注徽派版画的发展，同时还参与芜湖铁画的恢复工作。

芜湖铁画诞生于明末清初，到民国时期，掌握这门技艺的人已经不多。芜湖铁匠储炎庆偷师学艺，才学会了这一门手艺。后来，由于国内战争不断，生计难寻，因此储炎庆也不再进行铁画制作。到了解放后，芜湖铁画已经面临着失传的风险。1956，芜湖市手工业管理局开始号召人们抢救民间传统工艺，储炎庆又开始进行铁画创作。1959年，赖少其任中共安徽省委宣传部副部长，北京正在兴建人民大会堂，需要各省提供作品来装饰各个会议厅。为了完成人民大会堂安徽厅"以芜湖铁画表现迎客松"的创作任务，赖少其把储炎庆和他的几个徒弟从芜湖请到合肥，并为他成立了铁画车间，由储炎庆带领着他的几个徒弟进行铁画创作。同时，赖少其意识到，汤天池的铁画是在与画家萧尺木的合作之下才得以脱胎换骨、由俗而雅的。因此，赖少其想到了画家王石岑，便请他先创作"迎客松"的画稿，创作完成后再交给储炎庆进行锻打制作。在制作过程中，储炎庆与王石岑等人互相配合，最终完成了铁画《迎客松》的创作。

人民大会堂中的铁画《迎客松》

铁画《迎客松》十分精美雅观。整件作品宽 4.5 米，高 2.5 米，仅钢铁就用了 200 公斤。画面中，迎客松的松针有 2.86 万根，每根松针都要敲出沟槽，锻出松花，挑出毛刺，制作十分精良，饱含了锻造者的心血与汗水。最初，《迎客松》被放置于人民大会堂安徽厅作为屏风，周恩来总理十分喜欢这幅铁画，让人将其转移到迎宾厅进行陈列。此后，这幅铁画就成为党和国家领导人接待外宾、宾主合影留念的重要背景。与此同时，作为安徽传统民间技艺的芜湖铁画，也因此进入了更多人的视线之中，促进了芜湖铁画的新生。

创作版画《百万雄师过大江》

1979 年，正值渡江战役胜利 30 周年，赖少其决定带领师松龄、陶天月、林之耀等中青年版画家，创作重大主题版画《百万雄师过大江》。

赖少其向交通部部长叶飞求助，叶部长从上海专门派出一艘轮船供他们使用。于是赖少其从芜湖获港乘船，沿着解放军的渡江路线，经过马鞍山、南京等地区，仔细观察，体味当年解放军过大江的雄壮气势，畅想渡江时的宏伟场面，并将其画了下来。这时，赖少其身体已经非常虚弱，在芜湖，他曾因劳累过度引起脱肛，但是他依然忍着疼痛和画家们在江岸上爬上爬下，辛苦地写生，精心雕刻、配色，最终创作出了气魄宏大的套色版画《百万雄师过大江》。

《百万雄师过大江》，尺寸 191×110cm

2015 年 12 月 19 日，"纪念赖少其诞辰百年——新派版画家系列作品"首次展览在芜湖市美术馆开幕。凭借其在版画方面取得的巨大成就，他因此受到芜湖人民更多的关注。

赖少其：红色版画家

251

何琦：大孝乾坤著

◇ 沈世培

何琦（302—384），字万伦，东晋庐江灊（qián）县（今安徽霍山县）人，侨居宣城阳谷县（今安徽南陵县），东晋著名史学家，也是有史料记载的大孝子，民国《南陵县志》称他为"晋孝子"，世称"何孝子"。《晋书》有其传。

因孝动天

何琦出身于东晋世宦之家，祖父何龛为晋大将军，父何阜任淮南内史，堂弟何充官至司空。他以孝义著称，14岁丧父，悲伤过度，哀毁过礼。此后，他与母亲相依为命。他性格沉稳、机敏，有见识，好古博学，居于阳谷县，孜孜事母，朝夕奉养。

他常常担忧老母亲吃不到新鲜美味的食品，为使老母生活好一点，出为宣城郡主簿，察孝廉，除郎中，以选补宣城泾县县令。后为太尉参军，封都乡侯。他为官一任，造福一方，勤政爱民。如他为泾县县令时，大力治水患，当地人受益之后，十分感激。后来，司徒王导任他为参军，他谢绝了。

当母亲去世时，他抚棺号啕，悲恸泣血，需要挂着拐杖才能站稳。家中停枢，邻居失火，烟焰已烧到灵堂，家无僮仆帮忙扑火，计无从出，只得匍匐于地，抚棺大声号哭，愿与母亲遗体一起化为灰烬。不久，风止火息，堂屋与其母灵枢得以保全，人们认为是其精神感动上天所致。于是，

"因孝动天，反风灭火"成为千古佳话，这被载入《晋书·何琦传》《隋书·经籍志》，民国《南陵县志》记载了关于其事迹、传说以及颂扬的诗文。

品行高洁

何琦守丧期满除服后，他曾向人表明心迹：他做官，并不是自己有能力，实际上为了获得一点利禄，以奉养母亲，既然母亲已病故，不再需要利禄，就不想为官了。守母丧后，他不复出仕，而不交人事，耽于典籍，以琴、书自娱，不营产业，节俭寡欲。不论年成丰歉，皆与乡邻们共甘苦。如果人家有财物赠遗，也不推让，有多余就散给乡邻们分享。任心而行，率意而动，不事占卜。

朝廷听说他的名节，很是敬重他，司空陆玩与太尉桓温征他为博士，他婉言谢绝了。咸安元年（371），他已经古稀之年，简文帝任他为参军，他虽然接受任职，但是不久便称病辞职了。公车再征召他为通直散骑侍郎、散骑常侍，他又以疾病为由，坚决推辞。可见，君子重德，不为富贵屈服。

根据民国《南陵县志》记载，何琦晚年曾在南陵大工山隐居，并在工山西面朗陵山（今县城西15公里）"辟谷炼丹，著书立说"，山南留有丹井。《晋书》卷八十八《何琦传》载，桓温曾登何琦所在阳谷县界山，喟然感叹道："此山南有人焉，何公真止足者也！"他善养性，老而不衰，布褐蔬食，潜心钻研典籍，所著《三国评论》（一作《论三国志》）100余篇行于世，但早已亡佚，其中《岳祠论》有修五岳祠的论述。他主张"唐虞之制，天子五载一巡狩，省时之方，柴燎五岳，望于山川，遍于群神"，见解独到。今存辑本《孙曾为后议》，见清王仁俊辑《玉函山房辑佚书续编三种》），他认为"卿士之家，别宗无后，宗绪不可绝"。

何琦82岁去世，葬于南陵绿岭青山村。这在平均寿命只有三四十岁的晋代诚为难得。他长寿要诀主要为淡泊名利，率意而为，勤于用脑，琴书自娱，述作不断。

南陵县千山水库,位于南陵县工山镇戴记村(庞致平 提供)

流芳后世

何琦在朝廷有声望,在地方有威望,既有学问,又是良吏,既孝顺,又长寿,这样历史人物自然成为人们崇敬的偶像。

据民间传说,何琦潜心修炼,终成正果。宋代封他为"灵泽王",元代封他为"广惠王",也曾把他与"一邑镇山"的工山神灵合祀,其后又曾合祭于城北安贤祠。后人不仅立祠工山,还祀宣州郡孝子祠,"祀孝子祠,祭久不绝"。在现南陵十字东街还修建了"孝感祠",殿堂内供有"敕封广惠王何琦之神位",专门祭祀他,香烟终日不绝,延续一千多年。在八都何村下塘埂南岸,还修建了专门纪念他的"工山庙",里面供奉的"工山菩萨",即为何琦。每年祭奠他,纪念他感天动地的孝道,祈祷风调雨顺,国泰民安。

历史上祭祀何琦的日子,每年为农历六月初一,后来改为他诞生日六月二十日,称之为"赛会"。每当旱魃(bá)肆虐时,县令便率领官民到工山庙祈祷。祭祀那一天,四方八镇民众涌向工山庙,鸣炮奏乐,叩拜神像,热闹非凡。据说还十分灵验。如南宋绍兴二十八年(1158),不雨多日,酷暑亢旱,赤地千里,民不聊生,于是由当地所有官员登山朝拜工山庙,求助于他。在人们祭拜下,工山神灵终降甘霖,旱情得以解除,此事轰动了全县。本是无有凑巧，可是在人们普遍迷信的时代，大家都把这归功于何琦，可见已经把他神化了。这说明人们爱戴那些心系人民疾苦的人。

南陵县工山镇八都何村（刘成瑞 提供）

清代邑人谢陛《工山小庵有怀何孝子》诗道出了人民的心声："石磴蟠云曲径通，茅庵一点翠微中。若非有晋高人在，安得兹山维岳同。碧落灵泉朝涌雨，幽岩老木夜嘶风。千秋不朽伦常地，尘世纷华转瞬空。"工山因出了何孝子这个人物，便可以和五岳齐名了。明胡缵宗所著《鸟鼠山人小集》大赞何琦品德，称赞他"孝大"，具有"高洁之操"。人世间繁华转头即空，但他这些孝事父母、关心人民的美德，却得到后世代代敬仰。

金乔觉：赭山修行，金印传世

◇ 秦建平

金乔觉（695—794），新罗国（今朝鲜半岛东南部）王室成员，唐开元七年（719）来大唐，辗转多地后到九华山，开辟道场，创立九华山佛寺。芜湖赭山广济寺号称"小九华"，与金乔觉有着重要的关联。一则是他卓锡九华之前，曾在芜湖赭山结茅修持；二来是"地藏利生金印"供奉于此。

由结茅修持之地到"九华行宫"

金乔觉来到中国后，先入京都长安，又四处参访游化，寻找道场，主要是在江东、吴越地区辗转往返。相传他先来到浙江普陀山，然后西行，一路到过沿江的一些寺庙。根据现有资料，金乔觉"舍舟登岸"后，"振锡观方"，留下"江南处处小九华"的传说。江苏苏州、常州、南京，安徽芜湖、马鞍山、池州、宣城都有供奉金乔觉而名为"小九华"的寺庙。芜湖赭山、无为都督山、繁昌五华山（隐静山），南陵丫山，都有一些这样的传说。

广济寺内地藏殿"仿九华制度"，又被称为"九华行宫"。地藏殿门前楹联"受汉封四郡，承箕子遗风，千古怀仁崇上同；慕唐兴三教，遣亲王来学，百年成佛拜行宫"，更是解释了其何以被称为"小九华""九华行宫"的奥秘。

"受汉封四郡"，典出《史记·朝鲜列传》，元封三年（前108）夏，汉朝平定朝鲜，置乐浪、玄菟、真番、临屯等四郡。

"承箕子遗风"，源于《史记·宋微子世家》。箕子是商纣王的叔父，因谏不纳，遂"被发佯狂而为奴，隐而鼓琴以自悲"。周武王伐纣灭商之后，曾向箕子咨询治国方略。箕子提出九种治国方略（即《尚书·洪范》中的"洪范九畴"），被武王采纳，武王于是"封箕子于朝鲜而不臣"。

箕子带着五千商民尤其是带着中华民族传统礼仪和制度前往朝鲜半岛，担任了国君，史称"箕子朝鲜"。公元前194年，卫满在平壤建立政权，称"卫满朝鲜"，势力扩张到今首尔地区。由于朝鲜半岛文化与中华文化一脉相承，所以称其为"千古怀仁崇上同"。

"慕唐兴三教"，含有两个方面的内容。一是中国在唐朝时期，儒道释三教都得到充分发展，达到相当的高度，深受周边国家景慕；二是当时的新罗国与中国的联系非常紧密，龙朔三年（663）四月"置鸡林大都督府于新罗国"。当时的新罗国受中国文化的影响十分明显，对中华文化非常敬仰，所以当时来中国学习的人员特别多，其中来华修习佛教的人也特别多。金乔觉就是其中一员。

"遣亲王来学"亦大有深意。金乔觉是否被"派"来华修持？不得而知。但其"亲王"的身份确是有案可稽，史书记载其为"新罗国王子金氏近属"，其自作诗《酬惠米》中有"弃却金銮纳布衣""原身自是酋王子"。

广济寺，位于芜湖市赭山公园内（姜辉 提供）

"百年成佛拜行宫"，是金乔觉的真实写照。据史书记载，金乔觉24岁卓锡九华，禅栖75年后圆寂，享年99周岁，俗称100岁。在他圆寂之后，当地僧众根据《大乘大集地藏十轮经》"安忍如大地，静虑可秘藏"等语，认定他是地藏菩萨示现，恰巧金乔觉的法名就叫"地藏"，所以便称金乔觉为地藏菩萨，还其本姓，又名金地藏。由于其在卓锡九华之前，曾有可能在芜湖赭山"结茅修持"，又由于"价值连城"的"世传金印"——"地藏利生金印"落户广济寺，因而芜湖广济寺的地藏殿就被人们称为"九华行宫"。

"世传金印，宝若连城"

芜湖在金乔觉行踪中，更显突出，是因为位于赭山的广济寺保藏有一枚九龙背钮金印。根据该印边壁上的文字"唐至德二年"，专家研究结果为：唐至德二年（757），金乔觉在九华山建成化城寺后，肃宗敕颁九龙背钮金印一枚，印文为"地藏利生金印"，距今已1200多年。这枚九龙背钮宝印，方三寸六，重8斤8两（旧制每斤16两），砂金铸成，有九条龙盘旋其上，印文为九阳铁线篆文。民国《芜湖县志》称之为"世传金印，宝若连城"。

九龙背钮金印（黄其曙 提供）

芜湖赭山广济寺原创立于唐乾宁四年（897），光化年间（898—900）赐名永清寺，宋大中祥符年间改名广济寺。因"自昔香烟最盛，俗称小九华"。后来广济寺"仿九华制度"，建有地藏殿，"凡朝九华山必先于此进香"，该寺因藏有宝印，一般善男信女，前往九华山敬香拜佛之人先于赭山广济寺，求得在香袋上钤"地藏利生金印"。在香客心中，这是通往九华山的第一道山门，"不亚于大九华"。因此"小九华"更加闻名，现在广济寺地藏殿门额上有时任中共安徽省委领导张恺帆的题字"九华行宫"。

"地藏利生金印"落脚芜湖，不仅大大提升了广济寺在全国佛教界的影响，成为全国重点寺庙，而且大大宣扬了芜湖在全国乃至全世界的声名，2005年中央电视台来芜拍摄专题片"走遍中国"，盛赞"地藏利生宝印"是"中国乃至世界佛教的至宝"，中央电视台编导在《金印之谜》专题最后说："也许，这颗金印的含金量和雕工已经不再重要，重要的是它所承载的精神力量以及由它带给我们的所有扑朔迷离的故事，还有那些仍然无法也许永远也无法解开的谜题"。2007年凤凰卫视在"纵横中国"栏目里介绍"地藏利生金印"时，称其应为国宝一级的文物，是通向佛界的通行证。

金印篆文：地藏利生金印

陈翥：研究桐树的科学家

◇ 胡传志

在古代，诗人灿若星河，科学家却寥若晨星。陈翥（zhù）正是一位难得的林业科学家，因撰写中国第一部研究桐树的著作《桐谱》而名垂后世。

筑室乌霞山

陈翥（982—1061），字凤翔，有三个自号：虚斋、咸聋子、桐竹君，寄托不同时期的人生况味。虚斋，说明其家贫；咸聋子，说明其一心读书，不问俗事；桐竹君，说明其爱好桐竹。出生于池州铜陵县（今铜陵市义安区），终生布衣，正史中没有传记，笔记和方志中有零星记载。潘法连广泛搜罗，编成《陈翥资料类编》一书（铜陵市政协文史委员会1993年印行），可供参考。

陈翥有两大爱好，一是早年喜欢杜门读书，即使是家人，也非随时可以见到他，人称闭门先生；二是中年喜爱桐树，自庆历八年（1048）十一月至皇祐三年冬（1051），他在家后的西山广种桐树数百株，并撰《西山植桐记》《西山桐竹志》《桐赋》等诗文。他的《桐竹君咏》说："高桐凌紫霞，修篁拂碧云。吾常居其间，自号桐竹君。"西山在何处？《西山植桐记》说他那东西二十多丈、南北十多丈（约三四亩）的山地桐树种植地"南止弟翊，北止兄翦"，南面是弟弟陈翊的土地，北面是哥哥陈翦的土地，三弟兄生活在一起，说明西山就在钟鸣镇附近。

据《嘉靖铜陵县志》和民国《五松陈氏宗谱》等文献，陈翥在马仁山旁边的学堂山"筑室读书"。马仁山离陈翥老家钟鸣镇虽然仅20公里左右，却出了铜陵县，在宋代属于繁昌县（现为繁昌区）。学堂山现名乌霞山，在今天的芜湖市南陵县境内。筑室乌霞山，应该是年轻时所为。这为后来的著述打下了基础。

乌霞山（刘文 提供）

潜心著《桐谱》

《桐谱》仅为一卷，不足一万字，但却是长期种植、观察、研究、欣赏桐树的总结。全书由《叙源》《类属》《种植》《所宜》《所出》《采研》《杂说》《记志》《诗赋》等10篇组成，其中前8篇对桐树历史、形态、种植技术等作了较全面科学的描述，后两篇基本是文学作品，体现了较高的文学水平。书前有皇祐元年（1049）十月七日夜所写的自序，交代他"补农之说"的撰述动机。实际完成时间应该在皇祐三年（1051）之后。不足一万字，用了3年多时间，那是因为"召山叟，访场师"等实践活动时间漫长。

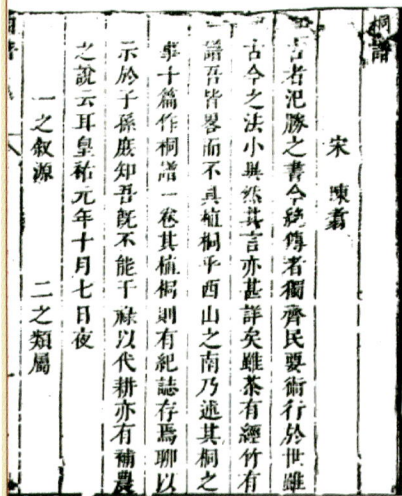

《桐谱》，左为明代唐宋丛书刻本，右为清抄本

从书中内容来看，《桐谱》写作于铜陵西山家中。尽管《桐谱》作于芜湖乌霞山之说目前还缺少可靠的文献支撑，但陈翥早年在乌霞山生活读书，观赏研究乌霞山附近的桐树，当是不争的事实。

沈括：万春圩兴建的见证人

◇ 胡传志

　　北宋治平元年（1064）冬，沈括（1031—1095）面对其胞兄沈披所作的芜湖《万春圩图》，回想起几年前兴建万春圩的种种情景，以及新近有关主事官员被贬的不公正遭遇，陷入沉思，挥笔写下《万春圩图记》，为万春圩乃至宋代江南圩田建设留下了珍贵文献。

芜湖古万春圩图

兴建前的巨大争议

　　万春圩原名秦家圩，为土豪秦氏所有。南唐时，万春圩一分为荆山、黄春、黄池三个圩，租税用来供养南唐后宫。北宋初，划归芜湖县，租税上交朝廷。太平兴国年间（976—983），芜湖一带发生大水，圩破被废，一废80年之久。其间一直有重修万春圩的倡议，但议论纷纷，有关争论的奏章多到"一车不能载"。

嘉祐六年（1061），江南东路迎来一位新任转运使张颙（yóng）。转运使实际上是一路的最高行政长官。张颙（1004—1086）字仲孚，武陵（今湖南常德）人，景祐元年（1034）进士，历任衡山县（今属湖南）县令、静海县（在今江苏南通境内）县令，在静海县曾经兴建百里海堤，阻挡海水倒灌，并引入长江水灌溉农田，造福一方。他的搭档江东转运判官谢景温（1021—1097）曾任会稽县令，也是治理农田水利的行家。他们面对十多万亩荒芜的圩田，重新审视前人有关讨论，并让精通农田水利的宁国县令沈披去芜湖万春圩现场考察。沈披制作《万春圩图》，反复研究，逐一驳斥反对兴修万春圩的种种游说。沈披是沈括的胞兄，当时沈括还未进士及第，正随兄客居宁国，所以了解沈披主张以及兴建过程。

沈披用圩田五说来破除前人的质疑：第一，兴建圩田不会导致无处泄洪，因为万春圩北有丹阳湖、石臼湖等，西有大江，都可以容纳洪水；第二，兴建圩田不会导致荆山西面积水，即使有积水，也可以兴建引流工程加以疏导；第三，圩田破堤，不是蛟龙作怪，而是渊深冲刷，导致岸堤崩坏；第四，兴建圩田不仅不会损害现有村民的利益，反而会进一步改善村民的生活；第五，圩堤可以种植杨柳、芦苇来护堤，确保圩堤牢固。

沈披为兴修万春圩找到理论支撑，得到张、谢二位长官的认可，他们上奏朝廷，获得宋仁宗的批准。

兴建过程及收益

张颙、谢景温心情迫切，立即组织施工。他们没有按照规定提前报请提刑司勘探批准，从此得罪了江东提刑李宽等人，李宽三番五次上书阻挠，宋仁宗立场动摇，追回许可。眼看工程即将偃旗息鼓，张、谢等人挺身而出，愿以官职担保，承诺如果兴建失败，将接受处罚。这充分体现出他们勇于担当的精神。

兴建万春圩是一项巨大工程，不仅需要动用大量人力和物力，还要确保工程质量。张颙雷厉风行，将办公地点从江宁（今江苏南京）搬到芜湖，靠前指挥，亲自督查。他以工代赈，调动宣城、宁国、南陵、当涂、芜湖、繁昌、广德、建平8县14000多人，由宣子骏、沈披等人分工负责，从7月动工，9月完成，分两个工期：第一期工程40天，主要清理圩中杂草淤积，兴建宽6丈、高1丈2尺、长达84里的圩堤，在堤上种植上万棵桑树；第二个工期也是40天，将1270顷圩田分成若干区块，兴建沟渠、道路、水门，种植柳树。最终共支出"官粟三万斛、钱四万"。

万春圩竣工之后，收益巨大。沈括记下了朝廷的总收益："岁出租二十而三，总为粟三万六千斛，菰蒲（gū pú）桑枲（xǐ）之利，为钱五十余万。"按照3/20（即15%）的租率计算，朝廷每年得到3.6万斛粮食，茭白、香蒲、桑麻等作物收益50万钱。据此估算，万春圩每年总收成为24万斛粮食，330万钱。据沈括《梦溪笔谈》所载，一斛等于一石，一石粳米为92.5斤。24万斛相当于2220万斤。可见，万春圩堪称巨型粮仓和金库。宋仁宗高兴地赐名"万春圩"，寄予他永久丰收的厚望。

万春圩,位于芜湖市东部,与当涂大公圩相望（姜辉 提供）

几年后的风波

兴建万春圩，本是利国利民的善举，但由于一开始就有争议和人事纠纷，所以注定不会平静。

据《宋史》卷六十一《五行》记载，治平元年（1064）八九月，江淮之间18个州军遭遇大洪水。沈括说，数以万计的房屋被毁，数以千计的圩田被破，只有万春圩经受住考验，"独屹然，藩其一方"。没想到的是，嘉祐八年（1063）兴建的宣州百丈圩，在这次洪水中沉没。有人趁机造谣，称万春圩也沦陷。谏官吕诲转奏宋英宗，英宗派都水监丞刘汝言前往调查。刘汝言年轻气盛，想借此立威，在李宽等人的怂恿下，弹劾张颙、谢景温不应该修建百丈圩。10月28日，谢景温降为江东通判，大约与此同时，张颙贬为峡州（今湖北宜昌）知州。

百丈圩远小于万春圩，圩破的原因，据张问《张颙墓志铭》记载，是管理者没有及时开启关闭水门。百丈圩是由江东发运使杨佐倡议修建，张颙、谢景温只是间接领导而已。朝廷不表彰万春圩的抗洪能力，不追究直接责任人，反而问责兴建万春圩的张、谢二人，这明显是借机发难，让沈括大发感慨。天下财力不足，好不容易有张、谢等人力排众议，为国兴利，却因一小圩之失而否定大圩之功，"天下之事，其势常若临危之物，众人引之不能进，一人排之则哗然往矣"，成事难上加难，败事则轻而易举。因循苟且，无所作为，反而平安无事；积极有为，偶有一误，即遭贬斥，岂不让志士心寒？沈括气愤难平，好在王安石变法期间，张、谢被贬之事得到平反，还他们以公正。

顾世澄：从芜湖到扬州的名医

◇ 沈世培

顾世澄，一作澄，字练江，号静斋，芜湖人，后迁居广陵（扬州），清代外科学家，闻名于当时，尤以治疡（yáng）科著称。他先后花了30年，编成《疡医大全》（又名《顾氏秘书》），共四十卷，成书于清乾隆二十五年（1760），他的儿子、女婿为他校订付印，初刊于乾隆二十七年（1762）。《疡医大全》是中国古代中医外科学的集大成著作，在中医外科学发展史上占有非常重要的地位。

早年生活在芜湖

顾世澄生于安徽芜湖，其祖父顾宁华、父亲顾青岩，均为芜湖名医。顾世澄幼年读书，主要读儒家经典，准备参加科举考试，走入仕途。因"圣贤之书读而未竟"，转而承袭家学。壮年之后，离开芜湖，侨居广陵，行医治病，疗效显著，活人无数。

关于顾世澄生平事迹，史书及地方志等缺少记载，《清史稿·艺文志》仅著录其《疡医大全》40卷。根据《疡医大全》序言及《四库全书总目·医药家类编》等，可以了解顾世澄的大致生平。

《疡医大全》书影,中国中医出版社,1994年版

顾世澄的生卒年份，历代医家传略等均未提及。《疡医大全》成书于乾隆二十五年（1760），顾世澄自序说，"斯书纂辑阅三十寒暑"，编书应该自雍正八年（1730）左右开始，其生年应该在雍正八年以前更早年份。据重刊《疡医大全》汪立德序，此时顾氏"已侨居广陵行医四十余年"，根据《疡医大全》成书于清乾隆二十五年推算，顾世澄迁居扬州行医应在康熙六十年（1721）之前。据此推断，顾世澄应生于康熙六十年之前。

关于顾氏卒年，乾隆三十八年（1773）重刊《疡医大全》时，顾世澄请汪立德作序，说明此时他仍健在。有学者推测顾世澄生卒年在1700—1780年之间，大体接近事实。总之，顾世澄生活于康熙晚期至乾隆中后期，在芜湖度过了少年乃至成年。

《疡医大全》的家学渊源

顾世澄编写《疡医大全》，注重理论与实际结合，用方简便实用，对中医外科学发展有较大影响。《疡医大全》是一部内容丰富的外科全书，"俾患者咸知疡必有名，医必有法，按图施治，经络分明"。《疡医大全》现存乾隆二十五年庚辰达安堂刻本、乾隆三十八年癸巳艺古堂刻本、乾隆四部楼刻本、同治九年（1870）庚午敦仁堂刻本等17种版本，说明该书流传很广，深受欢迎。

《疡医大全》虽然成书于广陵，似乎与芜湖关系不大，但此书成书受家学影响较大。他在自序中说，张景岳、刘完素、朱丹溪、李东垣诸书以及时贤著述，都对内科诸证阐发无遗，而在外科方面，少有完整的著作，所以编写《疡医大全》。此书搜括古今名医确论，引用历代外科名医、名著论述，弄清经络穴道，凡涉外证者，绘图立说，按证立方，如汤火刀伤、刑杖跌仆、兽伤虫咬、误吞药石毒物、今古成方等。在吸收古代医学界成就的同时，还继承家学，把祖父、父亲在芜湖行医的验方吸收进去。不仅如此，他还总结了自己行医40年的经验，将形成的验方、秘方收入书中。顾世澄虽以外科闻名，其实也精通内科，之所以倾数十年心血撰著《疡医大全》，是因为传统中医外科过于薄弱。

此外，顾世澄还编写《喉症三书节钞》，汇集了《病医大全》《杂病源流犀浊》《续验方集》三书中有关喉病诊治部分内容。

《疡医大全》的芜湖背景

顾世澄编写《疡医大全》，与他在芜湖生活经历有关。

明清以来大量徽商来芜湖经商，新安医学也传入芜湖，产生了很多名医，主要有杨光淮、朱恩、杨仲书、滕松如、滕脉华、徐少鳌、崔皎如、李少白等人。芜湖医学繁荣，无疑对顾世澄有很大影响。

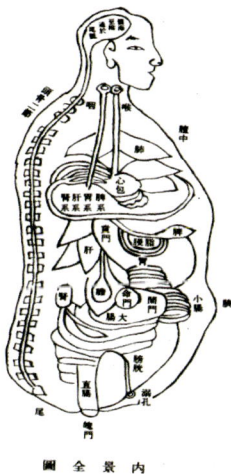

左为《疡医大全》书影，右为卷三插图

顾世澄生于行医世家，对于祖父顾宁华、父顾青岩行医，耳濡目染，壮年继承家学，而更精于外科。芜湖地方名医中有相当一部分为儒医，在学习儒家经典后，再学习医学，最后成为名医，并在此基础上总结从医实践，形成《疡医大全》这样的著作。

顾世澄少时在芜湖学习儒家典籍，读"圣贤之书"，医学不单纯是治病救人，还蕴含着社会责任和社会伦理，这些离不开儒家思想的熏陶。顾世澄适逢后世所谓"康乾盛世"，自称"太平之民"，"安居乐业，悉出皇仁"，所以有责任回报时代和社会，"诊视之暇，不惮精神劳瘁"，编写《疡医大全》。所以，在芜湖读书和生活的经历，是他编写此书的重要基础。

刘秉璋：一代儒将

◇ 何章宝

夏长秀绘制的刘秉璋画像

1884年发生的中法镇海之战，是中国近代史上唯一取得全面胜利的一次近海保卫战，在这场战役中，有一位在对外战争和交涉中坚持抵抗和民族立场的晚清官员，心存必死信念，身临一线巡视，亲自决策部署，为镇海保卫战的胜利做出了重要贡献，他就是晚清重臣、淮军名将刘秉璋。

刘秉璋（1826—1905），字仲良，安徽庐江人。咸丰元年（1851）顺天府乡试举人，后成为钦差大臣张芾幕僚；咸丰十年（1860）进士，选为翰林院庶吉士，授翰林院编修；同治元年（1862）参与李鸿章淮军创建，襄办军务。任江苏按察使，山西、江西布政使，升江西、浙江巡抚。光绪十二年（1886）擢四川总督，光绪二十一年（1895）因"成都教案"得罪英、法、美等列强被免职，其后回到无为，光绪三十一年（1905）病逝。追谥"文庄"。

三度客居无为

刘秉璋在无为州城东阁上购置徐姓房产，修缮建园后，就迁居无为州，除了在外做官，曾三度回无为居住，前后时间近20年。

同治七年（1868）春，刘秉璋在捻军覆灭后以"肝气旧症"复发，乞假调理，回到无为州家中。次年，他父亲病逝，他照例丁忧三年，直到同治十一年（1872）守孝期满，入京陛见，任江西布政使。光绪四年（1878），他以母疾辞官归养；光绪六年（1880）其母病逝，刘秉璋丁忧至光绪八年（1882）出任浙江巡抚。这两次，他在无为居住了10年左右。被免职后又客居无为10年。

刘秉璋的住处名澹园，称"东园"，不是很大。刘秉璋立有"少取金帛以自俭，广收寒士以为乐"之家训，可见他重俭朴而戒奢华。

他在第一次客居无为时，李鸿章的幼弟李昭庆曾来拜访他。李昭庆写了4首诗，对刘秉璋"利名恬淡关天性，言笑矜持见道心"颇为称颂。刘秉璋做80大寿，清代著名学者、文学家俞樾根据刘秉璋曾任浙江巡抚、四月初四生日撰写寿联曰："浴佛前四日，先瞻南极寿星，共拜东坡北斗；去浙后廿年，尚有西湖旧雨，寄怀谢傅东山。"赞颂了他的才华和功绩。

收藏图书碑刻

刘秉璋因澹园原有一块"远混天碧"的匾额，便将藏书处命名为"远碧楼"，他整理藏书，自编《远碧楼书目》12卷，藏书达5万册，远碧楼成为安徽最大的个人藏书楼。

他的藏书中，有一套光绪二十年（1894）印制的《古今图书集成》，该版本质量高，只印了100部，流传稀少。整套书共5044册，1926年，北伐军团长陆学文至无为拜访方六岳，得到上峰密令，将藏于远碧楼的《古今图书集成》劫往上海。消息传出后，舆论一片哗然，后经方六岳斡旋，陆学文复电，允许将此书作为私人物品归还。这套书失而复得。无为图书馆收藏了4000余册。

在刘秉璋的澹园内，还砌了100多方碑刻。这些碑刻原属清代书法家谢恭铭的望云楼收藏，后望云楼毁于太平天国战火，同治二年（1863），刘秉璋率兵克复浙江枫泾（今属上海市），从废墟中捡拾到望云楼碑版，用船载回无为家中。历经风雨，1951年，无为县县长潘效安将残存的105方碑刻移嵌到县图书馆四壁，这些碑刻出自名家，刻工好，存量大，石质佳，是现存无为宝晋斋中的珍品。

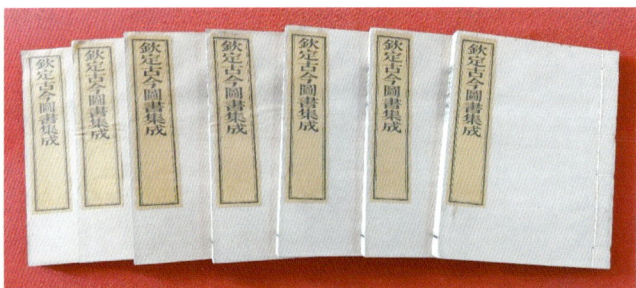

《古今图书集成》书影（沈怀玉 提供）

读书作文

刘秉璋在无为过着乡居生活，应该是很惬意的，这从他《到家欢》诗里可以看出："万水千山喜到家，一门欢聚语喧哗。经霜枫叶烘斜日，遇雨芙蓉亲晚霞。药果茶铛为活计，棋将曲谱是生涯。闲得净土栽兰蕙，芽苗根源待看花。"他每天观赏名帖，读书作文，虽未成一家之言，但著述颇丰，对于传承家风、奖掖后学均大有裨益。

刘秉璋"每日读书，凡有所见及所思之事，悉录于日记"。《刘文庄公奏议》收录了他从同治四年（1865）至光绪二十一年（1895）的奏议205通，都是日常公文，不涉及学术问题。《澹园琐录》计16册，40余万字，手稿现存于安徽省博物院，从序及内容看，这本书稿属于家用启蒙教材或是普及基本知识见闻的"百科全书"。

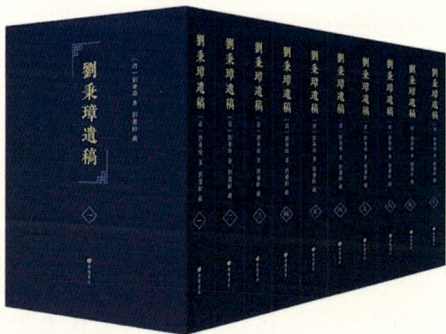

《刘秉璋遗稿》10册，广陵书社2020年影印本

刘秉璋客居在无为，勤于著述，虽未成为学者大家，但其好学不倦的精神，值得我们传扬。

徐乃昌：近代著名藏书家

◇ 胡传志

徐乃昌（1868—1943），字积余，出身于南陵徐氏，曾任淮安知府，特授江南盐巡道，曾主办积谷、厘捐、赈捐和督察通海垦务等。徐乃昌一生中，最为人称道的不是其从政生涯及诸多作为，而是作为业余爱好的藏书、刻书和著书，真所谓文章之大业，乃不朽之盛事。

徐乃昌像

藏书：冠甲一方

徐乃昌的藏书室名叫积学斋，得名于《文心雕龙·神思》"积学以储宝，酌理以富才"，寓含藏书就是积学储宝的收藏观念。

徐乃昌藏书成癖，自20岁始，在北京琉璃厂认识著名学者缪荃孙，提高了收藏的眼界，从此之后，"无地无时，见即收获"，历经50年。他究竟收藏了多少图书？因为其藏书在他去世之后，陆续散佚各地，难以确考。所幸他曾先后编纂《积学斋藏书目》和《积学斋藏书记》两种目录，现有多种稿本、抄本传世，尽管不够完善，不够全面，但可以窥见大概。《积学斋藏书目》以普通典籍为主，著录的书目多达七八千种（不包括宋元刻本），《积学斋藏书记》以珍本、善本为主，著录的典籍有822种，其中宋刻本34部，元刻本50部，明清刻本344部，稿本21部，抄本242部。此外，他还有大量清代图书，因为时代较近，没有列入藏书记中。藏书之多，连缪荃孙与之相比，都有小巫大巫之别。

徐乃昌藏书无所不备，不仅包括传统的经史子集类图书，还包括算学等应用技术类图书、金石器物，甚至还包括殷墟甲骨。所藏金石拓片据称有13000余件。他的藏书不专以宋元刻本为目标，也重视清代抄本、稿本。有的藏书可能外行未必了解其奥妙，他特意钤上"积余秘籍识者宝之"的藏书印。

徐乃昌藏书章：南陵徐乃昌刊误鉴真记

他精于藏书鉴赏，多所考订。他的藏书印有"南陵徐乃昌审定善本""南陵徐乃昌刊误鉴真记""南陵徐乃昌校勘经籍记"等，由此可见，他并不是简单地买书藏书，还加以研究。王国维曾为徐乃昌的《随庵勘书图》题诗三首，其二说："朝访残碑夕勘书，君家故事有新图。衣冠全盛江南日，儒吏风流总不如。"

可惜，徐乃昌1943年在上海去世后，他的藏书开始陆续流失，南北书商纷纷云集上海购买其书。郑振铎说徐乃昌所藏的"数十箱清人文集，其间罕见本不少，为平贾扫数购去，打包寄走。"目前部分图书藏于复旦大学、华东师大图书馆、天津图书馆等地。

刻书：民国新善本

徐乃昌藏书的目的，不是束之高阁，秘而不宣，而是化一为百，公之于众。他利用自己的庋（guǐ）藏，大量刊刻图书，堪称出版家。

他的图书刊刻规模大，喜欢刊刻丛书。他刊刻的丛书主要有：（1）《积学斋丛书》20种，收录清人未刊稿本，包括他自己的《南陵县建署沿革表》。（2）《小檀栾室汇刻闺秀词》10集，主要收录清代女词人100家。（3）《鄦（xǔ）斋丛书》，收录清人考据辑佚之作，包括徐氏本人的3种著作。

（4）《随庵徐氏丛书》10种，收录宋元旧本。（5）《怀豳杂俎》12种。（6）《随庵徐氏丛书续编》10种，收录瞿氏铁琴铜剑楼所藏宋元旧本。（7）《宋元科举三录》。（8）《南陵先哲遗书》5种，收录南陵乡贤的著作。

除了丛书外，徐乃昌还刊刻了一些单行本古籍，如《徐文公集》《玉台新咏》《永嘉四灵诗》等十余种。

徐氏刻本以精美著称，出版界誉为民国新善本。如他重刻明崇祯赵氏小宛堂重刊宋本《玉台新咏》是近现代影刻古籍的代表作，一面

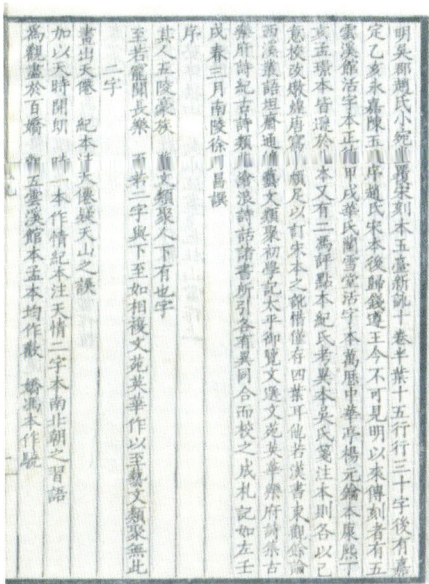

《玉台新咏》，徐乃昌重刻明崇祯赵氏小宛堂重刊宋本

世，就以镂版精绝受到傅增湘等人的追捧，被称为近世"家刻之冠"，甚至有书商抽去罗振玉题写的书名页和徐氏札记等部分，冒充宋本或明本，获取暴利。近年来，在古籍拍卖市场上，徐刻《玉台新咏》卖出10万甚至20多万的高价。

另外，1931年，他在上海与其他同乡组成"安徽丛书编审会"，编印《安徽丛书》（1932—1936）30种，360卷。

著书：偏重家乡

徐乃昌还是一位著述颇丰的学者。在他所刻丛书中，包括他所撰写的《随庵所著书四种》，分别是《续方言又补》《后汉儒林传补逸续增》《焦里堂先生轶文》《皖词纪胜》。

徐乃昌非常关注家乡文化。上述《皖词纪胜》收录73位词人140首描写安徽山水名胜、风土人情的作品。

广为人知的是他领衔主编《南陵县志》，在徐心田嘉庆旧志的基础上，订讹补缺，先录旧志，再为新增，内容较旧志大为丰富，体例也有所改进，首次编列《金石志》四卷，保存了许多珍贵的文献。民国《南陵县志》因此成了当时县志的上乘之作。

南陵县工山镇汤村徐风光（刘志刚 提供）

1930年，徐乃昌参加《安徽通志》的编纂工作，任总纂，并亲自撰写其中的《金石古物考》，多达17卷。

此外，徐乃昌还留下了32本日记，南江涛将之整理成《徐乃昌日记》4册，2020年由凤凰出版社出版。

李光炯：在芜湖的教育和革命活动

◇ 汪　宪

青弋江畔，镜湖一旁。早年的青石板路和米捐局巷已被时间抹去痕迹，这里曾是安徽公学的旧址。安徽公学，一个在中国近代革命和教育史上留下浓墨重彩的一笔的传奇学府，众多革命志士、时代先驱曾云集于此，同时吸引了众多杰出的名人大家来此讲学，培养了一批又一批投身于近代革命和教育事业的学子，公学虽已不存，但其创办人李光炯先生在芜湖奋力投身近代教育事业和革命的事迹永远为人们所铭记。

芜湖教育之光

李光炯（1870—1941），名德膏，安徽枞阳人，近代著名教育家，革命家。1902年，李光炯随老师吴汝纶东渡日本游学，有感于日本强盛而国家衰落，回国后遂立志改良国家教育。

左为李光炯、右为卢仲农

1903年，李光炯受聘于湖南高等学堂任历史讲习，任教期间结识卢仲农，二人志同道合，在长沙创办了安徽旅湘公学，此为安徽公学前身。

同年，长沙华兴会起义失败，安徽旅湘公学从长沙迁往芜湖，改名安徽公学，在芜湖米捐局巷办学。李光炯作为学校的负责人，为经费筹措颇费心力，凭借其举人和吴门弟子的身份，各方周旋，当时遭受诸多非议，"及后明了个中情况，对于他的苦心孤诣无不表示钦佩"。李光炯在办学思想上颇具特点，他将学校教育同民族运动紧密联系起来，并邀请名师前来讲学，以此扩大革命运动影响力。这些名师不乏国学领域的大家，如刘光汉、陈独秀，以及苏曼珠、柏文蔚、陶成章等杰出人物。

1912 年，李光炯计划将安徽公学转型为甲种实业学校，设立农商两科，以适应国家发展的需求。然而，由于局势的变动，校区建设一度暂停。直到 1914 年春，这所实业学校才正式开学，为芜湖乃至安徽地区培养了大批实用人才，1952 年改名为安徽省芜湖农业学校。

此外，李光炯大力在芜湖发展女子教育，于 1906 年与同乡阮强在芜湖共同创立了安徽女子公学，由江苏、安徽两省米捐局每月拨给办学经费，1913 年改为省立女子第二师范学校，该校学生曾在五四运动时期积极响应爱国反帝号召。

1921 年，中国民族工业趋于凋敝，李光炯创建了芜湖私立职业学校，旨在培养当时社会急需的建设人才，填补了芜湖乃至整个安徽地区职业教育的空白。学校特别设置了染织、机械等专业，紧密配合当时的生产建设需求。为了筹建这所学校，李光炯奔走于雪地，直至病倒。

芜湖的革命岁月

在 20 世纪初的中国，芜湖作为安徽的重要城市，正处于内外交困的动荡时期。为此，李光炯积极行动，一方面他广泛联络全国各地的革命志士，共商革命大计；另一方面，他与芜湖及安徽各县的中学建立紧密联系，通过声援和合作，共同推动革命进程。同时，他还与东京同盟会本部以及南京、上海等地的革命组织保持密切的信息交流，共同策划革命行动。

得益于安徽公学的经营，芜湖成为全国革命与文化活动的重要中心之一。自公学建立之初，李光炯便明确将传播革命火种、培养革命骨干作为学校的办学宗旨。随着同盟会的成立，安徽公学成为宣传政治思想的重要阵地，黄兴、赵声、苏曼殊、柏文蔚、陈独秀等革命领袖人物纷纷在此登台演讲。他们在安徽公学共同策划了多起革命行动，为辛亥革命的爆发奠定了坚实的基础。同时，校内还广泛传播革命宣传报刊，如《革命方略》《民报》等，培养了一大批革命志士，黄埔军校、广州农民运动讲习所以及红军部队均有该校学员的身影，革命烈士薛卓汉、陈原道、李慰农、王培吾均曾在芜湖游学。

1905 年 6 月，"岳王会"在芜湖应运而生，其骨干力量主要由安徽公学、皖江中学堂等校的师生组成。该会积极招收少年有志之士，通过传统的宣誓方式彰显其坚定的反清立场和革命决心。李光炯不仅加入了"岳王会"，还在安徽公学内部秘密设立了"岳王会"的机关。在他的主持下，安徽公学不仅成为清末民初安徽地区最为杰出的中等教育机构，还吸引了各地革命党领袖人物纷纷汇聚于芜湖，城市革命氛围空前高涨。先后有 80 余名师生加入了同盟会，芜湖也因此成为同盟会本部与皖、宁、沪等地革命组织联络的核心地区。

1950 年，朱光潜为李光炯作传，评价他说："外冲和而内刚介，修养独力于儒而操守近墨。旧学根底湛深而锐意创新学；笃志于事功而淡然仕进；潜心于典籍而不以著述邀时誉，以是事业著而名不彰。"这是对李光炯一生事业与品德的精准概括。

刘希平：爱国教育家

◇ 李伊凡

刘希平（1873—1924），本名兰芗，字畹蕙，别号希平，安徽六安施家桥人，曾留学日本，致力于爱国教育事业，是安徽新文化运动的先锋。他用一生践行他的理想："吾矢志教育，功名利禄非所愿也"。

执掌省立五中

刘希平像

芜湖有"安徽新文化运动中心"之称，安徽省立第五中学旧址位于今安徽师范大学赭山校区，前身是创办于1765年的中江书院。该校是五四运动前后芜湖革命斗争的策源地之一，被誉为"安徽的北大"。1919年，省立五中师生驱逐倪嗣冲爪牙校长潘光祖，推举刘希平为校长，在其执教下，"省立五中无论是校风或是教育质量，均为全省之冠"。

刘希平在五中实行的是陶行知先生提倡的"生活教育"，学校叫作"学校市"。提倡"校务民主化，学校社会化"，首倡学校"财务公开、校务公议"两大原则。刘希平要求以身作则，以诚化人，提倡德智体三育并重的教育方针，所聘请的老师不论党派，兼收并蓄，都是饱学之士和革命志士。极高的教学质量使得五中培养出大批优秀的知识分子和革命志士。据石原皋回忆：他所在班级（巳班）同学30人，1924年毕业考入大学者过半。

刘希平为学生订阅大量进步报刊，包括《新青年》《湘江评论》等，号召大家做一个"有新道德，新思想，新文化的新人"。提倡使用白话文，向学生介绍新文化运动的动向、思想。教育学生要坚持"三布"精神，即穿布衣、着布鞋、盖布被，以艰苦朴素为荣。还两次邀请恽代英到省立五中、二农演讲。受刘希平的影响，五中培养出大批革命青年。

推动新文化运动

刘希平在省立五中的改革和熏陶，使得省立五中民主革命思潮高涨，朱蕴山曾说："安徽的新文化运动，实际上是从芜湖五中开始的。"五四时期，省立五中被誉为"安徽新文化运动的大本营。"

五四运动爆发后，省立五中师生率先冲向社会，声援五四运动，并联合其他学校一致行动，刘希平与高语罕、王肖山等人分别组织成立"芜湖学生联合会""芜湖教职员联合会"，发动全市罢课、罢工、罢市，示威游行，并通电全国。

刘希平曾说："军事侵略，它的危害性是明显的，而经济侵略，它的危害性是比较隐蔽的。"刘希平等人领导学联开展抵制日货运动，各学校设立"日货检查组"，在全市成立"芜湖各界日货检查所"。他们走上街头，挨家挨户呼吁商户在不卖日货的保证书上签字，发放传单，宣传时"声泪俱下，甚至是跪地呼号，且诉且泣，极为感人"。商会会长首鼠两端，不愿签字，学生捣毁商会，迫使其签字。

1921年6月2日，安庆各校师生向省议会请愿增加教育经费，却遭到残酷镇压，此为震惊全国的"六·二惨案"。消息传到芜湖，舆论哗然，刘希平、光明甫等前辈挺身而出，组织"六·二惨案后援会"，召开万人声讨倪嗣冲、马联甲大会，向法庭提出诉讼，得到了全国人民的支持和同情。后虽倪、马二人未能绳之以法，但安徽当局被迫增加教育经费，抚恤死者家属和受伤学生。同年秋天，倪道烺出资包办省参议会，妄想获取"民选"省长，激起人民公愤，倪、马又贿选任命倪的老师李兆珍为安徽省长，安徽人民遂又掀起"驱李运动"，李倒台后许世英继任省长。政务厅长王淮琛受北洋政府的胁迫，准备召集贿选议会。刘希平闻讯后由芜湖赶到省城，与王淮琛展开激烈辩论，王与刘希平私交颇深，经过此番辩论，遂弃职而逃。最后大理院也只好判决此番选举无效。

在五四新文化运动的潮流中，刘希平领导五中学生始终冲锋在前，使芜湖成为安徽新文化运动的主阵地之一。

开展平民教育

刘希平一生"矢志教育"，他痛感平民因为教育的缺失遭受种种不公，与高语罕等人创办各类平民义务学校，进行"理想教育"的尝试。

1919年11月，高语罕、刘希平与芜湖明远电灯公司经理吴兴周等人在徽州公学校址办起一所商业夜校，为第一商业学校，招生对象主要是各商号的学徒；不久，在江口附近的江西会馆另办一所商业夜校，称为第二商业夜校，夜校设有国文、英文、商业通论、数学、簿记、商业历史、商业地理等7门课程，教材由任课教师自编。

刘希平墓，位于芜湖赭山公园（石宝友 提供）

1920年下半年，芜湖工读学校建成，主要招收没钱上学的工农子弟，其宗旨是："养成平民子弟的生活技能，灌输平民子弟的普通知识。"校址在赭山脚下，设有制造、手工、木工等科，半天学习，半天做工。

刘希平创办半工半读学校、平民夜校，无论是办学方式还是教学内容，都以崭新的形式冲破了权贵垄断的封建文化。1923年，马联甲担任安徽省省长，一上台就下令通缉刘希平，1924年，刘希平前往南京筹设新民中学，由于经济拮据积劳成疾，8月病重，返芜湖治疗，8月17日溘然长逝，临终前曰："方寸乱矣，奈校事何！"

刘希平病逝后，家贫如洗，灵柩长期不能安葬，停在法华庵内。1929年春，亲朋和学生筹款，将他安葬于赭山之巅，北大教授高一涵为其撰写墓志铭。后来其弟子在墓旁修建"爱晚亭"，亭柱有楹联，是卢仲农所撰："朝霞菲微衰草泣，秋风摇落故人稀。"墓园一度被毁，1983年予以重修。

洪镕：近代高等工业教育家

◇ 章征科

洪镕（1877—1968），字铸行、竹生，生于芜湖西门堂子巷一个书香门第的封建官僚家庭。中国近代高等工业教育家、藏书家。

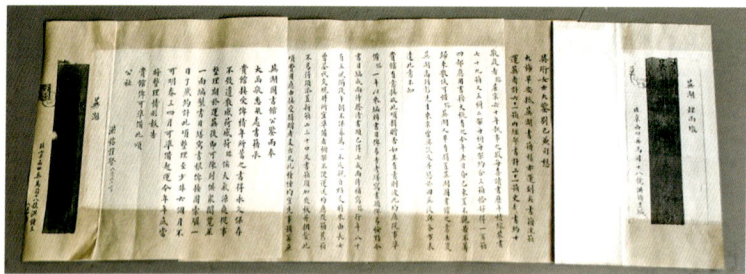

洪镕给芜湖市图书馆副馆长吴珩的捐书信

教育救国的实践者

洪镕的父亲洪锡璜，曾任县丞，后荐为上海知县，办理洋务局，清丈地租局。洪镕少年时期就在父亲的指教下熟读孔孟之书，后随父就读于上海。21岁时，以廪贡生的资格被选派留学日本，就读于"帝国高等教育学校"，是安徽省首批留学日本攻读工科的学生。光绪三十年（1904）学成回国。翌年，考取工科进士，被授为翰林院编修和国史馆协修，后因对清统治不满而辞官，转任京师高等实业学堂教习。民国初年，洪镕被聘为国立京师高等工业学校校长，从此专事教育。

1924年，洪镕筹办私立芜湖工业专门学校，至1931年学校因水灾及经费无着停办。1925年，又创办私立芜湖中江中学。1937年抗战爆发，两校俱毁。

1928年2月，省立安徽大学在安庆成立。1932年学校欠款达10余万元，校长辞职。6月，洪镕联络皖籍将领方振武和安徽省省长许世英以及柏文蔚、杨武之等15人组成安徽大学董事会，解决省立安徽大学危困，学校得以扩充，使一、二届学生如期毕业。

追求进步的爱国者

留学日本期间，洪镕结识了蔡锷等进步人士，积极参与爱国活动。归国后，关心新政、新学，希望中国走明治维新之路。宣统二年（1910），他参与由邮传部员外郎陈家瓒牵头筹办的尚志学会，有感于"近日东西各国，事业发达，民力充实，其原因，即由于人无不学，义理以推阐而日精；学能合群，才智以磨砻而日出。"学会命名尚志，"以为求学当自立志始也。国家之强弱，视乎国民之有无责任心，及其责任心能否普及于社会而已矣"。在认识国家与社会的关系基础上，"是故国家有国家之事业，社会有社会之事业。社会事业，即所以补国家事业之不足，二者并举，则国亦强，未有仅恃国家经营而社会事业全付阙如能长保其国者，亦未有社会各种事业发达而国家仍不强者也。窃思吾国今日社会，待办之事甚多，种种科学尚未发达，未必尽能应社会事业之求，而留学东西毕业专门者及毕业本国高等以上学堂者，其数亦实千百，其他士大夫之富于学识及经验而又热心国事者，亦时有其人，徒以未谋合群，终苦坐叹，甚为可惜也。"（《尚志学会序文》）。

五四运动中，洪镕同情并积极支持学生的爱国行动，与蔡元培一道竭力营救被捕的爱国学生，乃至辞职抗议北洋军阀政府的暴行。抗战时期，洪镕经济拮据，敌伪曾以名利诱之，而他却不为所动，安贫自守。

魂归故里的藏书家

1951年12月洪镕由黄炎培举荐，被聘为中央文史研究馆馆员，以亲见亲闻亲历，致力于近代史研究工作。对于家中藏书，他进行了整理归并，并婉言谢绝中华书局的收购。1961年5月，洪镕决定将数十年珍藏各种古籍善本图书、经卷、字画等无偿捐给芜湖。

10月，洪镕小女儿洪曾琼将这些图书运抵芜湖，总计1358种，14157册，分装70余箱，书多为清石印本、精刻本，其中特别珍贵的有数种明代成化、万历刻本，计2000多册，其中后来被列为全国古籍善本目录的多达113种2124册。另外还有部分罕见的《故宫月刊》、续刊和汉唐碑帖等，甚至还有黄庭坚《题三游洞》等珍品。（参见吴珩口述，潘海鳌整理：《关于洪镕赠书的前前后后》）这批藏书对提升芜湖文化品位有深远的影响。为此，芜湖市委托文化局副局长娄良鸿于1962年春天到北京，代表芜湖市人民政府，向洪镕颁发了奖状和3000元奖金。1968年2月15日，洪镕在北京逝世。

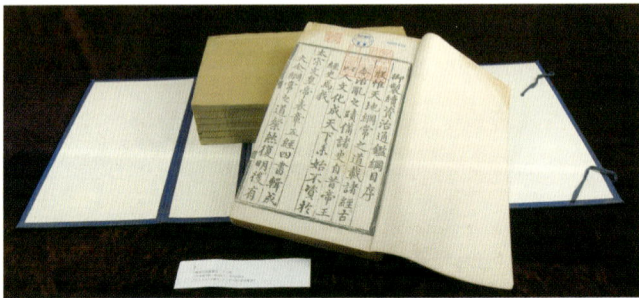

洪镕捐赠的古籍善本《资治通鉴纲目》

1981年，洪曾琼写信给芜湖市图书馆，转达她父亲希望魂归故里的临终遗愿。在得到芜湖市同意后，洪镕最终魂归家乡。其骨灰由北京移芜，安葬于镜湖烟雨墩，和他捐赠的图书相伴。

1988年4月4日清明节，在洪镕逝世20周年后，芜湖市政府等单位在镜湖烟雨墩举行了洪镕藏书陈列室暨洪镕捐书纪念碑石揭幕仪式。

汪孟邹：芜湖科学图书社的创办者

◇ 沈　娴

汪孟邹（1878—1953），安徽绩溪人，在芜湖开设"芜湖科学图书社"，对传播新文化、新思想做出了重要的贡献。

创办芜湖科学图书社

汪孟邹早年受业于名师胡子承，学习八股文，接受改良思想，1901年进入江南陆师学堂。不久，父、兄相继去世，他只好辍学返绩溪照顾家庭，因家贫，便弃学从商。科举废除后，由于处于山区，交通不便，绩溪学子无法购置课本、文具，他便想到了开书店。1903年，在亲友的帮助下，他筹集了1200元，在芜湖中长街20号租了一间店面，开办"芜湖科学图书社"。

汪孟邹像

当时维新空气浓厚，忧国之士以提倡科学为救国之不二法门，而科学图书社的创设，即是此种思潮的具体体现。这是安徽第一家新书店，汪孟邹任经理。书店规模不大，经销各种书籍、文具。书店除了服务芜湖城区之外，还服务家乡绩溪教育事业。他雇用了两批挑夫，一批给绩溪老家运送书籍，一批为外出同乡挑运行李货物，捎带银钱书信回家，每月往返一次，直至1932年芜屯公路通车为止。

1927年，芜湖科学图书社门前悬挂"庆祝北伐胜利"的地图，引来很多市民围观

随着生意发展，书店规模也在扩大。据1933年《民报》刊载《芜湖商业调查》，当时芜湖长街上中下三段书店，科学图书社与商务印书馆、中华书局、世界书局，为"同业最大牌号"；其次为汇海书局、皖江大德堂、芜湖书店、景文书局等。各家每年营业额由1.2万元至5万、10万元不等。科学图书社到30年代已经发展到鼎盛时期。1937年日军占领芜湖，经营35年的科学图书社不得不停业。

新文化活动中心

汪孟邹受到新思想、新文化的影响，芜湖科学图书社除卖课本、文具之外，还与各地文化出版机构联系，出售各地出版的新文化书刊。

1904年，陈独秀到芜湖安徽公学任教，并寄住科学图书社二楼，编辑《安徽俗话报》，每天只吃两顿稀粥，生活比较艰苦，报纸由书社负责印刷发行。1905年，《安徽俗话报》刊登了一则反英消息，被地方当局勒令停办，虽然只出了23期，却是当时安徽最早宣传革命的刊物。在此期间，汪孟邹与陈独秀建立了深厚的友谊。

1913年，在陈独秀的帮助下，汪孟邹在上海创办了亚东图书馆，先后任经理、董事。同时，他仍旧经营着芜湖科学图书社。在上海与各个出版机构的联系更为便捷，这样新书刊来源渠道就更多了。1915年，陈独秀创办《青年杂志》（后更名为《新青年》）杂志，芜湖科学图书社是其经销处。在"五四"前后还经销《语丝》《创造周刊》等各种政治、文艺新书刊。为宣传五四新文化时期文学革命，亚东图书馆出版了新文学大师陈独秀、胡适之等主要著作。当时，科学图书社销售由亚东图书馆出版孙中山领导的《建设》杂志和孙中山早期著作《孙文学说》等书刊。可以说，全国出版传播新文化的书刊，该店都代订、代售，这在当时芜湖书店中是独一无二的。

科学图书社因传播新思想、新文化，成了当时芜湖教育界、文化界进步人士聚会和活动场所。它与苏曼殊、李光炯、陈独秀等文化界知名人士都有密切的联系。当时省立第五中学的刘希平、高语罕，民生中学的李克农、宫乔岩，省立第二女师的钱杏邨（即阿英）等人，

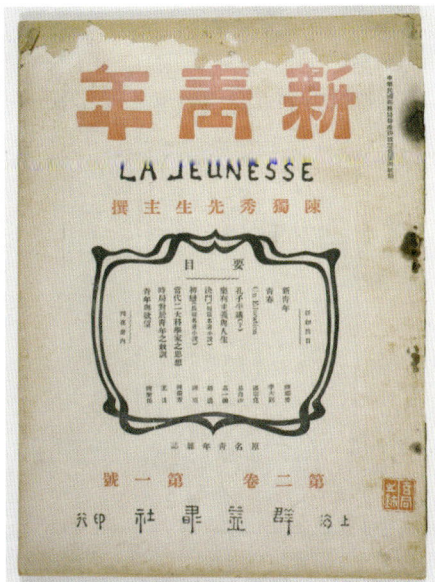

1916 年的《新青年》

都经常出入该店，在该店交流思想，议论时局。特别是五四运动期间，该店简直成了芜湖各个中等学校开展运动的联络点，传播新文化的中心。

在科学图书社创办 20 周年之际，汪孟邹邀请陶行知、陈独秀、蔡元培等名流题词，胡适题词称"给新文化做了二十年的媒婆"，陶行知说，科学图书社"赈济了二十年学术的饥荒"，高语罕更是说，安徽近二十年的种族革命、文化运动等，都与芜湖长街这个"方丈危楼，门前冷落之科学图书社"有着密切关系。可见，汪孟邹与科学图书馆为新文化事业做出的杰出贡献。

李辛白：艰辛工作，清白生活

◇ 何章宝

李辛白（1879—1951），原名修隆，字燮枢，晚号水破山人，无为洪巷人。他很早就跟随陈独秀，参加了反抗晚清腐败统治的组织岳王会，后又成为同盟会会员；在芜湖，留下了他的战斗足迹。他是新文化运动的先行者，被誉为我国倡导推广白话文的"开山老祖"；五四运动时期，是北京大学开展运动的著名领导人之一；他和中国民主革命时期的风云人物有着密切的联系。

李辛白故乡无为市洪巷镇风光（王祥礼 提供）

参加进步组织

李辛白是从芜湖踏上革命道路的。他自幼聪颖，12岁师从清末诗人、无为名师方六岳；1901年考入南京高等警官大学堂。受进步思想的影响，他痛恨腐朽的清朝统治，痛恨欺压百姓的达官贵人。在《芜湖杂诗》（其二）中，他对豪强广建私宅、以贱价劫占民居和坟墓的做法极为不满，写道："白骨如霜郁野烟，春风芳草画楼边。不知江令当年宅，输与何人作墓田。"

抱着武装推翻封建统治的决心，1904年，李辛白在芜湖参加了陈独秀、柏文蔚组织的岳王会。岳王会的首会遗址是关帝庙，经常活动的地点是当时的安徽公学；会员入会采取江湖上习用的烧香宣誓方式，绝对保守秘密，不对外宣传，参加的有30多人，陈独秀任会长。岳王会有计划地将会员输入新军中充当士兵和下级军官，李辛白作为有警官大学堂学习背景的进步人士，自然受到重用。他在芜湖还结识了来自江苏丹徒（今镇江）的革命者韩衍。

1905年，李辛白奔赴日本，就读于早稻田大学，8月，加入中国同盟会，是首批会员。1907年，受同盟会派遣回国，1908年，在上海创办中国最早的白话文报纸《白话日报》。1909年末，报纸被查封，李辛白回到芜湖；武昌起义一个月之后，他和芜湖同仁宣布"光复芜湖"，他担任芜湖军政分府民政长，后又在芜湖创办大型报纸《共和日报》。就在此时，他改名"辛白"，告诫自己：工作要忠于职守，辛辛苦苦；生活要洁身自好，清清白白。

投身文化运动

1913年，李辛白任北洋政府教育部金事。1917年，经陈独秀推荐，蔡元培聘请他担任北京大学庶务主任；1919年转任北大出版部主任、印刷所所长。在北大期间，李辛白创办《新生活》周刊。此刊是32开本小册子，每周日出刊，李辛白自任编辑，设有讲演、随感录、小说、白话诗、科学常识、游记等栏目；共出55期，1921年6月后停刊。除了创刊之外，他还先后主持出版发行了有影响力的重要刊物《北京大学日刊》《北京大学月刊》《新潮》《每周评论》等。

李辛白积极参加新文化运动，坚持和陈独秀、蔡元培等先行者并肩战斗。在五四运动中，他负责《北京学界全体宣言》传单编印工作，共印刷散发了2万份。这是"五四"这一天唯一散发的印刷品传单。1919年6月，陈独秀因散发《北京市民宣言》而被捕，李辛白积极参与营救，发表《怀陈独秀》的白话诗："依他们的主张，我们小百姓痛苦。依你的主张，他们痛苦。他们不愿意痛苦，所以你痛苦。你痛苦，是替我们痛苦。"诗歌产生了很大影响，9月，北洋政府迫于各方压力，释放了陈独秀。李辛白还在支持蔡元培回到北大主政的斗争中发挥了重要作用。

从事教育实践

1926年"三·一八"惨案之后，传闻将要通缉李辛白，他携家眷离京避祸，隐居到夫人刘冰仪的故乡安徽贵池（今池州），转仕为教。1927—1937年，先后在南京私立安徽中学、无为"尚实学社"、宣城中学任教；并于1927—1930年，在南京创办《老百姓报》。

1937年8月，他任安徽省图书馆馆长；1938年6月日军轰炸安庆，他临危不惧，果断决策，使得10万册图书及718件春秋楚器及时转移。由于年事已高，1938年秋，他避难于贵池，开免费塾馆，为村童开蒙。次年开办南庄学院。1940年始，辗转任教任职于休宁女子中学、右任中学、省立高等农业职业学校、安徽学院皖南分院、安徽芜湖学院、建国中学等院校。他在避乱中，始终不忘时事，在《移家用前韵》中，表达"惭负儒冠空揽涕，万方多难一身安"的愧疚；在《新秋书愤》中，表达"弥天箭角仍呜咽，月冷卢沟又一秋"的悲凉；在《雨后闻友人谈近日捷报》中，抒发"黄龙看痛饮，安得酒盈缸"的喜悦。

缅怀战友，吟咏人生

李辛白有诗集《水破山人诗稿》传世，分为《忆荻集》《箔声集》《御寇集》和《荷锄集》四卷，分别辑录了他四个不同人生阶段的诗作。展读这本诗集，读者能够很自然地将诗人置身于20世纪前半叶变幻的时代风云之中，进而体味他的沉思与激越、苦闷与闲适、豪迈与旷达，特别是他吟咏、缅怀革命征程中战友的诗作，更能让人感怀。

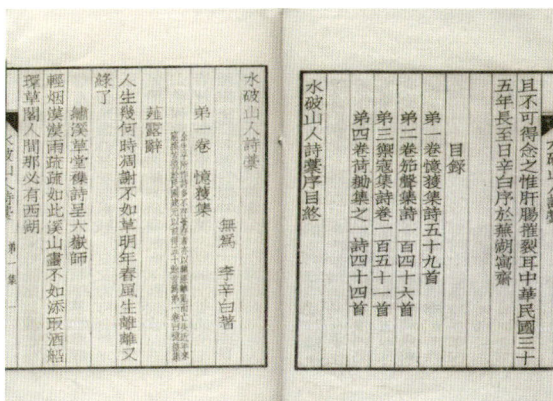

《水破山人诗稿》书影

蔡元培逝世后，李辛白沉痛赋诗《挽蔡孑民先生》，赞颂蔡元培对于教育的巨大贡献："头白愁吟叹逝篇，宣南旧梦记当年。千秋事业河汾席，垂老生涯子敬毡。香海琴尊沈劫火，稽山城郭荡塞烟。新词美育薪传在，忧绝功成望后贤。"陈独秀病逝后，李辛白写下《闻独秀殇于江津》诗，高度评价陈独秀，对其客死他乡倍感沉痛："江淮间气钟吾子，磊落嵚崎一代豪。举世穷讥浑不顾，暮年遗恨倘能消。定情诗痛西湖碧，奋志名成北斗高。三峡猿啸声最苦，羁魂万里待谁招？"

李辛白1946年重回芜湖，自序诗集，其诗《芜湖杂感》（其一）曰："别去鸠兹卅五年，玄黄旧梦冷秋烟。有情还是陶塘柳，劫后依依更可怜。"人生感慨尽含其中。

高语罕：中江革命著先鞭

◇ 魏文文

高语罕，乳名高超，学名高世素，1888年出生于寿县正阳关盐店巷。5岁时，正阳关盐务总局在他家中设立了义塾，父亲便在家中教书，高语罕成了父亲的学生。高语罕自幼聪明俊秀又异常勤奋，发蒙时便开始读《三字经》《千字文》《唐诗三百首》，写得一手好字。有时盐务总局来私塾考察，高语罕表现优秀，总会获得一些笔墨纸砚的奖励。

创办报纸，声援革命

1905年，高语罕考入安庆陆军测绘学堂，实习期间曾目睹徐锡麟等刺杀安徽巡抚恩铭事件，高语罕协助料理徐锡麟后事，并作诗悼念他："壮士原来不爱身，草间白骨已成尘。眼前多少英雄里，值得依依有几人。"随后高语罕参加了安庆马炮营起义，失败后因身份未暴露，得以留在安徽继续投身革命。

虽然两次事件相隔不到一年，却给高语罕革命思想带来了很大的转变，他逐渐认识到革命需要有组织，更要动用武力。1910年，高语罕与朱蕴山二人协同韩衍创办《安徽通俗公报》，高语罕担任编辑，抨击时弊，宣传革命。1911年，武昌起义爆发后，安庆宣布独立，高语罕随韩衍声援革命，常常与吴旸谷、廖海粟、王尚山、朱蕴山、李光炯等人聚会筹划革命事宜。

1912年1月2日，高语罕与韩衍发起组织"维持皖省统一机关处"，临时主持省政，内设军政、民政、财政三处和参事会，韩衍被选为秘书长，主持日常工作。高语罕协助起草统一机关处的重要文告。他们认为，虽然清朝覆灭了，但是国内国际问题还有很多，中国需要长期革命，而革命一定要有革命的武装，于是集合陆军小学堂、测绘学堂、尚志学堂的青年们，成立了青年军，高语罕任秘书长。

1912年4月，韩衍突遭刺杀，高语罕与王肖山冒死收殓韩衍的遗体。1914年底，高语罕转赴上海，以卖文为生，他曾在《神州日报》发表《青年军讲义疏笺》，阐扬革命精神并纪念韩衍，还在其他进步报刊上发表时文，还出版了辛亥革命个人回忆录《百花亭畔》。上海期间，高语罕与陈独秀建立了亲密的关系，成为《青年杂志》的撰稿人之一。

芜湖学联的军师

1916年秋，高语罕经好友刘希平推荐，到省立五中担任学监并教授英文，后协助刘希平主持全校教务。他大胆实施教育新主张，创建了安徽省第一个学生自治会，由学生审查、管理学校财务，监督厨房，评价教学。1918年，也是在高语罕的大力支持下，省立五中学生蒋光慈与圣雅各学校的阿英、李克农等成立了无政府主义团体——安社，编辑出版《自由之花》，在省内外发行。

1919年，轰轰烈烈的五四运动席卷全国，高语罕成为芜湖乃至安徽革命活动的精神领袖，筹建芜湖学生联合会、组织学生游行，领导商界、工界罢工，声援五四运动，被誉为芜湖学联的军师和灵魂，也因此遭到当权者的忌恨。是年7月，在安徽军务帮办马联甲的高压下，高语罕被五中解聘，被迫离开芜湖。

1920年初，高语罕转赴上海，与陈独秀共事革命活动，参加了社会主义青年团，并经李大钊介绍加入中国共产党，成为中共最早的50名党员之一。同年秋天，高语罕再次回到芜湖，接受省立五中的聘请，并先后推荐了董亦湘、沈泽民、郑太朴等到校任教。1921年，高语罕在芜湖组织了革命团体"芜湖学社"，出版《芜湖》半月刊，指导芜湖学联与工人群众建立广泛联系。

1921年，高语罕《白话书信》由上海亚东图书馆出版发行，该书初版收录书信100封，再版时阿英作了精心的校对。第4版收录106封书信，分为自序、绪论、家庭书信、社交书信、工商书信、论学书信六部分，公开宣传了马克思主义和十月革命，闪烁着科学社会主义的思想光芒，受到广大青年的欢迎，影响巨大，是高语罕新文化运动时期及五四以来思想观念的集中体现。

1922年，高语罕策划了芜湖黄包车工人大罢工，并在此基础上组织了全省第一个劳工组织"芜湖劳工会"。同年，还领导了驱逐李兆珍的运动，迫使安徽军阀作出了重大让步。

1922年8月，高语罕赴德国留学，就读于哥廷根大学，参加了"中共旅欧总支部"。留学回国后，往返于上海与芜湖之间，致力于芜湖青年学团的组织与教育，积极宣传马克思主义和孙中山的"新三民主义"思想。

修复后的皖江中学堂暨省立五中（曹峰 提供）

1926年，高语罕协助建立了中共芜湖特别支部，直属中央领导，并物色5名进步青年赴俄国留学，同年又经过周恩来推荐，加入黄埔军校政治部，担任讲授"政治学概论"的教官。

南昌起义成为高语罕思想和人生的重要转折点。1927年7月25日，叶挺、叶剑英邀请贺龙、高语罕等人在甘棠湖的小船上召开紧急会议，会后南昌《民国日报》刊出高语罕起草的《中央委员宣言》，以及通缉蒋介石、汪精卫的命令。1928年，高语罕回到上海，重新接受党中央的工作任务。

1947年4月，高语罕在南京中央医院病逝，无以为殓，幸得学生王持华协助得以入土为安，其好友于右任题写了墓碑。

史沫特莱：采访芜湖抗战活动的美国记者

◇ 章征科

艾格尼丝·史沫特莱（1890—1950，Agnes Smedley），美国著名女记者、作家和社会活动家，中国人民忠实的朋友，被誉为"熟知中国事实真相的、为数不多的作家之一"。

歌颂中国共产党的外报记者

1928年底，史沫特莱以德国《法兰克福日报》特派记者的身份来到中国。曾协助宋庆龄组织中国民权保障同盟，参加中国进步文化运动，并为外国报刊撰写关于中国革命的报道。1937年到延安，访问中共领导人，与朱德结下深厚友谊。抗战爆发后，参与动员并组织白求恩、柯棣华等人来华支持中国抗战，到抗日根据地工作。1938年以英国《曼彻斯特卫报》记者身份，随八路军、新四军转战各地，写了许多战地通讯，报道中国人民的革命斗争。

史沫特莱像

1941年，史沫特莱返回美国，1943年，出版《中国的战歌》。这本书记录了土地革命战争时期、抗日战争时期中国人民奋起反抗、争取民族解放的伟大历史进程。她在书中高度赞扬毛泽东："每一个共产党的领袖都可以和另一个民族或另一个时代的某个人物相比，但是毛泽东无与伦比。"她指

出，毛泽东以理论家而闻名。他的理论植根于珍贵的历史和战场经验，"已经成为中国革命思想发展的里程碑"。经过观察和对比，她认为，国民政府军政官员"没有一个人在学识、才能、文化素养或洞察力方面能和共产党人相比"。史沫特莱根据自己的所见所闻，驳斥了一些针对八路军和新四军的不实言论："说他们游而不击，纯属捏造。"

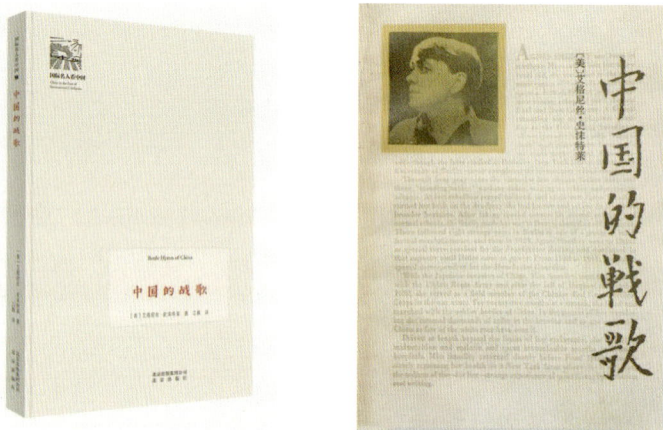

《中国的战歌》，左为北京出版社 2018 年版，右为作家出版社 1986 年版

震惊中外的皖南事变爆发后，史沫特莱无比悲愤。她在《中国的战歌》一书中写道："至于今后，我手上有一项伟大的工作要做——要把有关中国的真相告诉美国，让美国人知道中国人一向和正在怎样战斗。"

两度来繁昌

1939 年春，史沫特莱以随军记者的身份，跟随周恩来副主席从武汉来到皖南。她到皖南后，先住小河口，后住云岭。史沫特莱被《新四军军歌》所感染，称之为"时代的强音"，并将歌词译成了英文，传到国外。

1939 年 4 月 4 日，史沫特莱随新四军军长叶挺、《抗敌》杂志记者黄源等来到驻扎在繁昌赤沙中分村的第三支队司令部。这是她第一次到繁昌。她在抗日前线进行深入采访，并前往中分村、八分村附近的繁昌三个难民收容所看望难民。当她获悉大量难民患疟疾和皮肤病无药医治时，当即表示回去一定设法送药品来救助难民。她离开繁昌不出两个月便寄来一封书信，说："已向中外慈善团体募得一批药品，寄存芜湖狮子山圣雅各学校，抓紧携带正式收据，前往芜湖领取。"药品主要有治疟疾的奎宁丸、治皮肤病的硫黄软膏及纱布、胶布、药棉等，数量达4担之多，使难民们的疟疾和疥疮等疾病得到及时有效治疗。通过史沫特莱的笔不仅让世人知晓了中国共产党和新四军，也使世人知晓了繁昌中分村。

繁昌区中分村新貌（肖本祥 提供）

第二次是她由云岭新四军军部前往安徽省政府所在地立煌县（今安徽金寨县）采访，路经繁昌。她在《中国的战歌》中写道：1939年9月3日，我们在一座高山破庙里渡江前最后一次休息。临睡前我们登上高峰，俯视十英里外闪闪发亮的大江。我们可以看见西边被日本人占领的荻港上空升起一股黑烟。冯达飞（新四军教导队教育长）指着我们山下平原上离江边大约五英里的两个小镇说："那是敌人的两个据点。今天晚上，我们就从它们中间穿过。"当天晚上，在新四军三支队和繁昌游击队的护送下，史沫特莱与军部巡视团近500人（包括护送人员），经过艰难穿行，来到油坊嘴渡口，登上早已准备好的大船上，偷渡过江。当渡船到达江北的一个长满树的小洲岛时，遇到"繁昌游击队稽查组"的接应船，顺利过江到达江北目的地。

无为演讲与座谈

史沫特莱在无为襄安

到达江北，就是无为地界。大概在9月底，史沫特莱由新四军政治部组织部副部长兼教导总队政治处主任余立金护送前往无为襄安。襄安镇镇长兼襄川小学校长马宗堂代表本镇各界人士热情迎接史沫特莱。当晚襄安镇举行各界欢迎大会，史沫特莱作了长达一个多小时的演讲。

史沫特莱着重阐述中国抗日战争的形势和对世界反法西斯战争的重大意义。她以亲眼所见的事实，介绍她在晋西北抗日前线和各游击区采访的见闻和感受。她动情地说，决不可让日本强盗糟蹋这片土地。她呼吁全体民众成立抗敌协会，为救亡图存而斗争。史沫特莱在演讲结束时，激动地用中国话高呼：消灭法西斯！最后胜利一定属于中国人民！史沫特莱热情洋溢的讲演具有很强的感染力。

随后，史沫特莱参加了座谈会。几位代表先后发言，介绍襄安各界抗敌准备工作，并学习和讨论了毛泽东的《论持久战》。史沫特莱发表简短的谈话，引用以少胜多、以弱胜强的淝水之战为例，鼓舞大家的抗日热情、斗争勇气和必胜的信心。

第二天，史沫特莱离开襄阳，继续前往立煌的行程。

1950年5月，史沫特莱因病逝世，享年60岁。遵照史沫特莱生前遗愿，她的骨灰安葬于八宝山革命烈士公墓。朱德题写了"中国人民之友美国革命作家史沫特莱女士之墓"的碑文。

宛敏灏：词家总爱中江美

◇ 胡传志

宛敏灏（hào）（1906—1994）是
著名词学家，先后任职于国立女子师
范学院、国立音乐学院、国立安徽大
学、安徽师范学院、合肥师范学院、
安徽师范大学等校。1946年晋升为
教授，尤其擅长诗词创作。1977年，
年逾古稀，作《卜算子》词，说：

宛敏灏像

"曾上长江头，也到长江尾。晚住中江便作家，为爱湖山美。"宛敏灏是安
徽庐江人，平生辗转合肥、安庆、重庆、南京等多地，最终以芜湖为家，
教书育人，深研词学，书写芜湖历史文化，赞美芜湖山川风月。

芜湖的三段情

1930年，宛敏灏在安庆菱湖之畔的安徽大学读书，因为家庭经济困难
休学一年。这年秋天，他第一次来到芜湖，在安徽省立第二女子中学任教，
半年时光给他留下极其深刻而美好的印象。日本侵华战争爆发，宛敏灏流
亡到重庆，深情回忆芜湖，说："芜湖负山襟江，赭山、陶塘，凤称名胜，
陶塘相传即古于湖，南宋张于湖所浚。绿柳千条，荷香十里，一湖秋水，
尤宜荡舟。赭山俯瞰大江，气象雄伟，自辟为公园经营布置，花草缤纷。"
（《安徽教育》1939年创刊号）直到晚年，他仍怀念这段时光："少年早作

鸠江客，满眼秋光。烟雨陶塘。紫蟹黄花尽一觞。"（《采桑子》）。

1946年，宛敏灏自重庆回庐江，经过无为刘家渡，喜欢"风清柳下眠黄犊，日晚船头卖白鱼"（《经无为刘家渡还庐江》）的乡村景象，不久从家乡来到芜湖，1949年任国立安徽大学（安徽师范大学前身）教授，1959年离开芜湖去合肥师范学院，曾任副教务长。

1970年，合肥师范学院迁回芜湖，与皖南大学合并。此后，宛敏灏一直在安徽师范大学任教，担任图书馆馆长，1978年开始招收研究生，1981年获得全国首批硕士学位点，为教育事业作出了巨大贡献。

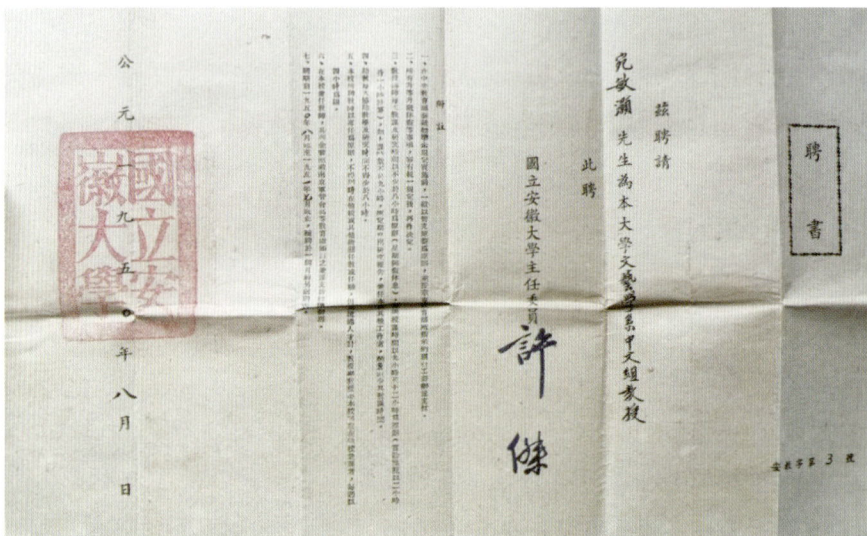

国立安徽大学聘请宛敏灏的聘书

研究于湖

宛敏灏本以研究婉约词人晏殊、晏几道名世，本科论文《二晏及其词》是其成名作，抗日战争让他转向张孝祥这位安徽籍主战派词人。1943年，他在重庆完成《张于湖评传》一书，唐圭璋作序，不仅称赞该书"显微阐幽，激励忠义"的意义，还揭示其爱国内涵，"足以坚敌忾同仇之志，而为全民抗战之一助"。

宛敏灏到芜湖后，投入更多精力研究这位寓居芜湖的南宋状元词人，先后撰写《张孝祥年谱》《张孝祥词校笺》等论著，发表系列论文，撰写张孝祥词解析文章，宛敏灏因此成了张孝祥研究的权威学者。

书写芜湖

宛敏灏还是诗词大家，书写芜湖是其诗词的重要内容。

对于芜湖历史，宛敏灏盛赞安葬在赭山的革命烈士戴安澜将军："千古英雄，埋骨处、江山生色。追往事、少年奋起，驰驱南北。勇夺昆仑寒贼胆，威扬缅甸援盟国。越炎荒、壮烈裹尸还，风瑟瑟。"（《满江红》）他凭吊戴安澜："雄师转战越关山，大树飘零竟不还。草没墓门谁为扫，独留浩气翠微间。"（《吊戴安澜将军》）。宛敏灏还就日寇在安徽师大校园的遗迹，痛斥日寇罪行以及日本当局妄图篡改历史的图谋："赭山下，多倭迹。侵略史，谁能易。恨幽灵未泯，梦迷军国。"（《满江红》）"樱花落尽营房在，车站空余旧址存。进入枉为侵略隐，更留罪证示来孙。"（《晨闻广播日本文部省篡改教科书侵华史实，枕上得此》）。这些都体现了宛敏灏一以贯之的爱国情怀。

侵华日军警备司令部大楼，位于安徽师范大学赭山校区，现已不存

作为大学教授，宛敏灏经常跨出校门，与芜湖书画界、诗词界唱酬，促进相关文艺活动。业余画家、工程师鲍弘达在芜湖举行画展，他作《满庭芳》（菊绽蘋洲）予以祝贺。画虎名家光元鲲去世后，他作词悼念："久负江东画虎名，秋风一夕冷丹青。"（《悼光元鲲》）他还经常参加芜湖诗词学会、晚晴诗社等组织的活动，为《滴翠诗丛》《晚晴诗刊》撰词。

对芜湖山水，宛敏灏更是一往情深。1962年，宛敏灏自合肥至黄山，途经芜湖，作《浣溪沙》表现沿途目不暇接的美景："柳陌菱塘接大江。青山隐隐水茫茫。平畴弥望稻初黄。路转三山圩势尽，风生万木晓阴凉。轻车一瞥过繁昌。"1979年，他游览镜湖，寻访张孝祥归去来堂旧址，表现早春景象："快雪时晴，芳洲柳醒，镜湖又见春回。指点山阿，依稀欲绽红梅。"（《高阳台》）1989年重阳节，他去四褐山参加诗会，写城中秋景："云淡天高柳欲黄。江涵秋影雁初翔。九华山路余霞丽，四褐山头晚节香。"（《鹧鸪天》）他经常借景抒情，如悼念吴德明："月落赭山楼。怅望江头。去年曾共弋矶秋。逝者如斯惊永诀，呜咽东流。"（《浪淘沙》）情景一体，冷落低沉。其他还有"又是江南春欲暮，漫天风絮暗陶塘。""几处蛙声破寂寥，黄梅时节雨潇潇。""晓市盈筐堆粽叶，沙头竟日卖鲥鱼。""花压阑干清昼永，帆随云影大江东"等等，不胜枚举。

可以说，宛敏灏是芜湖历史上又一位诗词名家。

葛召棠：擅长书法的法官和文博专家

◇ 章征科

葛召棠（1908—1960），名希栋，安徽繁昌（现为芜湖市繁昌区）人，生于城南一个儒医世家，中国近现代爱国人士，法律名人和文化名人。

从教师到法官

葛召棠早年就读于繁昌县模范小学、芜湖新民中学，初中毕业，转入南京读高中，后考入上海法政大学法律系。在沈钧儒、史良、李达等名师熏染下，葛召棠才能日渐显露。1930年，他以优异成绩毕业，获得学士学位。1933年，获国民政府司法行政部律师证书，旋即回乡，创《繁昌导报》，任主笔。后来他一度应邀到南京法政讲习所担任国文教员，兼任重辉商业专科学校法律教授。

葛召棠像

1935年，葛召棠以第二名的成绩通过司法官考试。1936年后，他相继任太和、六安、霍邱、临泉、庐江等县审判官和法院推事。1944年间，曾任安徽省巡回审判官。抗日战争胜利后，国民政府成立首都高等法院，葛召棠出任法院推事兼书记官长。在其任法官期间，因秉公执法，多次获得百姓捐赠的"万民伞"。

审判日本侵华战犯

抗战胜利后，为审判那些犯有严重战争罪行的日本侵略者，1946年2月15日，国民政府成立了审判战犯军事法庭，葛召棠调任为上校审判官，成为主审日本战犯的五大高级法官之一。1946年8月，南京大屠杀的主犯谷寿夫从东京引渡到南京。12月31日，审判战犯军事法庭正式对战犯谷寿夫起诉。1947年2月6日至8日，审判战犯军事法庭在黄浦路口励志社礼堂（现中山东路307号）对谷寿夫案进行为期3天的公开审判。

面对谷寿夫《申辩书》的百般抵赖，以及为其罪行开脱的美国辩护律师和监审官的辩解，葛召棠与其他几个法官据理力争，将搜集的照片、控诉词、证人证言甚至刀砍枪刺的头颅遗骸等实证都一一呈堂展示，成为宣判谷寿夫滔天罪行的铁证。1947年2月16日下午，南京审判战犯军事法庭第二次对谷寿夫进行公审。2月25日和28日，法庭再次审判谷寿夫。3月3日，南京审判战犯军事法庭于午后二时继续审判谷寿夫。

这场对谷寿夫的审判，在1947年3月10日进行终审判决。法官叶在增起草判决书，法官们共同签名盖章。庭长石美瑜宣读判决书，强调谷寿夫罪行累累，处死刑。4月26日，葛召棠作为监刑法官对谷寿夫验明正身后，宣读了执行处决的命令。主审南京大屠杀主犯谷寿夫，成为葛召棠生命中最光彩夺目的一页，彰显了他的鲜明爱国情怀。

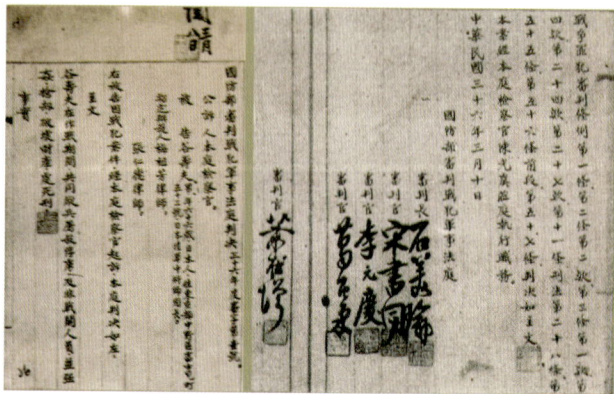

审判谷寿夫的判决书，上有葛召棠的签印

此后，葛召棠还参与了对日军中将、战犯矶谷廉介的审判，主审过大汉奸王荫泰、殷汝耕、丁默邨，参与审判了汪精卫的两个儿子汪文婴、汪文悌以及安徽省伪省长罗君强，担任过公审大汉奸周佛海的总指挥。

发现繁昌窑的第一人

葛家世居繁昌城南门外，与繁昌窑遗址近在咫尺。坊间流传的龙窑故事，让他坚信野竹杂树之下掩藏着历史遗存。1954年，他在家乡山坡上发现大量的古瓷片堆积，意识到这应该不是在很短的年代里形成的。但《繁昌县志》上却没有生产陶瓷的记载。葛召棠将采集的许多青白碎瓷片带到安徽省博物馆进行鉴定，确认是宋代的瓷器。他据此写出了有关繁昌窑遗址第一个实地考察报告，发表在《文物参考资料》上。由此改写了中国瓷器历史，并为20世纪八九十年代确立柯村宋代瓷器旧址奠定了基础。

繁昌窑遗址（邢朝明 提供）

2001年6月，繁昌窑被国务院确定为第五批全国重点文物保护单位。他被后人尊称为揭开繁昌窑历史之谜的第一人。

葛召棠书法作品

多才多艺的爱国者

解放前夕，葛召棠拒绝赴台，带着家属居住在芜湖市环城西路22号。1949年夏，葛召棠参加芜湖市失业知识分子学习班学习，分配至皖南人民法院任民事审判员，还曾任皖南科学馆馆员和省高院审判员。1953年，调任安徽省博物馆馆员，负责古今字画鉴定和编审工作。

葛召棠精通琴棋书画，其书法端庄工整，尊古而不泥古，形成了隽爽秀逸的风格。1947年，其书法作品入选全国文化名流书画展览，与郭沫若、张大千、齐白石、徐悲鸿等大家同室展出。"安徽省博物馆"匾额最早也是出自葛召棠的手笔。

葛召棠的诗词功底也很深厚，曾经为南京灵谷寺写过一副嵌名对联："灵气所钟，结为佛谛；谷声响应，遍布法音"。获得人们一致称赞。

葛召棠还是文物古迹鉴定专家，除发现柯冲窑外，还为安徽省博物馆收藏与鉴定了许多文物。

葛召棠1960年病逝。历史和人民并没有忘记他。南京"侵华日军南京大屠杀遇难同胞纪念馆"至今还挂着他的半身照片。繁昌博物馆三楼辟有葛召棠展厅，其子葛文德整理编印《葛召棠文德乔梓书法篆刻集》。2018年芜湖博物馆、繁昌博物馆合作举办纪念葛召棠先生诞辰110周年展。

张涤华：安徽中文学科的奠基者与引路人

◇ 储泰松

张涤华（1909—1992），安徽凤台人，1937年，毕业于武汉大学中文系，其后在各类学校担任语文教师。1946年8月，赴安庆任国立安徽大学中文系讲师，1949年12月，随学校迁芜湖，1958至1970年，随学校迁至合肥，其他时间一直生活在芜湖直至逝世，可以说，芜湖是张涤华的第二故乡。1991年7月，被国务院授予"有突出贡献的专家"称号，享受国务院政府特殊津贴。1992年12月22日，因病在芜湖弋矶山医院逝世。

张涤华在合肥电视台讲解毛主席诗词（张劲秋 提供）

安徽中文专业人才培养的领导者

张涤华自 1946 年任教于安徽大学（安徽师范大学前身），前后 40 余年。1952 年 8 月，晋升副教授；1978 年 9 月晋升教授。1956 年秋至 1981 年，一直任安徽师范学院、合肥师范学院（均为安徽师范大学前身）、安徽师范大学中文系主任，其间还曾兼任中文系语言教研组组长。执掌中文系 20 余年，是安徽省中文专业本科人才培养的奠基者与引路人。

制定人才培养方案。中文系（现为汉语言文学专业）的教学大纲、教材体系、课程结构等，1954 年以前承袭民国时期传统，1954 年以后学习苏联的有关做法，并在实践过程中不断修订、改进，到 1980 年，已经形成比较成熟的教学模式，并推广到全省其他高校的中文系（它们基本都是安徽师范大学的教学点）。

带头编写教材。1954 年高校院系调整完成后，百废待兴，课程、教材均需要重新制定，尤其是语言类课程。由于强调普通话，过去的教材均不适用，又没有可替代的教材，张涤华带领大家迎难而上，放弃自己擅长的古典文献专业，投身到现代汉语课程的教学与教材编写上来。1958 年 6 月，《现代汉语（上册）》由高等教育出版社出版，这是全国高校最早编出的现代汉语教材，后来被多所高校中文系用作教材，1959 年再版。1979 年 11 月，他主编的《现代汉语》由安徽人民出版社出版，并亲自撰写了其中"绪论""文字"部分，是 20 世纪八九十年代安徽省自学考试、函授的指定教材。

安徽语言学科的奠基者

除了中文专业本科人才培养外，安徽省的中文学科也是在张涤华的亲自参与下逐步建设并发展起来的。

建立语言研究所。1979 年，张涤华在学校的支持下创建独立建制的语言研究所，并辞去中文系主任，担任首任所长，1984 年，改任名誉所长。语言研究所的主要任务有两个：一是承担编纂《汉语大词典》这一国家重大文化战略任务，二是调查研究安徽方言，为安徽省文化建设服务。

编纂《汉语大词典》。1975年，周恩来总理批准的《汉语大词典》编纂工作启动，张涤华筹组成立安徽编写组；1979年9月，担任《汉语大词典》副主编。1990年，张涤华负责的第五卷、第六卷问世，获得首届国家图书奖。《汉语大词典》的问世，向海内外展示了安徽师大的风采，为安徽培养了一批词典编纂与词汇研究的专门人才。

学位点建设。1978年，以张涤华为负责人的现代汉语专业开始招收研究生，是安徽省首批获准研究生招生的4个专业之一，1981年正式获批硕士学位授予权，是全国首批硕士学位授权点之一。

筹建学术组织。1978年，鉴于教师学术交流的需要，张涤华出面组建安徽省语言学会，担任主任（后改称会长），同时兼任安徽省社会科学联合会副主席。语言学会的成立，让全省的语言学者有了学术交流的平台。1980年10月，中国语言学会成立，当选为常务理事。1985年任安徽省语言文字工作委员会顾问。

创办《学语文》杂志。1960年，张涤华与祖保泉共同提议创办《学语文》杂志，并一直担任主编。张涤华借助自己的学术威望，邀请众多语言文史大家为杂志撰稿，是当时较少的几家中语类杂志之一，至今仍是中学语文教学方面最重要的具有正式刊号的专业杂志之一。

语言文史研究的大家

张涤华大学毕业后，学术兴趣在于古典文献学尤其是目录学研究，1943年12月商务印书馆就出版了其专著《类书流别》，另有《古代诗文总集选介》《张涤华目录校勘学论稿》。1983年7月，专著《张涤华语文论稿》由安徽教育出版社出版；1988年，与胡裕树、张斌、林祥楣先生共同主编的《汉语语法修辞词典》由安徽教育出版社出版；1992年，主编的《全唐诗大辞典》（第一卷）由山西人民出版社出版。2011年，《张涤华文集》（四卷本）由安徽师范大学出版社出版；2016年《张涤华语言学研究论集》由安徽师范大学出版社出版。

张涤华最有社会影响的研究是毛泽东诗词研究，也是最早开展毛泽东诗词研究的学者之一。1961年9月，他撰写的《毛主席诗词小笺》在《安徽日报》连载，首尾一年。1963年1月，由安徽人民出版社出版单行本。1991年7月，安徽文艺出版社出版修订本，书名改为《毛泽东诗词小笺》。

张涤华不仅擅长古典文学研究，旧体诗词创作亦为其所长。2006年，旧体诗词集《赭山三松集·沐晖堂诗词》由北岳文艺出版社出版，此书为安徽师范大学中文系宛敏灏、张涤华、祖保泉三位教授的诗词选集。

张涤华长期担任各级人大代表，曾当选芜湖市第一至第三届人民代表大会代表、第三、第五、第六届全国人大代表，安徽省第六届人民代表大会常委会委员。这在安徽的学者中亦较少见。

从地域而言，芜湖历史上很少见语文学家，更鲜见语言学家；张涤华是新中国成立以来生活在芜湖的最著名的语言学家，而且是在安徽省乃至全国均具有重要影响的语言学家。他对安徽省中文学科的发展发挥过巨大作用。

《张涤华文集》书影,安徽师范大学出版社2011年版

杨西光：毕生求真理，起步在芜湖

◇ 唐　俊

　　我国进入改革开放新时期的标志事件是于 1978 年 12 月召开的中共十一届三中全会，而当年 5 月《光明日报》头版以"特约评论员"名义发表的《实践是检验真理的唯一标准》无疑是为解放思想、拨乱反正在舆论上发出第一声的檄文。这篇作出历史性贡献的文章得以发表，与时任《光明日报》总编辑杨西光的鼎力支持大有关联。杨西光毕生求真理，起步在芜湖。

杨西光像

芜关中学的好学少年

　　杨西光（1915—1989）本名杨训谟，1915 年 4 月出生于安庆市区一个大户人家。1928 年秋，因父亲调任芜湖屯耕局局长，恰好小学毕业的杨西光随之来到芜湖，进入芜关中学读书。

　　芜湖是中国四大米市之一，第二次鸦片战争之后，又被开辟为对外开放的通商口岸，各国商船从海洋贩运过来的洋货，大批量地从这里通关报税，再输入内地。所以当时的芜湖是安徽经济最为繁荣的地区。芜关中学是由芜湖关税衙门筹资建立的学校，办学条件远超一般的中学。因为能够进入这样一所学校，勤奋的杨西光就此打下深厚的学业根基，各门功课成绩名列前茅，其中语文、历史两门学得最好。杨西光不仅学习成绩优秀，而且喜欢结交志趣相投的同学，带领他们成立了"新生社""春泥社"等文学社团，在业余时间出墙报、办社刊，忙得不亦乐乎。

学生运动的积极分子

在芜关中学求学期间，杨西光有缘结识了许多追求思想进步的青年。他们较早地觉醒奋起，相互勉励，勇敢地投身到革命的激流之中。

杨西光在芜湖参加的第一次学生爱国运动是1930年5月末举行的纪念"五卅运动" 5周年的示威游行。那一天，芜湖市的职工、店员等民族工商业者乃至普通的市民，纷纷走上街头。芜关中学的学生人数众多，队列整齐，浩浩荡荡地走在游行队伍的前面。人们挥舞着旗帜，上面写着"严厉惩办杀人凶手""取消外国领事裁判权"等标语。游行活动之后，学生们还互相传抄他们所知道的日常生活中的日货名单，大家互相警告，买东西时千万不要挑选这些日货。

杨西光参加的第二次学生运动，是1931年的"九·一八事变"引发的学生抗议活动。这次运动是由南京中央大学爱国学生发起的。为了抗议日本帝国主义野蛮侵略东北，学生们要求政府立即采取抗击日寇的实际行动，北平、上海以及全国各地大中学校，都纷纷起来响应南京中央大学。因芜湖与南京比邻的关系，芜关中学也是最早起来响应的一所学校。几天之内，学生的爱国运动就风起云涌，势不可挡。从9月23日起，各地参加抗日救国大会已有十余万人次。杨西光也和同学们一道，走上街头游行示威，宣传演讲，张贴标语口号。

吹响思想解放的号角

中学毕业以后，杨西光离开芜湖，走上革命道路。从激情燃烧的战争岁月到思想解放的改革年代，杨西光毕生始终不变的是那颗追求真理的心。

1978年3月，杨西光调至《光明日报》社任总编辑。同年5月，他主持修改并果敢地决定，以"《光明日报》特约评论员"之名发表题为《实践是检验真理的唯一标准》的文章，引发了在全国范围内开展的关于真理标准问题的大讨论。《实践是检验真理的唯一标准》一文无疑为拨乱反正，为党的十一届三中全会重新确立马克思主义的思想路线，在舆论上发出强有力的第一声。

鲜为人知的是，《实践是检验真理的唯一标准》这篇文章标题里的"唯一"二字是杨西光决定添加的；而这篇文章采用"特约评论员"的名义并放在头版发表，也是杨西光拍板决定的——编辑部本来准备把它放在《光明日报》哲学版以作者个人名义发表，杨西光认为这样不足以引起全社会重视。

据杨西光本人后来向友人回忆，稿子发表前一天，先在中央党校的内部刊物《理论动态》上刊出。有人在背后冷言冷语地说：《光明日报》自己不敢发，要《理论动态》先发。杨西光听闻后，说："我害怕什么？若害怕，还花那么大力气修改这篇文章干什么？这样吧，《理论动态》发表时注上《光明日报》供稿，我不怕。"（《他是一个"大写的人"》）这句话充分反映了杨西光大义凛然的政治气度和理论探索勇气。

如果说芜湖年广九是改革开放初期"民营经济体制改革的报春花"，那么杨西光则是为开启改革开放而吹响思想解放号角的第一批人中的重要一员。

祖保泉：我祝芜湖是要津

◇ 黄振新

祖保泉像

祖保泉（1921—2013），安徽巢县人，著名的中国古代文论研究专家，长于作词，躬耕教坛五十余载，桃李满天下。1952年，祖保泉来到芜湖工作，此后便长期生活于江城，直至2013年仙逝。祖保泉对芜湖具有深厚、炽热的情感，曾毫不避讳地在词作中表露"我祝芜湖是要津"（《减字木兰花·祝贺芜湖长江大桥建成通车》）的愿景。祖保泉于芜湖教书育人、研究学术，通过实际行动为安徽教育事业发展、国家建设贡献力量。他还创作多首词作，记录芜湖山川景色和发展中的大事，抒发对江城的热爱和赞美之情。

栽桃植李作园丁

1947年，祖保泉于四川大学毕业后回到老家巢县中学任教，后来受到黄麓师范学校地下党支部书记孔国祥邀请，转至黄麓师范学校工作。1949年，黄麓师范学校开始招收专科师范生，祖保泉担任文科班主任；1952年3月，祖保泉率领黄麓专科师生来位于芜湖狮子山的安徽师范专科学校报到，在接下来的几个月里奔波于狮子山、赭山参加政治学习；9月，安徽师范专科学校并入安徽大学（安徽师范大学前身），祖保泉成为安徽大学中文系的一员。

祖保泉注重嘉惠后学，自称"一生与学校有缘"（《丹枫词稿·说明》），将"栽桃植李作园丁"（《浪淘沙二首·为中文系毕业生作》）作为人生一大乐事。在九十寿辰暨从教六十五周年庆祝会上，祖保泉自称人生有三件得意的事：一是讨到了一个好妻子，二是选择了一个好职业，三是教出了一批好学生。

他于赭山之麓、镜湖之畔执教长达半个多世纪，坚持为本科生讲课，牵头申报文艺学硕士授权点，成为文艺学第一批硕士生导师，培养的学生后来成为活跃在芜湖、安徽乃至全国各地的精英，尤其是诸多教育战线的栋梁之材和学术领域的骨干中坚。由于能力出众，祖保泉还长期担任行政职务，历任中文系副主任、主任、古籍研究所所长等职，兼职有安徽省文联常务委员、《安徽古籍丛书》编委会副主委、中国《文心雕龙》学会常务理事、中国古代文学理论学会理事等。

爱读诗骚师马列

祖保泉是一位悉心育人的好老师，同时也是一位倾心向学的真学者。他曾用"爱读诗骚师马列"（《木兰花令·六十初度，舟中作》）来概括自己的读书趣味。祖保泉在中国古典文学研究方面的建树主要集中在《文心雕龙》《二十四诗品》和词学研究三个方面。

他在《文心雕龙》研究领域耕耘50余载，推出的《文心雕龙解说》被"龙学"界奉为经典，曾获"《文心雕龙》教学、教材建设国家级优秀奖"。

祖保泉的《二十四诗品》研究起步早、成果多、贡献大，在耄耋之年还积极参与该著作者问题的大讨论，撰写了6篇文章，出版《司空图诗文研究》《司空表圣诗文集笺校》两部代表性著作。词学研究是祖保泉又一研究特长，86岁高龄还出版了《王国维词解说》，成为其晚年学术研究的一大亮点。祖保泉自称"处事不圆活，论学重推敲"（《水调歌头·生日小唱》），其认真严谨的治学态度、精益求精的治学精神，为后学树立了典范。祖保泉还积极学习马列著作，并将其融入教学、科研之中。

登山恰喜五云开

祖保泉一生大部分时间都是在芜湖度过的，除了积极工作为江城添彩，还用生动的笔墨记录了这座城市的人和事，表达了因芜湖发展而萌生的喜悦。

1970年春节，登赭山，看到美好景象，发出"登山恰喜五云开，一片春阳照射"（《西江月·登赭山抒怀》）的感慨。这年春节他从合肥返芜，云开日出，光照大地，既是写景，又是抒情，既写个人，又写城市，表达了严冬终将过去的信念和江城人民必将创造美好生活的信心。

1972年10月，有感于周恩来总理多次与外宾合影于迎客松屏风前，创作了《念奴娇·铁画迎客松赞》，词曰："天都过后，看玉屏峰下，有松奇特。几世风霜兼雨雪，依旧凛然苍碧。却对来人，延伸巨臂，当路亲迎客。八方游者，几回惊看奇迹。 奇在铁骨铮铮，权丫画出，遒劲真风格。枝似虬龙将起舞，老干参天自直。叶茂根深，风摇不撼，根在摩天石。春山灿烂，更迎宾友如织。"上片写黄山迎客松，描绘

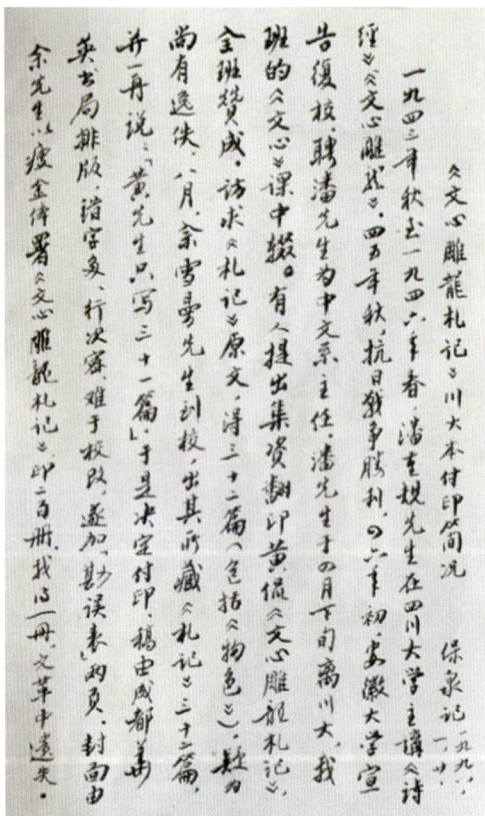

祖保泉为付印黄侃《文心雕龙札记》所撰写的题记（李平 提供）

了松树的奇特、坚韧；下片写铁画迎客松，刻画了松树的刚毅、遒劲。词作展示了松树磅礴的气象和刚强的品格，同时也很好宣传了芜湖铁画文化。

1992年6月1日，祖保泉从乡下返回芜湖，途中看到城乡巨大差别，题写了《菩萨蛮二首·儿童节见闻》。词作通过对比的手法，描绘了城乡父母对待儿童的差异，从一个侧面反映了芜湖城市发展的迅速和人们思想观念的更新。

2000年7月，芜湖长江大桥建成，祖保泉欣喜不已，写就《减字木兰花·祝贺芜湖长江大桥建成通车》。"望中奇绝，江上横空桥一抹"，抒发了对高超建桥工艺的惊叹；"一声长啸，桥上龙车如电扫"，再现了火车高速疾驰的身影；"八皖同春，我祝芜湖是要津"，表达了对芜湖加速发展、跻身要位的期盼。

祖保泉在90岁时曾自作《生平述略》，表达了"无营无待，得大自在"的豁达心境。先生一生随时运交移、与江城共进，他见证、记述了芜湖的发展，也为这座城市的进步贡献了心血与汗水。

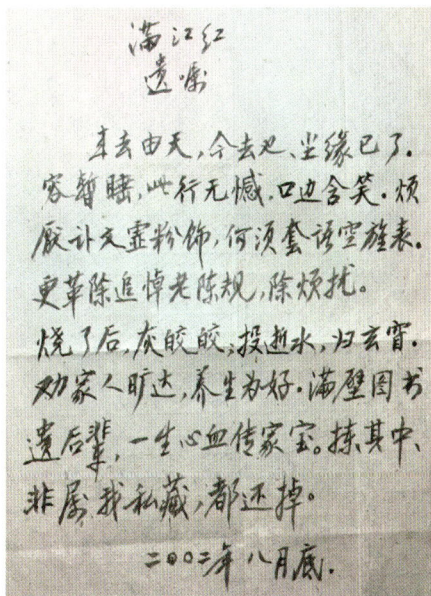

祖保泉《满江红·遗嘱》词手迹（李平 提供）

袁隆平:"杂交水稻之父"的芜湖情

◇ 章征科

袁隆平(1930—2021),江西德安人,出生在北京,著名农业科学家,中国工程院院士,中国杂交水稻事业的开创者和领导者,被誉为"杂交水稻之父",荣获国家最高科学技术奖、共和国勋章。

杂交水稻之父

袁隆平致力于杂交水稻技术的研究、应用与推广,发明"三系法"籼型杂交水稻,成功研究出"两系法"杂交水稻,创建了超级杂交稻技术体系,提出并实施"种三产四"丰产工程(用3亩耕地,产出用常规技术种植的4亩耕地的粮食),出版中、英文专著6部,发表论文60余篇。

袁隆平院士2009年在芜湖调研(弋江区委宣传部 提供)

袁隆平构想出三系法技术路线，培养水稻雄性不育系，用保持系使不育系不断繁殖；育成恢复系，使不育系育性得到恢复并产生杂种优势，带来大幅度、大面积增产。为此，袁隆平开始寻找天然雄性不育株。1964年盛夏，他又一次钻进了稻田，早出晚归14天，终于在拿放大镜观察了14万多个稻穗后，从洞庭早籼品种中发现了一株雄性不育株。反复试验两年，他的三系法猜想被证实。他将研究结果写成论文《水稻的雄性不孕性》，如他50年以后所说，该文"为杂交水稻发展奠定了第一步基础"。

1995年，袁隆平宣布两系法技术研究成功。之后他研究超级杂交稻。2000年，袁隆平团队超级杂交稻研究成功，培养出"两优培九"，实现亩产700公斤一期目标，2004年，又突破了亩产800公斤二期目标。2011年，亩产900公斤三期目标告破，2014年，亩产1000公斤四期目标达成。他又提出五期目标，每公顷产粮16吨。

五访芜湖

自2006年至2013年，袁隆平7年间先后5次走访芜湖，考察指导杂交稻种植情况，与芜湖人民结下了深厚情谊。值得一提的是，他的母亲华静早年在江苏镇江的教会学校读书，高中毕业后在安徽芜湖执教过一段时间，并认识了他的父亲袁兴烈。

2006年10月，袁隆平首次来芜湖考察。当时，第二代超级杂交水稻还未在全国大范围推广，芜湖作出先试验后推广再大面积种植的决策，芜湖引进了"两优0293"品种，在弋江区火龙岗镇高岗埠村试种了150亩，结果大获成功，引起了袁隆平的高度关注。2006年10月8日，袁隆平亲自到现场考察，充分肯定了芜湖水稻栽培技术保障和农民的种植水平。这坚定了芜湖市引进超级杂交稻，日后落实"种三产四"丰产工程、大面积推广超级杂交水稻的信心和决心。

2007年9月袁隆平第二次来芜湖。他来到芜湖县六郎镇，亲自验证了"0293"杂交水稻，获得841.6公斤的高产纪录。此行袁隆平还接受邀请，担任芜湖市政府的科技顾问，表示将继续关注芜湖超级杂交稻示范推广工作，为芜湖的科技发展做出自己的贡献。袁隆平及其领导的中国农业发展基金会（香港）总公司、安徽袁禾农业科技有限公司还与芜湖市达成协议，大面积推广杂交水稻，提升芜湖大米品牌影响力。

2008年9月，袁隆平第三次来芜湖，分别深入弋江区和现湾沚区、无为市等地的田间地头考察调研超级稻。

2009年9月，袁隆平到在南陵县许镇镇龙潭村考察超级稻种植情况。这是袁隆平第四次来芜湖。

2013年，袁隆平第五次来到芜湖。这一年芜湖全市推广超级稻72万亩，其中无为21万亩。共建立万亩核心示范区10个，千亩示范片30个，百亩高产攻关点60个。7月30日，袁隆平来到无为，当看到超级稻长势时，他连赞"不错、不错"，并对无为"国家超级杂交稻高产攻关试验示范基地"寄予很高的期望。这次芜湖之行，袁隆平与无为县政府签署了农业科技攻关合作框架协议，出席在芜举行的长江流域超级稻推广战略合作签约仪式和奇瑞农业装备特别顾问聘请仪式。

袁隆平院士芜湖工作站（弋江区委宣传部 提供）

袁隆平五次来芜，致力于农业科技攻关、农业科研成果转化，为提升芜湖农业产业化水平，尤其是提高"芜湖大米"影响力发挥了重要作用。

2010年10月，在首届中国杂交水稻大会上，芜湖市分管领导获得了袁隆平农业科技奖。袁隆平多次来芜湖考察指导，与本地专家杨良金进行了交流，对杨良金的农业科技发明起到积极的指导作用。

据芜湖市农业部门统计，2006年至2020年，芜湖已累计种植杂交水稻865万亩，总增产77.3万吨，增加效益26.95亿元；以"Y58S"母本育成品种有135个，累计向全国推广种植2.5亿亩，实现稻谷产量1500多亿公斤，为促进农民增产增收、维护国家粮食安全作出历史性贡献。

造福世界

袁隆平笃定"吃饭的事情最大"，毕生追求"发展杂交水稻，造福世界人民"。他在接受《南方人物周刊》采访时表达了他从事杂交稻研究的原因："中国人口这么多，人均耕地这么少，保障粮食安全的唯一出路，就是提高单位面积的产量，通过科技进步，提高单位面积的产量。扩大耕地面积不可能，耕地在逐年减少，能够保证全国18亿亩耕地就不简单了。""水稻是最主要的粮食。世界上有一半以上的人以稻米为主食，我们中国60%以上的人以稻米为主食，所以说，保证提高水稻的产量，对保证粮食安全具有重要意义。"

尊重科学，敢闯、敢试和谦虚是袁隆平的重要品质。他强调："科学家要勇攀科学高峰，科学进步更要发扬科学精神、讲究科学方法。"袁隆平自喻为一粒种子，"人就像一粒种子，要做一粒好种子"。这是他的人生信仰，也是他品格的真实写照。

钟家庆：闻名世界的数学家

◇ 章征科

钟家庆（1937—1987），原籍安徽五河，生于安庆，10岁那年随父亲迁到芜湖，著名数学家，中国"中年知识分子的杰出代表"。

从学生到学者

钟家庆像

钟家庆7岁上学，先后就读于芜湖长春小学（即环城西路小学的前身）、励德小学（即芜湖后家巷小学的前身）。1950年，考入芜湖第二中学读初中，1953年，考入芜湖一中读高中，并开始展露数学才华，对一些问题常有心得和体会。1956年春季，钟家庆以优异成绩夺得全市中学生数学竞赛高三年级第一名。同年，他撰写的第一篇数学论文《关于自然数的一个等式》，在当年9月份的《数学通讯》上发表。这年，他从芜湖市第一中学毕业考入北京大学数学系。

钟家庆从小就刻苦用功，学习自觉性高。妹妹钟家芹回忆说："哥哥从小就是我们兄弟姐妹中最用功的一个。小时候妈妈对我们都很严格，经常让我们兄妹4个围坐在一个方桌上，她在旁边边纳鞋底边看着我们学习，有一次妈妈中间出门有事了，回来发现我们3个都趴在桌子上睡着了，只有哥哥一个人还在精神抖擞地看书学习。""上中学后，他每晚都要学习到12点，妈妈总是催他睡觉。哥哥不但数学好，作文比赛也经常拿一等奖。""后来在北京搞数学研究，他的刻苦劲就更大了。"

在大学，钟家庆学习非常努力，成绩文山。钟家庆经常是清晨背着书包离开宿舍，直到晚上十点图书馆闭馆后才回来。大一的主课是"三高"：高等分析、高等代数、高等几何，钟家庆拿了3个5分（满分）。可以说刻苦用功是他成才之道。

1962年，考入中国科学院数学研究所，师从华罗庚教授，专门从事复变函数的研究。华罗庚对其学业很是欣赏、关注，评价很高，认为钟家庆领悟力颇强，嘱咐陆启铿具体给予指导。毕业后钟家庆只在数学研究所工作了半年多的时间，最终还是去了中国科技大学。

1967年，钟家庆与清华大学吴美娟老师结婚。1969年，按照"高校下放通知"，中国科大开始搬迁到安徽，钟家庆面临两难选择。一种选择是随中科大去合肥，一种选择去清华大学，和家人在一起。他选择了后者，不久即随清华大学师生下放到江西鲤鱼洲五七干校，待了一年多后返回清华大学。1978年，调回中国科学院数学研究所工作，致力于多变函数与微分几何的研究。1984年，加入中国共产党。

数学精英

钟家庆长期在中国科学院数学研究所和大学讲课，指导研究生，数学研究所所长杨乐称钟家庆是国内学术水平超常的数学家。

他三次应邀赴美从事研究与交流。1980年，钟家庆第一次出国，在斯坦福大学与李伟光教授合作，研究紧致黎曼流形上拉普拉斯算子第一特征值，获得国际重视；1983年至1984年，在普林斯顿高等研究院与莫毅明教授合作，证明了非负全纯双截曲率的紧凯勒——爱因斯坦流形必等度于紧的厄尔密特对称空间，受到国内外数学界的高度评价，成为我国数学研究成果的重要组成部分。1986年至1987年，钟家庆第三次去美国访学。

钟家庆取得了突出的学术成果，成为中国屈指可数的优秀数学家，与杨乐、张广厚等同为数学界之中年精英。1987年2月，以最高评分荣获首届"陈省身数学奖"。但他因在美国交流时突然去世，未能回国领奖。

钟家庆曾说：蜀中无大将，廖化做先锋。他自比廖化，在数学领域做先锋，并不是他有多么厉害，只是因为国内无人。他女儿钟文说他对讲学的热衷："爸爸游走于各大高校，足迹踏遍大江南北。他以极大的热情传授知识，介绍国外数学界的最新动态和成果。他常说：差距太大了，要靠下一代。他的日程排得满满的。"（《我的爸爸钟家庆》）

生活清苦，英年早逝

钟家庆为人低调谦和，不喜欢表现，生活简朴。钟家庆在美国哥伦比亚身体感觉不适时，没有第一时间前去就医，也根本未意识到问题的严重，

芜湖一中张家山校区的钟家庆塑像
（汪武 提供）

最终心脏病突发猝然逝世，年仅50岁。对哥哥的英年早逝，妹妹钟家芹说，哥哥就是一个医盲，他太不懂得照顾自己了。

钟家庆逝世后，杨乐应钟家庆爱人的请求，通过各种关系将其遗体运回国内。1987年4月25日，在八宝山革命公墓礼堂举行遗体告别仪式。严济慈、周培源、宋健、何东昌、周光召、丁石孙和科技界的300多人出席告别仪式。杨乐还在《人民日报》上发表一篇纪念文章——《要把丝吐在祖国》。

钟家庆去世后，部分中国数学家、钟家庆的亲属及生前友好共同发起"钟家庆纪念基金"的募集活动，设立钟家庆数学奖。

阮弼：建立芜湖浆染王国

◇ 秦建平

阮弼（1504—1587），字良臣，号长公，安徽歙县岩寺镇人。明嘉靖年间来芜，创设染局，使得"浆染尚芜湖"美名传扬。他急公好义，仗义疏财，乐善好施，孝亲友悌，在芜湖人民心中留下不可磨灭的历史印象。

闯荡芜湖，扬名浆染业

阮弼天资聪颖，勤奋好学，读书期间，曾"日记数千言"。然而，由于家道中落，阮弼交不起学费，这使得他不得不辍学在家。为谋生计，转而学医。但市面上行医者众多，就业亦属不易。他暗下思忖：行医如有不慎的话，就会送人性命，造成庸医杀人的恶果，于是就断了从医的念头，请求父母资助他到外地闯荡，做商贾营生。至于走出岩寺，到哪里去？阮弼经过了解，发现距离歙县五百里的芜湖，"盖襟带一都会也，舟车辐辏，是可以得万货之情"。

阮弼到芜湖以后，行商坐贾，很快以信义信誉得到众商贾的信任和推崇，人们"奉之如季河东"。季河东，即西汉初年季布，累官为河东太守，有"季布一诺值千金"之说。初步打开局面后，阮弼还在密切关注市场行情，后来他听说驵侩（牙行）实行分行，各业均有专人。阮弼先是谦让，等大家认领完毕之后，只有"赫蹏（tí，浆染）"一行无人认领。赫蹏是一种特殊的染色纸，鲜艳不褪色，又称万年红。阮弼笑着说："这就是我的专营业务。"于是就申请专营这一行。

彈後以木板擦成長條以登紡車引緒糾成紗縷然後繞
繀牽經就織凡紡工能者一手握三管紡於鋌上愆則凡
棉布寸土皆有而織造尚松江漿染尚蕪湖凡布縷緊則
堅鬆則脆碾石取江北性冷質膩者值十餘金石不發燒
則綾緊不鬆泛蕪湖巨店首尚佳石廣南為布藪而偏取
遠產必有所試矣為衣敝浣猶尚寒砧擣聲其義亦猶是
也外國朝鮮造註相同惟西洋則未聚其質併不得其橫
織之妙凡鐵布有雲花斜文象眼等皆昉花機而生義然
既日布衣太素足矣織機十室必有不必具圖
臬著

明人宋应星《天工开物·乃服·布衣》书影，民国武进陶氏涉园石印喜咏轩丛书本

接手"赫蹏（浆染）"业务之后，他经历了三次"改革创新"：第一次是他和他的伙计们筹措资金，收集各家染坊浆染成品，亲自集中运往南京等地，再分散销往各地。由于是集中运营，统购统销，不再存在相互"压价"，所以利润比以往增加数倍，但主要的利润还在"染人"这边。阮弼这时又站出来，实行第二次"改革创新"，牵头创立染局，将染人集中生产。由于实行了专业化分工，染人各司其职，工效提高，产品数量和质量也大幅提高。"五方购者益集，其所转毂遍于吴越荆梁燕豫齐鲁。"出于扩大再生产的考虑，阮弼又提出第三次"改革创新"，在各交通枢纽设立分局，开展连锁经营。而阮弼则作为总管，不插手各地运营而坐收其成。

在他的运筹帷幄之下，三次"改革创新"之后，芜湖浆染一度美名远扬，明末宋应星《天工开物》就说"浆染尚芜湖"。翦伯赞在《中国史纲要》称芜湖为除两京以外，全国五个手工业基地之一。

抵御倭寇，构筑城墙

嘉靖三十四年（1555），倭寇在沿海滋扰后进犯内地，其中一股悄然向芜湖袭来。由于芜湖没有城墙保护，当时县衙的大小官员束手无策。这时，阮弼挺身而出，振臂一呼，号召商贾中的"少年强有力者"与县城青壮年数千人，站出来保卫家乡，保卫芜湖。他向大家发出动员："倭寇，难道像

老虎一样吗？即使是老虎，人们徒手就可以与它搏斗，何况我们还有弓矢武器。如果让倭寇攻进来，我们的家业就没有了。我们要将倭寇剁成肉酱，以献天子。"由于大家同仇敌忾，众志成城，倭寇闻之，遂于黎明前撤离，没有进犯芜湖。事后，有关部门为他请功，而且为他准备了作为奖励的"章服"（古代以纹饰表明等级的礼服），他坚决推辞，并表示："我怎敢以区区之力享如此荣耀。假如下次再有倭寇来犯，我还要依靠诸位商贾，当然，我还要带头参与。"

嘉靖年间，芜湖县库两次被盗，这引起了县城上下的恐慌，大家两次商议筑城之事，终于等到朝廷批准，同意芜湖筑城。相关官员又找到阮弼，希望他能站出来，参与筑城事务。阮弼响应号召，以身作则，带头参与。在他的带动下，全县发动，历经三月，如期完成筑城。事后，有关部门继续给他请功，又预备了"章服"，但他还是坚决推辞了。

芜湖古城长虹门（曹峰 提供）

终老芜湖，广做善事

阮弼本意是"以歙为菟裘（tù qiú，地名，指代归隐养老之所），以芜湖为丰沛（意为众多，喻发展）"，后来在芜湖发展非常好，遂举家迁来芜湖。在家，他孝亲友悌；对外，仗义疏财，造福社会。芜湖到南陵的道路崎岖不平，泥泞不堪，旅行者深感不便。阮弼遂带头捐金，号召商贾积极参与。在他的号召和带动下，众商贾出资出力，铺平了道路，方便了来往行人。

在他年老之时，将自己的全部家产、事业交给大弟之子阮汝鸣和嫡长孙阮国政。他说："古话说：七十曰老而传（语出《礼记·曲礼上》），而我年纪已经超过十年了，八十岁了。现在我们全家都落籍芜湖，今后发展的生计根本就在你二人身上，我从此以后就养老了。"阮弼的侄子阮汝鸣，字闻野。任光禄寺署丞，民国版《芜湖县志·选举志·贡监》有载。贡监系应例入仕之途，亦是芜湖地方对阮弼功绩的认可与奖掖。

皇上赐民间80岁以上耄耋老人爵一级，阮弼位列芜湖第一人。对此荣誉，阮弼没有推辞，面朝北方恭敬承受，他说："我不能拒绝皇上的大恩大德。"

老年阮弼笃信佛道二教，广做善事，广结善缘，曾到江边的蟂矶庙施食，祈求风平浪静。他还在赭山置田，修缮三茅宫（即神山李卫公祠），并粉饰神像。由于在芜湖居住比较久，与芜湖人民的感情也很深，年成不好，他就施粥赈济灾民；遇到贫穷无钱埋葬的，他就施舍棺材。旅人中有患传染病的，同行者纷纷避之唯恐不及，但阮弼却毫不避讳，亲身前往探病，并资助药费，救人于危难之间。

阮弼无疾而终，享年83岁。

张文金：传承国药，百年流芳

◇ 王　垚

张文金，出身医药世家，其祖父张宏泰于嘉庆五年（1800）在凤阳创办药店，因中医把将死之人救活喻为"回春"，张宏泰亦想使自己新开药店的中药既能长久地救病治人；又希望自己的新开药店生意长久昌盛，故将店名取为"张恒春"。

继承家业，创办药号

张宏泰的第三个儿子张明禄继承父志，再营药业，在太平府护驾墩（现当涂县护河镇）正式挂出了皖南第一块"张恒春"招牌。由于张明禄精心操持，生意日渐红火，由此走上复兴路。

张明禄生有三子，分别叫文金、文玉和文彬。据《张氏家谱》记载：长子"文金原就学私塾，奋志青云，为人处事精明、稳重，颇受父亲器重。后念明禄年逾知命，百务蝟集，劳瘁过度，遂辍学就商，助亲理店务"。据此可知，张文金的聪颖才智被其父亲赏识，在父亲的派遣下，道光三十年（1850）前后，张文金来到水路贯通南北、商贾四方云集的江南重镇芜湖，创办了"张恒春药号"芜湖分号，咸丰二年（1852），慈禧父亲惠征任徽宁池太广道，驻地芜湖，亲授匾额"张恒春"。咸丰六年（1856），张明禄、张文金父子治愈洪秀全的"断头疽"，获得太平天国的厚赠。咸丰末年（1861）再迁至湖南会馆对面（又名长街曹家巷口）；同治六年（1867），又迁到上长街165号。20年三迁店址，药号规模也不断壮大。

经营有道，享誉四方

嵌有恒春二字的楹联

张恒春药号一直非常看重中药的质量和药号的信誉。城内店堂内撰写一副自勉联，"恒产从心采芝寿世，春风得意栽杏成林"，对联的头两个字藏药号名"恒春"两个字；药方包装纸上印有"虔诚虽无人见，存心自有天知"，用来表明自己诚信经营；当时民间流传"看病要找滕驼子（当时芜湖名中医），吃药要找张恒春"，便是对张恒春药号虔诚处世的最佳诠释和夸奖。

张恒春的宗旨是"有求必应，童叟无欺"。"张恒春"店内的坐堂郎中常年无偿为本埠四乡民众把脉开方，凡有前来问病者，不分贫富，一概有求必应，不收分文。夜间有人值班，为急病服务。外地人士问病求药的信函有专人负责，逐一回复，并一律登记备查，绝无疏忽怠慢之举。来张恒春药店问诊求药的病人遍及十八个省市，就连京、津、沪地区的病人也不远千里前来求医购药，可见其影响力之广远。医生处方配药，必用戥（děng）称分量，决不用手估抓，每方配齐后，由头柜二柜复核，加盖校对印章方可包扎出门。特别是在1906年江南发生洪水，张恒春药号全力赈灾，义诊千余次，轰动大江南北。

张文金经营张恒春药号"采办认真，不惜重金，必求货之道地。信誉之诚，有口皆碑"；"零售趸批，均极克己，颇蒙远近各界人士赞许，交相称颂。"芜湖当时有47家药店，唯有该店执药业牛耳。与北京同仁堂、杭州胡庆余堂、汉口叶开泰同负盛誉，并称国内"四大药店"。由于经营得法，即使西药洋货大量涌入芜湖，冲击药业市场，其依然在市场保有一席之地。

百年流芳，再度重生

张恒春从1850年在芜湖创设直至1955年进入公私合营，在这一百余年中，先后在芜湖、丹阳、护驾墩、当涂、宣城、合肥、拓皋、薛镇等8个地方共设有11家分店。百余年中，芜湖张恒春历经5代而不衰的重要原因之一，应当归功于管理者顺应历史的发展趋势，将最初的封建家族管理模式迅速地过渡到现代管理方式。

张恒春药店对联：次货不上柜，配方遵古法。虔诚虽无人见，存心自有天知。

药号为从源头克服利润流失的漏洞，有效保证张恒春的持续发展，推行聘用经理制。资方除了外交往来，定时核账之外，一切由资方代理人全权管理。这种管理模式从源头直到公私合营时，张恒春共有8位经理人为药号的发展做出了巨大贡献。

光阴荏苒，至1949年新中国成立，芜湖张恒春已经走过100多个春秋，进入了崭新的发展时代。1955年2月，张恒春药号传承人张健卿正式提出了公私合营的申请，同年12月成立"公私合营芜湖市张恒春药号加工厂"。1959年1月，更名为"芜湖中药厂"。20世纪80年代，张恒春药号被国家医药管理局确认为全国56家重点中药厂之一，被国家中医药管理局评定为重点骨干企业和中成药生产优秀企业，为安徽省生物医药产业崛起和中医药现代化做出了突出的贡献。

胡贞一：胡开文墨业创新者

◇ 沈世培

胡贞一（1829—1899），名元，字元阶，安徽绩溪上庄人，例授奉直大夫，赏戴蓝翎，胡开文墨业创始人胡天注的四世孙，芜湖"胡开文沅记"墨店创办者，"胡开文"墨业经营大胆创新者。

走出徽州第一人

胡贞一像

徽墨，起始于北宋。到清代，曹素功、汪近圣、汪节庵、胡开文为"徽墨四大家"，后期胡开文墨业崛起，至清末成为徽墨集大成者。1935年前后，"胡开文墨"已经成了徽墨的代名词。

乾隆三十年（1765）绩溪上庄胡天注在徽州休宁设立胡开文墨店，在屯溪设立分店，店名取"天开文运"之意。他年老时阄书析产，次子胡余德继承休宁胡开文墨店，七子胡颂德掌管屯溪胡开文分店，并规定单传执业，如果起桌（指另外开张制墨），必须更名。后世子孙在不违背祖训前提下，纷纷起桌制墨，进行更名，在"胡开文"之后加"某记"二字，以示与原字号的区别，产生众多分店，除二房休城"胡开文"、七房屯溪"胡开文"外，还有六房芜湖"胡开文沅记"、八房上海"胡开文广户氏"等，其中以六房懋德之孙胡贞一创办的"胡开文沅记"发展最快。

胡贞一少时，曾经学过制墨，后来就背着墨包，到芜湖周边地区推销徽墨，熟悉芜湖及其周边行情。芜湖为文童考试之地，有荆山、龙门、中江、鸠江、天门等书院，徽墨需要量很大。咸丰二年（1852），胡贞一和同乡徽墨技工曹文斋、程连水和程平均兄弟在芜湖南门大街合资开设"胡开文沅记"墨店。胡贞一成为胡开文墨业迈出徽州的第一人。同治元年（1862），由于经营理念不同，曹、程撤股，胡贞一独资经营"胡开文沅记"墨店。

竞争中求发展

芜湖"胡开文沅记"在芜湖发展迅速，后来居上，有取代休宁老店的趋势，引起了休宁老店的不满。休宁老店准备在芜湖专设门店，与之竞争。

为了更好地竞争，抢在休宁老店在芜湖开设分店之前，同治九年（1870）前后，胡贞一就在长江一线开设连锁店，抢占市场。店名按照"沅（芜湖）、亨（九江）、利（南京）、贞（汉口）、立（安庆）"取名，在九江设立"胡开文亨记"，在

胡开文故居

南京设立"胡开文利记"，在汉口设立"胡开文贞记"，在安庆设立"胡开文立记"。总店统一安排分店管理人员，供应墨品。当时，九江为通商口岸，南京是江苏会考和两江总督衙门所在地，汉口是商业重镇和湖广总督驻地，安庆是安徽省会，在这些地方设店，不仅取材便宜，还拓展了市场。

1924年，安徽桐城人李润伯与"胡开文沅记"立约，在成都青石板街开设"胡开文"墨店，作为"胡开文沅记"连锁店，销售总店所产徽墨。1926年，成都胡开文在春熙路开设分店。1927年，"胡开文沅记"又在芜湖

胡贞一：胡开文墨业创新者

长街陡门巷口增设分店"胡开文源记"墨店。这些措施，迫使休宁老店到民国初年才在芜湖设立"休城胡开文"分店。

创新经营方法

"胡开文沅记"墨店制品

胡开文是中小型手工业作坊，前店后坊，家店不分，店主决定一切，逐渐形成一些不成文的店规。"胡开文沅记"经营方法，随时代不断创新，灵活应对市场。

抗日战争前，"胡开文沅记"和分店"胡开文源记"共有职工60余人。管理人员有管事、副管事各1人，在前堂办公，接待上门顾客，以"人无笑脸休开店，货不停留利自生"为信条。后场分做墨、打墨（晾墨、锉边）、填字（描金）3个车间，由1位管作负责。经营方式，为自产自销，既做门市，又经营批发，产销一体。

科举时代，墨店主要为士大夫阶层生产高级墨。光绪三十一年（1905）废除科举后，各地新式学校兴起，墨店生产转变向普通墨，销售方式改为门市兼批发。小宗批发为现金交易，大宗批发为赊销，分端午、中秋、春节三节收账。每逢学校开学时，职工还外出贩卖，对附近县乡文具店实行批发，通过肩挑小贩，把产品销往广大农村。此外，墨店还经营毛笔、砚台以及其他文具。

清末民初，"胡开文沅记"进入全盛时代，誉满全国。1940年，胡贞一曾孙胡恩森任"胡开文沅记"墨店经理。抗战胜利后，市面物价飞涨，胡恩森将现金换成棉纱和大米，以实物保值，才度过经济危机。1956年2月，"胡开文沅记"与"胡开文友记""胡开文筱庄氏""胡开文洽记"合并成立"公私合营芜湖胡开文制墨厂"。此厂后来先后改名为"芜湖市油墨厂"和"芜湖长江油墨有限责任公司"。

李经方：芜湖近代城市的开发者

◇ 汪　宪

李经方（1855—1934），字伯行，号端甫，安徽合肥人，中国近代外交官、政治家，其创办的李漱兰堂和利济轮船公司为近代芜湖城市开发和建设留下了不可磨灭的印记。

大力开发房地产

1876 年，中英双方签订了《烟台条约》，芜湖由此被正式辟为商埠。在开埠之初，芜湖的城区范围还相当有限，主要集中在青弋江两岸。李经方，作为李鸿章之子，在镇江米市迁来芜湖之后，率先来到芜湖，投身于开发芜湖之中。他大量购置土地，广泛开发房产，李经方的堂号名为"李漱兰堂"，他所开发的房产都归于这一堂号之下。而他的办公地点，则位于现今的芜湖大官山一带。

李经方在芜湖投资建设的区域十分广泛，遍布芜湖老市区的各个区域，李经方购买政府荒地，或购置私人地块，或租地取得地皮，不断建设楼房与店面，最后逐渐形成了临近长江与青弋江交汇处的二街、吉和街，以及之后定名为中山路、新芜路等商业街和住宅区，成为此后芜湖城市扩张与建设的重要基础。直至 1949 年，李经方在芜湖所建房屋仍然留存着 276 幢，共计 1 万多间，建筑面积高达 22 万平方米，这些房屋分布在 28 条街道上，见证了芜湖城市的发展与变迁。

今芜湖国货路的形成，也与李经方有着密切联系。在开辟大马路（今

李经方给赫怀仁的名帖

中山路）和二街后，李经方计划将大马路向南延伸至长江沿岸的头道渡（今中山桥一带），因修路需拆除几所民房，受到当时一位在日本领事馆任职的沈姓人士的阻止，在征收受阻后，李经方亲自前去拜访，沈氏说："相爷开马路造市房是好事，只是那几间民房是小民生计所依，还请相爷高抬贵手。"李经方恐得罪他，遂将马路改道向东修建，转向二街和陡门巷，成为连接大马路和二街的一条捷径，这一延伸部分整体为"L"形，又因其北边是荒地，南部为民宅，故被形象地称为"半边街"。半边街在抗战时期因抵制日本侵略而改名为国货路，并沿用至今。

　　李经方的私宅坐落于现今滨江公园与中江塔之间的临江地带，当时人们尊称为"钦差府"或"相府"。除了这栋私人府邸，李经方还在昔日的陶塘（现今镜湖）一带精心打造了一座花园。陶塘在开发之前，不过是一片荒芜的水滩。然而，李经方独具慧眼，对陶塘一带进行了规模颇大的改造，仅当时李氏家族建设的大花园、西花园、留春园等园林，就已经包含了如今镜湖、鸠兹广场以及中山路步行街等一大片区域。

李家大花园（今镜湖公园）

　　其中，留春园一名最早出现于清乾隆朝，时任芜湖知县陈圣修疏浚镜湖并扩建周边园林，取张孝祥词句"留春伴我春应许"中的"留春"二字，将该地定名为"留春园"，晚清时期该园为太平军战火所毁，后由李经方收购该地遗址，并重新加以修缮，仍名为"留春园"。民国旅行家洪素野在《皖南旅行记》描述留春园："垂杨夹堤岸，湖水映碧波，很有西湖韵味。"

1929 年的李园

受战争影响，李氏家族迁往上海，其在芜湖的建设计划被中断。李府的其他后人亦大半离芜，各堂房地产概由管家经营。此后，李府日渐式微，其在芜湖的房地产所有权逐步丧失。

投资工商业

在大规模投资地产以外，李经方还在芜湖开设有恒泰同茂钱庄，资本数额在 40 万两白银左右；另有源丰、源庆、源成三家典当铺，在芜湖典当行业中规模颇大。此外还在青弋江南部富民桥（今中山桥）修建了容量据称可达两三万担稻米的恒丰粮仓。1916 年，李经方会同陈绍吾等官绅以资本 50 万两建立芜湖裕中纱厂（芜湖纺织厂前身），并于 1919 年投产。裕中纱厂产品主要销往安徽地区的长江两岸以及南京，是当时安徽第一家纺纱厂，并最早采用机器生产。

在如今芜湖吉和广场北，天主教堂以西，曾有一条东西走向，名为利济巷的道路直通长江，这个路名来源于李经方民国初年创办的利济轮船公司。利济轮船公司设在今吉和广场一带。开办时就已拥有3艘小火轮，名为芜安号、芜通号和芜太号，分别负责芜湖到安庆，芜湖到巢湖、合肥以及芜湖到大通（今属铜陵）这三条航线，另有十余艘木拖船。每两日便对开一次，中途在巢县（今巢湖）停靠过夜。

利济轮船公司不仅满足了李府物资运输的需求，还积极开拓客货运输市场。随着商业发展的推移，利济轮船公司继续扩大其船队规模，又陆续添置了六七条小轮和十多条拖驳船，其中有4条火轮，它们分别被命名为永安、久安、吉安、祥安，这4个名字寓意着永久吉祥。

推动建设芜广铁路

除了上述所述，李经方还极力推动了芜广铁路的建设与开通，这条线路始于芜湖，终于广德，设计总长为278里。他在其著作《安徽全省铁路图说》中，详细规划了将芜湖打造为安徽铁路网络的核心这一计划，意图通过这一中心，贯通安徽南北，并进一步连接河南、浙江两省，从而开辟安徽通往外界的通道。

为了实现这一宏伟蓝图，李经方主张优先构建芜广铁路，在晚清时期安徽地方铁路网的规划中，芜广铁路是唯一付诸实施的项目。在李经方的思想指导下，1905年，芜广铁路的建设工程正式启动。然而，尽管计划雄心勃勃，但由于地方工商业界的强烈反对，工程最终被迫中断。尽管如此，李经方对于芜湖乃至安徽铁路发展的贡献仍然不可忽视，他的远见和决心为后来的铁路建设奠定了坚实的基础。

章维藩：芜湖益新公司创办者

◇ 沈世培

章维藩（1859—1921），字幹臣，一字赣岑，号惕斋，又号邴如，晚年自号清芬主人，原籍浙江吴兴（今浙江湖州），生于山西太原，芜湖益新公司创办者。

开启实业先风

章维藩因父亲章贻堂为左宗棠幕府师爷，青年时期随父为左宗棠平定新疆叛乱襄理军运粮饷。根据他写的《维藩公亲笔书写履历一纸》，可知他为官经历。西征结束后，光绪十二年（1886），因军功被任命为安徽怀宁牙厘局提调，光绪十六年（1890），任无为州知州。治无为三年，兴学校，除重役，固江堤，捕蝗蝻，百废俱举，为"皖南北循良之最"。在处理"无为教案"时，他没有袒护欺虐平民的教民，引起外国传教士交涉，清廷屈于外力，光绪十九年（1893），贬为怀宁县知县，后为宣城知县。他性格刚正、豪爽，厌倦官场，再加上他为人孝顺，恰逢母亲去世，不愿再为官。

甲午战后，清政府开始实行恤商惠工政策，章维藩看到晚清洋货充斥，产生了实业救国思想，便弃官从商，光绪二十二年（1896），在芜湖创办益新面粉公司。益新在前农商部、工商部、实业部先后注册为"芜湖益新米面机器公司""芜湖益新榨油机器公司"和"芜湖益新机器磨面碾米榨油股份有限公司"，简称"益新公司"。最初申报资本额纹银10万两，共有股份1000股，每股100两（实收仅5万两）。他还在芜湖创办了一家新式家具工厂，在马鞍山兴办了宝兴铁矿公司。当时朝廷未设商部，公司很少，章维藩首倡实业，"正为开风气，助民生也"。

几经曲折

益新公司原择定青弋江下游入长江口以北一带江边为厂址，但是民间迷信，认为开设工厂安装机器将破坏"风水"，竖立烟囱要用童男童女活祭，所以一时地方乡绅、民众坚决反对建厂，于是厂址不得不一再内移，最终选定在金马门外一片芦苇荒滩。而在土建安装快要竣工时，芜关道又以"使用机器碾米磨粉，影响本地砻坊生计"为名，不许开工。至此，骑虎之势迫使章维藩作违心之举，改向香港英国殖民当局办理注册，还向太古洋行借来1名犹太佣工留住厂内，充作"保护伞"。几经周折，始在光绪二十三年（1897）开工投产。最初安装3台直径1.2米的石磨，以后由于面粉供不应求，改用钢磨，并另建了1幢3层面楼。营建时，曾有外籍技师临场指导，参与调试。

然而正当公司逐步发展时，公司面楼却不幸于1909年突遭火灾，厂房与机器全部被烧毁，公司濒临破产。章维藩一面劝说族人捐款，一面多方借款，特别是获得曾任两广总督、两江总督的周馥的3万两资助，重新购置了1套英国机器，延聘英国工程师，并且在原址重新盖起4层面楼，最终于1916年复业。大楼面对青弋江的南墙上端嵌有"益新公司"石刻一通，系章维藩手书。劫后，资金短缺，一度兼营代客加工业务。

1921年，章维藩去世，与夫人沈氏合葬于钱塘西溪章家园。长子章兆麟继任益新、宝兴公司总经理。1927—1937年，次子章兆彬主持宝兴公司，并有所发展。1937年芜湖沦陷后，益新公司被日本"华友厂"占领8年；抗战胜利后租给汉口福新第五面粉厂；芜湖解放后，改名为"芜湖益新制粉碾米工厂"，1951年产权归全民所有，厂名为"中国粮食公司皖南分公司制粉碾米工厂"；1953年为国营芜湖市第一面粉厂，以后又改名为芜湖市面粉厂。1994年，这里成了芜湖希望饲料有限责任公司生产用房，益新公司旧址因厂房老化而被闲置。现厂址辟为芜湖市大砻坊科技文化园。

益新公司大楼（李艳天 提供）

安徽近代工业开创者

按照袁昶与前英领事富美基议定善后章程6条，不准益新公司添增机器，多做米面，以免掠夺本地人力砻坊生计，每日做米以500担为额，做面以60担为度。尽管受到限制，芜湖"缩毂长江，产麦既富，转运便捷，经营数年，获利丰厚"。据《中外日报》报道，益新公司光绪二十五年（1899）获利万金；光绪二十六年获利约2万金；光绪二十七年每日可出米400石，面粉100石。

光绪三十二年（1906）清政府实行奖励工商实业政策，益新面粉厂再次获得大发展机会。光绪三十四年（1908）春，益新公司向清政府农工商部提出免除厘金的请求，获得批准。此后，章维藩不断进口新式机器，甚至准备引进制冰机器。它生产的"飞鹰牌"面粉畅销于长江流域以及华北各埠，被誉为全国头牌面粉。宣统二年（1910）年六月，它生产的面粉参加清政府在南京举办的首届商品博览会"南洋劝业会"，荣获优质品奖章。

因为益新公司是芜湖最早使用机器碾米磨面的大工厂，所以当地习惯称益新为"机器砻坊"或"大砻坊"。这也就是今天芜湖"大砻坊"地名之由来。中国传统手工业以人力和自然力为动力，益新公司使用电力和机器生产，为我国最早机器工业之一。它的创建，标志甲午战后安徽近代工业的兴起。

霍守华：创办和经营裕繁铁矿公司

◇ 沈世培

霍守华，晚清、民国年间广东南海人，芜湖顺泰成米号老板，裕繁铁矿公司总经理。

创办裕繁铁矿公司

霍守华早年随父亲在上海米粮店当学徒，后在镇江经营米粮采运业，还在上海开设了租赁轮船公司。光绪八年（1882），镇江米市迁到芜湖，广帮首先迁芜，霍守华也迁芜，开办"顺泰成"米号，不久，又开办同丰机器碾米公司，积累了丰厚资金。他曾在宣城一带开采银矿，在繁昌大磕山开铁矿，均以失败告终。

宣统三年（1911），居民胡尺君在繁昌县获港镇桃冲村长龙山北麓拾得露天铁矿石数十吨，准备卖给湖北汉冶萍煤铁厂矿有限公司，到芜湖海关接洽，久候未果。他在芜湖，结识了"鸿安栈"客店老板丁幼平、芜湖"顺泰成"米行老板霍守华、青阳煤商陈梅庭，三人对桃冲铁矿很感兴趣。次日，霍守华到上海向粤商筹资，只筹得少量资金。他知道日本人正在我国长江流域寻矿，便找到了日本三井洋行驻上海事务所森恪，森恪对桃冲铁矿兴趣极大，答应资助。

经过努力，霍守华在上海、广东、香港、芜湖、繁昌等地集资100万元，分5000股（每股200元），霍守华69600元，为最大股东。1913年，与汉冶萍公司洪受之合作，邀集陈梅庭等90名股东，在繁昌桃冲成立了"裕繁铁矿股份有限公司"，霍守华、陈仲衡、许镜蓉、丁幼半、唐耐修、陈新培、吴希伯7人为董事，俞学海、唐当两人为监察人。同年7月，裕繁公司领到皖都督府第1号勘矿执照，着手勘探。

皖人抗争

裕繁公司成立后，霍守华即联系森恪，请求日方资助。日方看到该矿质量好，交通便利，以收买全部矿产为条件，先付定金20万元。1914年7月，霍守华购山地近600亩，划定矿区。他呈文给南京第三矿区矿务监督署转农商部，请求发给采矿执照。9月，他领得南京第三矿区矿务监督署发的第22号采矿执照，同月7日正式于农商部注册开办，将裕繁总公司设在上海广东路36号，霍守华任总经理，唐耐修任经理；分公司设在芜湖洋街，由陈仲衡任助理；矿山设事务所，张琴典任矿长，主管矿务。10月7日，霍守华私自与森恪签订4000万吨铁矿石的售砂条约12条，分40年交货，每吨1两银；三井洋行以6厘息，先借款20万元作为开办费。日方派益田达氏等6名工程技术人员到矿山指挥工程建设施工。

1920年的繁昌桃冲铁矿

桃冲矿山开工建设后，裕繁公司正式聘森恪为顾问。在霍守华与森恪签订售砂合同前，1914年3月，北洋政府颁布新矿业条例，明确了铁矿国有政策，非经政府特许，不能领照。任中日实业公司总裁的安徽泗县人杨士琦，会同皖籍在京知名人士李经议、周学熙、王辑唐等人，认为霍守华为"汉奸商人"，与日商私订合同未呈农商部核准，敦促政府吊销其执照。森恪自知与霍私订合同相违新法，便通过日本政府，对中国政府施压。北洋政府软弱，1916年5月4日，农商部一方面吊销原发给裕繁采矿执照，另一方面又发照允许裕繁增购800余亩扩采，没有取消裕繁公司采矿权，使其所签合同合法化。公司两次购地1463.8亩。

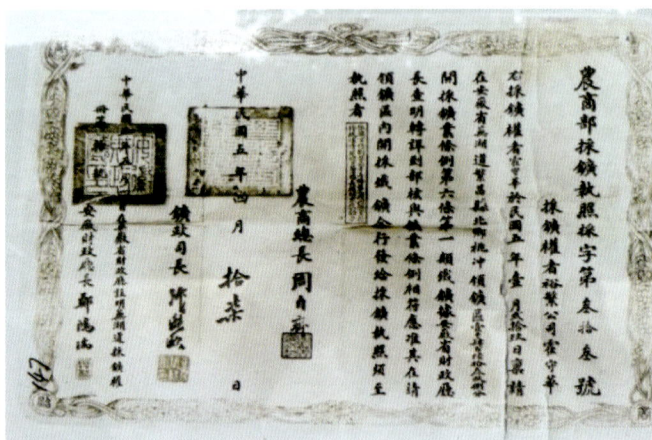

1916年裕繁股份公司采矿执照

1916年元月22日，霍守华代表裕繁公司，李士伟、森恪代表中日实业公司，重新签订《裕繁公司售卖铁砂合同》，将出售对象森恪改为中日实业公司。1917年12月16日，安徽省议会也反对裕繁铁矿与日人合办，但是反对无效。

矿产遭日本掠夺

在裕繁公司领得新区扩采执照后，日方按照合同规定，派出安部四方治、高桥雄治、羽生庚午郎等工程技术管理人员，指导建设桃冲铁矿和桃冲矿场至荻港江口码头专用铁路，至1918年底完工，共耗日元120万元。

霍守华名为裕繁公司总经理，但实权却掌握在日本人手中。裕繁公司与中日实业公司重新签订"售砂借款"契约后，中日实业公司垄断了铁矿出口销售。第一次世界大战爆发后，缺乏铁矿资源的日本对铁矿需求量激增，中日实业公司在日本发起成立东洋制铁所，1918年与东洋制铁所签订《中日实业、东洋制铁之间关于桃冲铁矿的买卖契约》。此后裕繁公司所产铁矿石供给中日实业公司，转输日本八幡、釜石、日本制钢、三菱、东洋5大制铁所。

外运铁矿石的码头

　　1924年，该公司年产矿石达348755吨，约占当年全国铁矿产量三分之一。裕繁公司发展到1928年，已颇具规模。自1918年至1936年上半年18年中，裕繁公司运往日本的矿石，据不完全统计达3454907吨。裕繁公司所售铁矿完全仰赖日方，定价较低，卖得越多，亏得越多。到1920年，公司总计债务达472万日元。1937年日军大举侵华，霍守华携同矿山职警弃矿而逃，公司倒闭。

　　日本投降后，民国政府以"敌产"没收了桃冲矿山，霍守华以昔日裕繁公司系集股开发桃冲矿，均经农商部核准为由，自1945年8月至1947年5月先后近20次恳求发还桃冲铁矿，资源委员会下属华中矿务局筹备处认为霍守华长期与日伪"合作"，并对日负有巨额债务，拒绝发还。

　　新中国成立后，桃冲铁矿正式划归马鞍山矿务所领导，铁矿焕发生机。2022年3月份，桃冲矿划归安徽皖宝股份有限公司管理。

赫怀仁：殉职于芜湖医院的美国医生

◇ 章征科

赫怀仁（1868—1913，Edgerton.Heart），美国人，医学博士，芜湖医院第二任院长，不仅医术精湛，享有盛名，还引领安徽近代外科医学发展近20年。

治病救人，大爱无疆

赫怀仁之所以来到芜湖，与其父亲维吉尔·哈特（Virgil Chittenden Hart，1840—1904）有关。维吉尔·哈特中文名为赫斐秋，1877年来到芜湖传教，他对芜湖这个地方印象深刻，决定在此地建立一个布道所。他是最早来中国的传教者之一。1887年之前，传教士及医生斯图尔特（George A.Stuart）受美国基督教美以美会传教士维吉尔·哈特委托在芜湖长江边的弋矶山麓开办"斯诊所"（施诊所），1888年，在"斯诊所"的基础上创办芜湖医院（即今弋矶

赫怀仁像

山医院前身）。斯图尔特因此成为首任院长。

赫怀仁是维吉尔·哈特的次子，于1868年出生于江西九江，后回到美国读中小学，再到多伦多大学、纽约大学读书，1893年获医学博士学位。1893年底返回中国，在苏州和福建古田等地行医。1895年11月，赫怀仁医

生来到芜湖医院担任院长一职，斯图尔特随后赴南京汇文书院任院长（1896—1907）。赫怀仁因在中国出生、在中国工作，被大家亲切地称为"本地人"。他医术精湛，品德高尚，还经常帮助中国人处理和外国人的纠纷。1907年，赫怀仁与凯若琳·马多克（Caroline Maddock Hart）完婚，凯若琳·马多克是赫怀仁的第二任妻子，婚后被尊称"赫师母"。1909年，她与信宝珠女士（Miss Cora Simpson）等在庐山设立"中国看护组织联合会"，这是中国第一个全国性护士组织，凯若琳·马多克为会长。

芜湖医院从无到有对比图。左图拍于1887年左右，右图拍于1900年

《中国公报》的记者这样描述赫怀仁："这个人的工作非常了不起，同时他也是健康的化身。早晨他像云雀一样早起，来到弋矶山上这家大型的中国医院查房，将和蔼的话语带给每一位病人，给许多门诊病人治病，并且还外出到山附近的传教据点给人看病；然后下山到芜湖，这里除了一些商行和远洋轮船的船员到来，他就是整个海关的一名职工，去图书馆里看一看，或者外出去别的地方做行善的事，也许会在几公里之外，然后再一次回到医院，之后去更多的人家里。没有人知道他在哪里吃饭，也没有人看到过他吃任何东西。"

"山顶之上就是一座设施良好的医院，远近闻名。赫怀仁医生就住在近旁，并有众多外科手术机会一展身手。他非常成功地完成了一些最艰难的手术，并迅速在本土人群中建立信任。他也是唯一的住院医生，负责所有外国人社区的医疗工作。"

赫怀仁当年的工作日志记录了他在诊所和医院里的许多日常工作：包

括照看病人、执行手术、接生小孩、接种疫苗，为患者做截肢和切除大型肿瘤手术等。1909年，他为一个妇女切除了输卵管上80磅重的卵巢囊肿；为另一位35岁的女病人切除了60多磅的囊肿；还为一个商人的妻子截去了严重感染的下肢；除夕夜给一位32岁的女性切除腹壁上一个巨大肿瘤。赫怀仁任院长期间，弋矶山在远近早已声名鹊起，就医的病人不仅来自社会下层，也有来自影响很大的家族甚至官员的家庭。他还应邀为李鸿章家族的人治病，并因此得到李经畲赞助，李经畲把原属李府的弋矶山南坡的一块土地赠给医院，扩大了医院的空间范围，提升了赫怀仁院长的影响力。

救济灾民，全活无数

1901年冬，赫怀仁（右下角第二排第一位）坐在石头上与挑圩修堤的灾民合影

芜湖近邻长江，经常遭遇洪灾，江堤严重受损，引发了国际社会的关注。1901年夏，一场特大水灾席卷了长江中下游诸省，其中江苏、安徽两省受灾最重，一片汪洋，死者枕藉。堤坝被冲垮，许多农田被毁。到了秋天，贫穷的百姓面临大范围的饥荒。美国红十字会捐赠了10万美金，由赫怀仁负责管理。他将这笔捐款以工代赈，用于恢复农业生产、修理堤坝，不仅努力指挥灾后重建工作，还救济了数以千计的灾民，用民国《芜湖县志》的话来说，"全活无数"。这是他在大灾之年所做的一件足以载入史册的善举。1902年4月，赫怀仁陪同瑞典水利专家冯海登斯塔姆考察芜湖长江大堤。

1913年，赫怀仁医生在给病人手术中不幸感染了斑疹伤寒，4月14日殉职于芜湖，享年45岁。他被安葬在芜湖外国人公墓，墓碑上刻着 "A Lover of Mankind"，译成汉语为"施爱使者"。几周后，芜湖一些官员、士绅、民众在芜湖大戏院举行盛大的追悼会。这是对赫怀仁所做的善事和所产生的影响的最好纪念。1914年，为儿女就读之事，赫怀仁妻子痛别芜湖，携儿女回到美国。

作为一位美国医学博士，赫怀仁在1895年至1913年间担任芜湖医院院长，引领了安徽省18年的外科发展，并开启西医教育之先河，使芜湖医院成为当时安徽

赫怀仁墓，位于赭山与铁山交界处，现已不存

省最大、技术力量最强的医院。1999年，赫怀仁的曾孙史丹利·克雷福德开始了中国之旅，还曾在皖南医学院担任外教，并将他曾祖父母、祖父母保存下来的芜湖老照片及相关资料电子版慷慨地赠送给芜湖市文物部门。

吴兴周：创办电业，点亮芜湖

◇ 王　垚

吴兴周（1868—1941），晚清民国著名实业家，安徽绩溪人，为芜湖商界风云人物，安徽实业界的巨子。

吴兴周年少勤奋，13岁经父辈介绍到安徽六安某钱庄学徒。由于他为人忠厚，书算娴熟，不过数年便在县城商界崭露头角，并得到店东的信任和重用，升任管账、经理。旋得友人集资资助，到庐州府（今合肥市）开了一家商店。此时，他认为芜湖商埠大有发展前途，便将庐州商店停歇，资金转移芜湖。

首创芜湖电厂

1900年，吴兴周前往芜湖发展，在长街开设宝兴京广货店，因经营得法，信誉日高，成为商界名人。此时，帝国主义经济扩张加剧，洋货充斥市场。兴办实业、提倡国货的爱国思想，为人所推崇。受此影响，吴兴周也萌生投资实业的梦想，立志创办电厂。

为了了解发电的相关原理，吴兴周几经辗转来到上海，经上海绩溪同乡介绍，与新申电力公司的电气工程师姜忠浩相识。此次见面，两人相谈甚欢，姜忠浩向他详细解释了电力照明和发电知识，以及创办一座电厂所需资金、设备、技术等问题，他越发痴迷上了电灯，从此与电力结下了不解之缘。

然而创办电厂绝非易事，首先需要解决资金问题。吴兴周找到了在芜湖合伙开店的绩溪同乡程宝珍，将创建电厂的想法如实告知，指出这是顺应时势发展的难得商机。程宝珍一听当即表示全力支持，并答应出巨资做电厂的大股东。此后，吴兴周游说在芜湖经商的其他同乡，劝说他们改变徽商传统的经营模式，将目光转向实业。

吴兴周经过积极的策划和不懈努力，在徽商程宝珍、周淑培、黄佩之、胡应莲等徽宁有识之士认股赞助下，筹集到启动资金漕平银12万两，终于在1906年正式向清政府农工商部申请成立"芜湖明远电灯有限公司"，注册商标是"黑白月亮"，寓意电灯就像皎洁的月光，将点亮整个芜湖的夜空。

1908年，明远电厂开始营业，它是近代安徽最早的电厂，与益新面粉公司和裕中纱厂，被人称为芜湖的"两个半烟囱"。吴兴周成为第一个在芜湖乃至整个安徽点亮电灯的中国人。当年一首歌谣唱道："徽州骆驼送电火，电火送来胜光月。从此夜色不昏暗，男女老少都欢悦。" 歌谣表达了百姓使用电灯的欢快之情和对吴兴周敢为人先、勇于创新的钦佩之情。

明远电厂

但由于当时社会风气闭塞，初建电厂时，吴兴周受到了很大的阻力，例如一些保守人士抵抗用电，排斥新事物，尽管他带人挨门逐户宣传用电常识，但收效甚微。另因电厂初建之时，缺乏管理和生产经验，沿袭较为陈旧的老商铺经营方式，职工也多系股东或地绅保荐，制度涣散，致使辛亥革命前夕，公司因入不敷出，濒于破产。在经营陷入困境之时，吴兴周当机立断，立即向大清银行高息举债，稳定了明远公司正常运转。清廷覆灭后，公司大债主芜湖大清银行随之倒闭，欠债不了了之。债务减轻后，吴兴周着手整顿，明远公司发电量日益扩大，公司逐步发展。20世纪20年代，随着芜湖裕中纱厂等工厂先后投产，其他机械、粮食、加工等行业也有所发展，用电量急增，电力出现紧缺。明远公司集资50万元，扩建厂房，增加发电设备和人员，直至1932年，芜湖明远发电设备占全省发电设备总容量的57.4%。据当时的统计资料显示，明远公司不仅成为当时安徽最大的发电厂，也是全国"二等电厂最完备者"。

扩大实业

当电业经营有所改善发展后，吴兴周以"明远"为基础，1920年7月联合芜湖地方士绅募集资金10万银圆，在芜湖东郊青弋江畔的大砻坊，创办大昌火柴厂，公司取名"大昌"，源自《左传》"五世其昌"，寓托着实业昌盛的期待，1921年正式投产。大昌火柴厂是安徽第一家火柴厂。

大昌火柴厂火柴盒上的火花

吴兴周作为近代徽商的典范，他的脚步从未停歇，这期间他与人合办恒升机器厂、安徽银行、江南汽车运输公司等企业。他还在1925年扩建徽州菜馆，取名为"同鑫楼"，内外装修及各色菜肴均具有徽州特色，经营各种特色小吃。抗战胜利后，同鑫楼更名为同庆楼，并进行了全面扩建，优越的地理环境加上极具特色的徽州菜肴，同庆楼很快成为芜湖名噪一时的餐饮名店，现成为中华老字号。

支持教育

随着社会影响和在工商界威望提高，吴兴周在任明远电灯公司经理（1909—1934）、董事长（1928—1937）期间，先后当选为芜湖总商会会长、安徽省商联会主席、全国商联会执委等职。

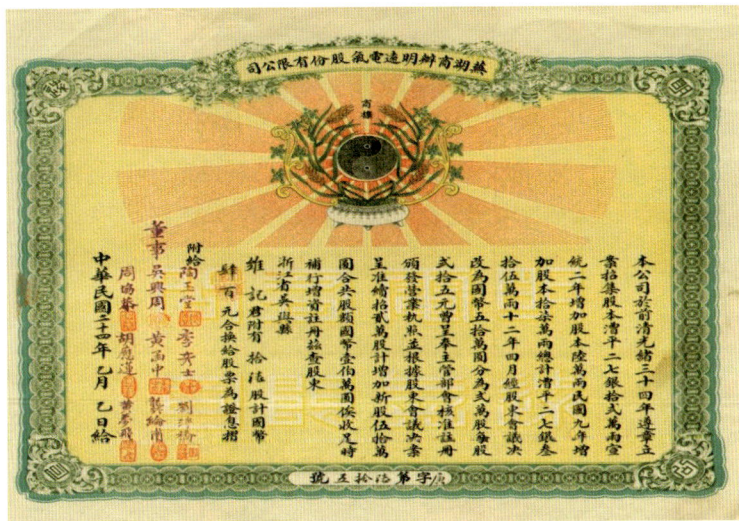

1935年明远电气股份有限公司的股票

吴兴周深受徽商的影响，不仅心系商业发展，更是热心教育事业。在芜湖，他创办工人夜校，聘请教员，供给课本纸笔，让明远电灯公司工人读书识字，其他厂工人也可自愿入学。他还在故乡绩溪周迁村捐资创办"兴周小学"，聘请名师教学，随后，又拨款兴建校舍，为了小学能长久办下去，他还从自己的明远电灯公司股份中划出一部分，另设专户，把股息红利作为小学的常年经费。

1938年冬，芜湖沦陷，明远电灯公司为日寇夺占并组成伪董事会。吴兴周不屑与日寇汉奸为伍，愤然回故乡绩溪避难，甘于清苦，闲居故园，1941年秋病逝，终年74岁。

吴兴周在近代芜湖积极投身新式行业的经营，完成了由传统模式到近代企业的转型，有力地促进了芜湖乃至安徽近代工业发展的进程。

包让：芜湖医院的美籍院长

◇ 胡传志

包让（1886—1948，Robert Ellsworth Brown），1886 年 11 月 29 日出生于美国堪萨斯州的里昂斯，1910 年毕业于美国伊利诺伊大学，1916 年和 1918 年分别获得美国密西根大学公共卫生硕士与医学博士。1918 年 8 月来到中国，担任芜湖医院院长。他们全家在芜湖工作 20 年左右，做了大量治病救人、卫生管理的日常工作，可惜在国内没有一篇关于他的传记，所幸现有资料尚能看出他在芜湖的三大善举。

兴建医院大楼

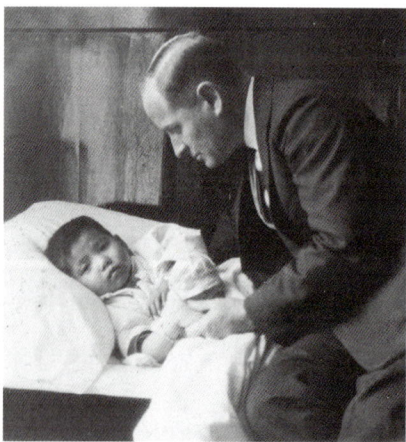

包让检查患者

1888 年，美国基督教美以美会在芜湖长江边的弋矶山上创办芜湖医院（Wuhu Generel Hospital，即今弋矶山医院前身），美国医生斯图尔特（George A.Stuart）、赫怀仁（Edgerton. Heart）先后担任院长。1913 年 4 月，赫怀仁因在手术中感染斑疹伤寒不幸去世，年仅 45 岁。美国人江德（Gaunt）接任院长。包让来到中国后，担任芜湖医院第四任院长。

当时，芜湖医院条件简陋，医院

唯一的一座两层楼的病房于1923年失火被毁，不得不重新建设新的病房大楼。包让请美国著名建筑设计公司McKim，Mead&White设计，他们以设计宾夕法尼亚火车站、纽约哥伦比亚大学和波士顿公共图书馆而闻名。洛克菲勒基金会的中国医学委员会和卫理公会各出一半资金。包让等人克服种种困难，兴建病房大楼，包让殚精竭虑，一度病倒。1924年开工，1927年底部分建成开业。1928年秋，宋美龄因病住进芜湖医院，11月26日，蒋介石来芜湖接宋美龄出院，视察芜湖医院，题写"芜湖弋矶山医院"，并捐款300银圆。芜湖病房大楼直到1936年才全部建成。

1936年底落成的芜湖医院大楼

病房设施先进，备有发电机、升降电梯、集中供暖设备、冷热水系统、X光机，开设内科、外科、妇科、儿科、化验等科室，不仅如此，医院还聚集一批一流名医，如防痨专家吴绍青、外科先驱沈克非、儿科先行者陈翠贞、妇产科创始人阴毓璋等，都曾在此工作。芜湖医院因此成为一所颇有影响的现代化医院。

为了解决看病难，包让还在芜湖二街附近开设一家门诊，因房子由铁皮覆盖，所以人称铁房子诊所。包让为芜湖医院的建设作出了重要贡献。

开展水灾卫生救助

1931年夏天，芜湖发生特大洪水，共造成49.3万多间房屋倒塌，39.9万人受灾，其中9500多人遇难。在芜湖政府的请求下，包让投身于医疗卫生救助工作。1932年2月4日，包让在《基督鼓呼者》（The Christian Advocate）刊发文章，记载具休灾情和救助情况。

根据他的记载，当时芜湖共设7个难民营，"共有12000个难民，在芜湖县还有 50000 人"。水灾之后，极容易引发大规模流行性疾病，卫生尤其重要。包让深知灾情的严峻性，因此"洪水救灾工作继续占据着我们的大部分时间和心思"。包让率领芜湖医院医护人员，加上警方抽调了 50 名人员，积极开展灾区卫生整治工作，主要包括：建设公共厕所，组织人力保持厕所卫生，喷洒消毒药物；打扫难民营卫生，为上万名灾民接种预防霍乱和伤寒的疫苗；免费发放开水；开设急诊医院；统计患者和死亡者；有一难民营出现霍乱，他们及时采取措施，控制疫情扩散。毫无疑问，这些工作大大减少了死亡率。

揭露日军暴行

包让在芜湖的另一独特之处，是记录和揭露侵华日军的暴行。

1937 年 10 月 5 日起，侵华日军开始对芜湖进行了多轮大规模的轰炸，造成了重大人员伤亡和财产损失。12 月 10 日，日军占领芜湖地区，犯下杀戮、奸淫、抢劫等滔天罪行。

包让目睹了日军种种暴虐行为，于 12 月 10 日和 30 日两次写信给美国驻上海领事馆高思总领事，这两封信被旅美华人陆束屏收录在他的《历史上的黑暗一页 英国外交文件与英美海军档案中的南京大屠杀》（江苏人民出版社 2017 年）、《他们当时在南京 南京大屠杀的英美国民见证》（团结出版社 2023 年版）二书中。据二书所载包让书信，可见日军以下令人发指的罪行。

第一，疯狂屠杀芜湖军民。包让在医院窗口，"见到日军在路上拦截手无寸铁的平民百姓，搜身，没有找到什么，便平静地用枪弹击穿他们的头颅……日军如同猎手猎杀兔子般射杀奔跑的平民百姓。""任何试图过江的小船和舢板均遭机枪扫射。一艘 3 人乘坐的小船遭到如此扫射，漂到医院下方的江岸边，上面的人被送到医院治疗，其中一个人有 10 处枪伤。""医院的男人出去掩埋尸体都不安全，医院太平间的死尸越积越多。做棺材的木料也用完了。最后，只得在医院的大院内挖了个大墓坑，掩埋了 20 具尸体。"

第二，大肆强奸妇女。"日本兵似乎专门寻找中国妇女强奸，因此救这些妇女成了我们数天之中主要的活动之一。得知妇女在城内的藏身之所，不管是在哪儿,我毫不犹豫地驾驶我们的一辆车一起进城,把妇女接走。有些日子,我去了四趟,接回满车的年轻妇女和姑娘。"就在12月17日包让写信当天上午,医院收治一名"可怜的人","他的头有一半在后颈部被砍开,喉部在前面被砍到气管,左面颊被砍削到嘴巴",其原因就是他"没有交出他们要求的女人"。

第三,抢劫横行,连外国人也不放过。包让在信中说日军"肆无忌惮地掳掠毁坏城内的住家,这远远超出了我在中国20年生活经历中的所见所闻。……而日本兵闯入并掳掠城内几乎每一座外国房产。"日军甚至进入位于青山街的美国卫理公会的住宅,"洗劫房屋,随心所欲地拿走东西"。

后来,日军用刺刀等武力手段威逼包让交出芜湖医院大门钥匙,包让坚决不从,成功保护了整座医院和逃入医院的三千难民。

1939年,包让离开芜湖去成都一带,调查中国西部公共卫生状况,并在华西联合大学医院工作。1943年至1945年,任中国旅行服务社医疗顾问,后在美国陆军任医疗文官。1948年5月20日,病故于美国洛杉矶。他主持修建的医院大楼如今仍矗立在弋矶山顶,楼上"信仰、盼望、仁爱、喜乐、和平"十个大字,仍然体现他这位院长的仁爱情怀。

芜湖医院老大楼,现为弋矶山医院内科大楼(章新宇 提供)

张九皋：追求进步的报人

◇ 章征科

张九皋（1887—1963），字可铣，号鹤皋、鹤影，江苏省溧阳屏南堂大屋人，生于一个小店员家里，近代时期芜湖《皖江日报》总编，《工商日报》创始人，是安徽新闻事业开拓者之一，爱国民主进步人士。

安徽新闻事业开拓者

1902年，张九皋16岁时到芜湖，在恒益参号当学徒。恒益参号的店东李心源道德学问书法皆佳，为人称道，但因眼疾，无法阅读报纸，张九皋因读过私塾，粗识文字，故常常为其读报，遇到字句不懂之处，又复听李心源讲解，所以进步很快，能写点短文，并萌发当报人的梦想。后因向《申报》投稿失败后，遂发愤读书。再又因恒益参号搬迁一事的刺激，他循着报人的梦想，开始了人生新的选择。1907年，任上海《南方日报》驻芜访员，旋又被上海《新闻报》、上海《中外日报》聘为访员。在此期间他结识上海《申报》驻芜访员谭明卿，并萌发创办一张反映民众心声和社会进步的报纸的愿望。

为创办这样一份报纸，他联络谭明卿筹划，四处奔波，筹集资金。1910年12月21日《皖江日报》创刊，这是安徽历史上的第一张对开大报，张九皋担任总编。1915年，张九皋在商界朋友和张恒春药店的支持下，又独自创办《工商日报》，任社长，同时仍然担任《皖江日报》的总编。他描述自己办报的目的："我办报就是了后来热心新闻事业的人、开辟一条平坦而光明的道路。""争取一分一秒的时间，报告社会上的新闻，为社会人众服务，以尽我们报人的天职。"

推动社会进步

张九皋与《皖江日报》主笔郝耕仁为提倡白话文，特将《皖江日报》的副刊改编为"皖江新潮"。钱杏邨（阿英）、蒋光慈、李克农等积极撰稿。刘希平、高语罕、卢仲农、王肖山等教育界人士也都积极支持，大力推动安徽新文化运动的发展。在五四运动的大潮中，两报传播新文化，支持学生运动，抨击商界亲日分子，倡议全埠大罢市，抵制日货。在1925年的"五卅"运动中两报同样发挥了重要的宣传鼓动作用。

1918年，张恨水经人介绍到《工商日报》社工作，张九皋任其为文艺副刊编辑。他后将自己在芜湖的所见所闻，以芜湖五四时期学生运动为题材写了一部小说《皖江潮》，在《工商日报》连载，引发广大市民竞相争阅。芜湖进步学生将其改编成剧本，搬上舞台，反响强烈。

张恨水致张九皋书信

助力芜湖革命事业

张九皋从他投身新闻界开始，对社会底层民众疾苦怀有深切同情、对统治阶级的黑暗腐败极其憎恶，主张社会变革。所办报纸以犀利的笔刺，以民众所喜闻乐见的白话文，鞭挞时弊、讽刺抨击地方统治者的贪污腐败行为，一扫旧报坛中萎靡陈腐的八股气息，报纸的风格深受社会各界进步人士和广大民众的欢迎，销量迅速上升。

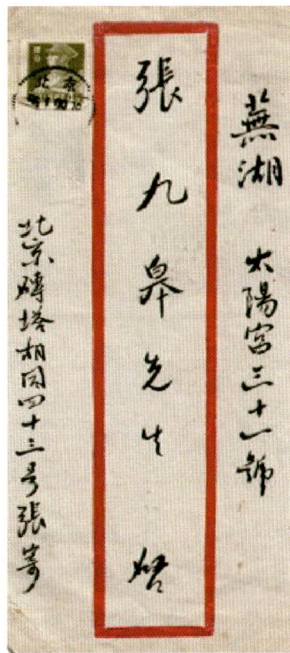

1911年，武昌起义消息传来，张九皋极为兴奋，连写带编，10月12日编发出芜湖第一张宣传辛亥革命武昌起义的"号外"，之后又连续发了三天"号外"，报道辛亥革命的新闻，激发大众的革命热情，对芜湖辛亥革命形势发展起了鼓动作用。

从五四时期始，张九皋成为钱杏邨、蒋光慈、李克农等学生领袖和革命者的知心朋友，报社成为革命者的重要宣传阵地，也是革命者的经常召开会议和活动的联络点。1927年大革命失败，蒋介石下令清党，李克农等一批共产党员转入地下。在张九皋的掩护下，李克农等人先后脱离危险。

在张九皋的精心经营下，报纸不断发展，并拓展了新的业务。1932年，创办了芜湖至南京的长途汽车客运业务，开辟芜湖报界开办其他业务的先河。

全面抗战爆发后，张九皋携带小型印刷机和铅字，带领工商报社的同仁从芜湖撤退到江北三河镇，尽管条件艰难，仍然发行16开《工商日报》（三河版），积极宣传抗战。在流亡途中，张九皋为抗战做了很多实际工作。

1949年4月，人民解放军发起渡江战役，芜湖解放，张九皋欢欣鼓舞。5月张九皋将工商报社的所有财产移交给军管会，并表示说："我办报纸一是为芜湖地方新闻事业的发展，二是为了人民大众，将器材交给人民大众使用，我是很乐意的。"《工商日报》是芜湖第二张历史最长、影响最大的民营报纸。

张九皋的文与诗

张九皋既是有广博知识、追求进步的报人，又是勤于钻研、善于思考、积极追求新知的学者。他酷爱古书、谙熟史学和古代哲学。张九皋晚年加入民革，当选芜湖市政协委员，并在市政协工作。他主要从事古代先民哲学思想和地方文史的研究，撰写《中国古代宇宙思想史》以及一些有关芜湖地方的文史资料。

此外，他也写一些诗。如在抗战中，张九皋在得知郝耕仁病故凉州，赋诗一首："君去西凉我入湘，无奈音书滞一方。忽报故人亡绝塞，遥怜老友又报荒。海上怒涛吞落日，陇头呜咽泣残阳。廿年相处情如水，今日悲君泪几行。"表达了对亡友的深切怀念。1956年，李克农上将回芜湖考察期间，专门前往看望张九皋。张九皋赋诗以为纪念："卅年一别乾坤转，江上相逢乐不支。万里长征餐白雪，三韩制敌耀红旗。异同共处消屏障，世界和平已奠基。今日神州增壮丽，全民忘我更忘私！"这首诗不仅记述二人的交往，见面的喜乐，更表达中国革命胜利对世界的深远影响。

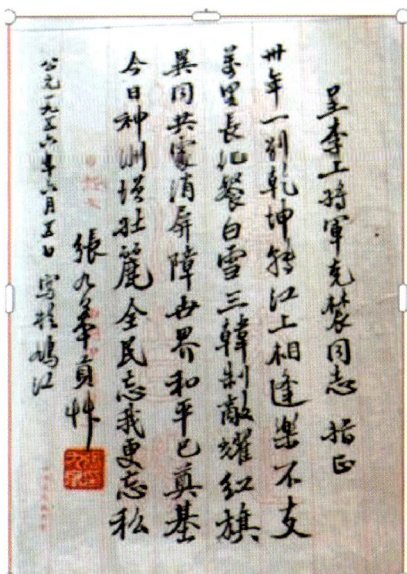

张九皋赠李克农诗手稿

陈绍吾：芜湖裕中纱厂创办人

◇ 沈世培

陈绍吾，安徽石埭（今安徽石台）人，晚清安徽候补道台，曾任北洋政府财政部监察等职，芜湖裕中纱厂创办人。裕中纱厂是芜湖纺织厂的前身，为安徽第一家机器纺纱厂，也是安徽近代最大的机器纺织厂。

创办裕中纱厂

1914年，第一次世界大战爆发，战前充斥中国市场的进口洋纱锐减，市场出现棉贱纱贵的局面，这也给中国民族棉纺织业提供了发展机会。1915年3月，安徽旌德人周学熙再度出任袁世凯政府财政总长兼盐务督办，鼓励兴办纺织工厂，全国各地兴起了一股"纺织热"。芜湖为通商口岸，交通便利，附近安庆、合肥、乌江等地盛产棉花，有利于发展纺织工业。

1916年，陈绍吾疏通了与周学熙的关系，经北洋政府农商部批准，与江干卿（旌德人）、宁松泉（青阳人）等集资在芜湖陶沟以北狮子山下兴办裕中纱厂。裕中纱厂采取官商合办形式，其官股来自陈绍吾等借助与周学熙同乡关系，获准截留本应上缴财政部的皖岸盐业预厘税20万两白银作为"公股"，其中10万两购机器，5万两建厂房，5万两购地皮。1919年，官股即归属中国实业银行。其商股则由陈绍吾等人成立裕中纺织股份有限公司，公开招股计80万银圆，分8000股，每股100元，其中陈绍吾、宁松泉、刘晦之、翟展成分别投资6万、4万、2万和0.5万两白银。两项合计100万两白银。1916年动工建厂，历时3年，1919年5月建成投产。

芜湖裕中纱厂厂区

陈绍吾将纱厂取名为"裕中"，有富裕中华之意。裕中纱厂占地面积70.01亩，主厂房是二层砖木结构，面积4637平方米，分清花、梳棉、粗纱、细纱4个车间，另有2座仓库和1幢办公楼。全部房屋建筑面积共10432平方米。除本厂自制40部木制手摇纱机外，机器设备大部分是从上海订购的英国产品。开工初期有职工1000余人。到年底该厂有18400纱锭，生产"三多""四喜"牌商标的10支、16支粗纱，日产量在40件左右。原料来源大部是江淮棉花，小部分是进口的美国、印度棉。

"扩股"空城计

裕中纱厂创办伊始，就建立了一套管理体系。董事会为企业最高权力机构，第一任董事长为陈绍吾，董事有宁松泉、刘晦之、江干卿、周复久、翟展成等人。由于大部分董事住在上海，在上海专门设立董事会办事处，董事会也多半在上海召开。厂里由总办（即总经理）负责，第一任总办是江干卿。但工厂大权实际上由副董事长刘晦之掌控。他是上海中国实业银行经理，为四川总督刘秉璋儿子，北洋大臣李鸿章女婿。

纱厂开工时，因原棉价低廉，制纱成本低，初起阶段较易获利，1920年、1921年，裕中纱厂还稍有余利。第一次世界大战结束后，英、美等棉纺织品重新倾销中国市场，加之日本在华纱厂所产40支纱本低质优，裕中粗纱市场受到冲击；加上内部经营管理不善，1922年以后，裕中纱厂产品积压，销售停滞，经营日趋艰难。为了维持生产，陈绍吾、刘晦之决意演一场"扩股"空城计，明是亏损，却假说盈利10万多元，并假戏真唱，还按股本分发股息和红利。皖南镇守使马联甲见有利可图，带头入股，其他商号也都争着入股。这场空城计暂时解决了裕中资金不足的问题。

"裕中"梦碎

为了求生存，裕中纱厂采取在厂门口收花卖纱、直接交易的办法，而这引起了芜湖纱号的不满，全市纱号联合起来，拒销裕中纱厂的棉纱。1925年纱厂和纱号的矛盾达到白热化，以至全厂停工。

这时，刘晦之又搬请李鸿章之子，李经方出任裕中董事长，并获得60万元抵押贷款，工厂才又勉强转动起来。李经方委任周孟文为经理，代其主政。在周氏主管期间，贪污舞弊成风，管理混乱。1922年以前，每日产量可达40件以上，而1930年全年只生产8400多件，生产日益萎缩。

1931年芜湖遭遇大水灾，裕中纱厂无法继续开工生产，各股东只得寻求出租。上海的安泰铁工厂经理沈海涛租办裕中纱厂，厂名改为芜湖裕中盈记纺织股份有限公司，但是不久即宣告经营失败。1932年底，天津中国实业银行总行常务董事李季芝出面租办，也由于管理不善，严重亏损。

1937年2月，由中国、实业、上海3家银行经营下的中一银公司，委托赵志游以中一实业公司名义，租办裕中纱厂，并将厂名改为中一纱厂，4月开工生产，经营始有好转。1937年12月，芜湖沦陷，日本侵略军对中一纱厂实行"军管"，由日本裕丰纺绩株式会社接管。

抗战胜利后，国民政府恢复裕中纱厂的名称。1949年1月到4月，只开车11天，裕中又被推向破产绝境。在民国内忧外患的社会背景下，陈绍吾等人"富裕中华"的梦想，在无情的现实面前被击得粉碎。

1949年4月23日芜湖解放，裕中纱厂才获得新生，纱厂由皖南行署购置，成为国营芜湖纱厂，1952年添置织布机形成既纺又织的新型企业，更名为芜湖纺织厂。

年广九：从小商贩到民营企业家

◇ 章征科

年广九（1937—2023），安徽省怀远县找郢乡胡疃年庄人，号称"中国第一商贩""傻子瓜子"创始人、中国杰出民营企业家、中国经济体制改革的标志性人物。

芜湖小商贩

年广九出生之际，当时正值抗日战争时期，花园口黄河大堤被蒋介石炸毁后，黄淮地区成为黄泛区，数百万人丧生，河南安徽数千万人受灾，怀远也多灾多难，庄稼常颗粒无收。1943年，年广九7岁时，世代为农的年氏全家不得已靠要饭逃荒到芜湖。年广九为了养家糊口，从9岁起就跟随父亲肩搭秤杆，早早学会了街头叫卖。

中华人民共和国成立后，年广九依旧随父街头摆摊。其父病逝后，年广九子承父业，独撑门

十九道门巷口的"傻子瓜子"招牌下，年广九提起盘秤，手指上翘，以示公平公正，足斤足两（程从益 提供）

头。但是接二连三政治运动使他的水果摊被当作"资本主义尾巴"给割掉了；贩板栗受到"打击投机倒把办公室"的清查。不过历次的打击没有磨灭年广九的谋生意志。年广九还跟别人学会了炒瓜子。夏天卖冰棒，冬天贩卖鱼，四季卖瓜子，如此循环往复，即使被抓，获释后的年广九却依然"不安分"，在地下偷偷摸摸地发展。多年后，别人问他怎么不长记性，他憨笑着说："都是些小生意，我是小商贩嘛。"

创瓜子品牌

党的十一届三中全会开启了改革开放历史新时期。1979年，中共中央、国务院迅速批转了第一个有关发展个体经济的报告，全国批准开业的个体工商户约10万户。

1980年，年广九正式打出"傻子瓜子"的品牌。"傻子瓜子"牌子一挂出就引来一片叫好声。1982年底，年广九的"傻子瓜子"正式获得了国家注册的商标权。他的生意越来越兴旺，一天可以卖出两三千斤瓜子，他便请来一些无业青年当帮手，到秋天，雇工居然多达12个。

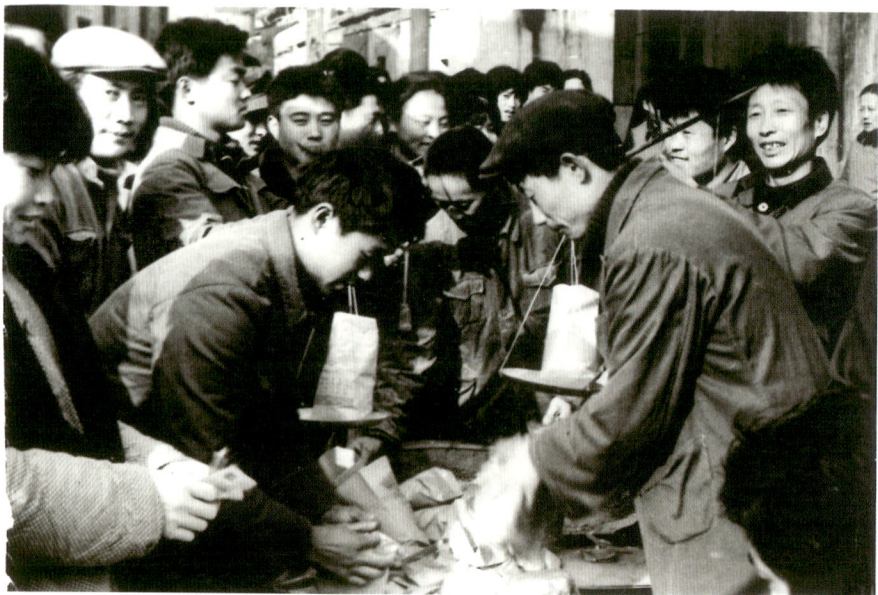

生意火爆的十九道门巷口"傻子瓜子"摊位（傻子瓜子博物馆 提供）

由于"傻子瓜子"的畅销，小作坊不断扩大，很快发展到100多人的"大工厂"。100多人的私人企业，在改革开放初期绝对是个新事物，各种议论纷至沓来。于是，"年广久是资本家复辟"的说法开始传播起来。1983年底，有人把年广九雇工的问题反映到上面，安徽省委派专人到芜湖调查，并写了一个报告上报中央，惊动了邓小平。1984年10月22日，邓小平指出："我的意思是放两年再看，让'傻子瓜子'经营一段，怕什么？伤害了社会主义了吗？"邓小平就姓"社"姓"资"表达的看法保护了他。邓小平南方谈话中又提及他，"农村改革初期，安徽出了个'傻子瓜子'问题，当时许多人不舒服，说他赚了100万元，主张动他，我说不能动，一动人们就说政策变了，得不偿失。"邓小平南方谈话又一次让年广九起死回生。

经商有道

顾客至上。年广九做生意遵循其父"利轻业重，事在人和"的遗训。年广九摆的水果摊，允许顾客先尝后买，顾客满意的，就称几斤，不满意的，尝了不要钱。遇到一些难缠的顾客，买走了水果又跑来算"回头账"，说少给了秤，或少找了钱，年广九都不计较，爽快地补水果、找钱，让顾客满意而去。

甘当"傻子"。由于南方人称北方人为"侉子"，年广九小时候被称为"小侉子"。有时称水果够秤了再拿一个给顾客。邻近摆摊同行说他"傻"，顾客说他规矩，回头客多。天长日久，水果摊的一些同行们既不喊年广九的名字，也不喊"小侉子"，而喊成了"小傻子"。年广九的"傻子"名号因此传开。人家买一包瓜子，他会另抓一把给人家，人家不要，他会硬往人家身上塞。当"傻子"的结果，"我1976年的时候就赚了100万"。

吃苦耐劳。改革开放前，他每天晚上七八点钟开始炒瓜子，一炒几百斤，一气干到第二天早晨5点，洗洗脸，稍微睡一会。7点钟左右又起来，开始把炒好的瓜子分包包好，中午12点左右，人们下班时间到了，就出去偷偷地卖。下午再包，6点钟人们下班时间再卖。1980年，年广九正式打出"傻子瓜子"的品牌。他挑着扁担，前后各挂一个装满瓜子的竹篓，走街串巷叫卖。

销售创新。为了吸引客户，早在1962年，年广九花100多元买了台熊猫收音机，白天摆摊时，他就大声播放收音机，吸引顾客。1978年将瓜子每斤2.4元降到1.76元，并提高农民瓜子的收购价格。这样既保障货源，又扩大了市场。1986年春节前，傻子瓜子公司在全国率先发起有奖销售，并以一辆上海牌轿车作为头等奖，引起更大关注。

改革标志人物

年广九是中国经济体制改革的标志性人物、家喻户晓的芜湖名人、邓小平三次提及的人，号称"中国第一商贩"。因为这个"第一"关联的是影响力，年广九的命运同广大个体工商户、私营企业的命运挂上了钩，成为"80年代民营经济的晴雨表"、被誉为"改革风向标"。

随着改革开放的深入和市场经济不断发展，年广九的理念变得保守落伍，最后慢慢落寞。其子曾对年广九作出这样的评价："他当时之所以出名，是靠新闻炒起来的，……作为'傻子'品牌的拥有者，他很不注意自己的言行，给品牌造成不少负面影响。"芜湖市委原书记金庭柏曾说他是"精明的个体户，蹩脚的企业家"。

当然，时代没有忘记年广九。2018年，年广九入选中央统战部和全国工商联共同评选的"改革开放40年百名杰出民营企业家"。

部分参考文献

艾格尼丝·史沫特莱著,江枫译:《中国的战歌》,北京出版社 2017 年版。

白吉庵著:《胡适传》,人民出版社 1993 年版。

戴澄东著:《戴安澜传》,安徽人民出版社 1998 年版。

邓加荣著:《杨西光传》,光明日报出版社 2011 年版。

繁昌县地方志编纂委员会编:《繁昌县志》,南京大学出版社 1993 年版。

郭仁怀著:《田间论》,安徽文艺出版社 1998 年版。

顾浩修、吴元庆编纂:《无为州志》(嘉庆),黄山书社 2011 年版。

杭州大学宋史研究室编:《沈括研究》,浙江人民出版社 1985 年版。

黄文锡、吴凤雏著:《汤显祖传》,中国戏剧出版社 1986 年版。

胡毓骅:《徽墨世家胡开文》,安徽师范大学出版社 2022 年版。

廖运周著:《讨袁名督柏文蔚》,中国文史出版社 2017 年版。

中共芜湖市委党史和地方志研究室编著:《芜湖历史文化名人——报业先行者张九皋》,安徽师范大学 2021 年版。

陆束屏著,张玉亮译:《他们当时在南京　南京大屠杀的英美国民见证》,团结出版社 2023 年版。

南陵县地方志编纂委员会编:《南陵县志》,黄山书社 1994 年版。

南陵县地方志编纂委员会编:《南陵县志 1991—2000》,黄山书社 2007

年版。

　　宁波市镇海区政协文史资料委员会编：《镇海海洋文化专辑》，中国文史出版社2013年版。

　　石原皋著：《汪孟邹与辛亥革命》，《安徽文史资料选辑》第13辑，安徽省出版局1983年版。

　　沈寂著：《陈独秀传论》，安徽大学出版社2007年版。

　　施昌旺、周雪晴著：《王稼祥传》，安徽人民出版社2019年版。

　　《谭震林传》编纂委员会：《谭震林传》，浙江人民出版社1992年版。

　　唐俊著：《萧云从考论》，团结出版社2021年版。

　　芜湖市地方志编纂委员会编：《芜湖市志》，社会科学文献出版社1995年版。

　　芜湖市地方志办公室、芜湖市政协文史资料办公室：《芜湖名人录踪》，黄山书社2008年版。

　　芜湖市鸠江区地方志编纂委员会编：《鸠江区志》，黄山书社2008年版。

　　芜湖市党史和地方志办公室编：《江静听潮声——芜湖近现代百年人物》，黄山书社2016年版。

　　汪世清、汪聪编：《渐江资料集》，安徽人民出版社1984年版。

　　无为县地方志编纂委员会编：《无为县志》，社会科学文献出版社1993年版。

　　吴家荣著：《阿英传论》，安徽教育出版社2009年版。

　　王军著：《高语罕传》，人民出版社2019年版。

　　王敏林编著：《无为党史人物传》，团结出版社2022年版。

　　徐乃昌等纂修：《南陵县志》，黄山书社2007年版。

　　解玺璋著：《张恨水传》，北京十月文艺出版社2018年版。

　　姚永森著：《中共秘密战线首脑——李克农传奇》，安徽人民出版社1989年版。

　　余谊密主修、鲍实编纂：民国八年《芜湖县志》，黄山书社2008年版。

　　姚昆仑著：《梦圆大地：袁隆平传》，中国地图出版社2015年版。

　　中共安徽省委中级党校政治经济学教研室编：《芜湖纺织厂史》，安徽人民出版社 1960 年版。

叶之茂主编,中共芜湖市委党史办公室编:《中共名人在芜湖》,安徽人民出版社 1991 年版。

中共无为县委宣传部编:《无为名人》,中国文联出版社 2011 年版。

中共芜湖市委党史研究室编:《先驱的足迹　芜湖革命史党员干部教育读本》,安徽师范大学出版社 2014 年版。

中共芜湖市委党史和地方志研究室编:《中国共产党芜湖历史大事记》(1921—2021),中共党史出版社 2021 年版。

中共芜湖市委党史和地方志研究室编:《芜湖历代诗词》,安徽师范大学出版社 2022 年版。

中共芜湖市党委史和地方志研究室著:《中国共产党安徽芜湖历史》,中共党史出版社 2023 年版。

屠筱武、邹义开主编:《安徽著名历史人物丛书·军事将领》,中国文史出版社 1991 年版。

张恺帆著:《张恺帆诗选》,安徽文艺出版社 1995 年版。

张羽、铁凤著:《恽代英传》,中国青年出版社 1995 年版。

郑茂松著:《傻子沉浮录》,杭州出版社 1997 年版。

政协无为县委员会编:《百年沧桑话无为》,安徽大学出版社 2006 年版。

张人亚革命事迹调研组编:《张人亚传》,学林出版社 2011 年版。

后　记

芜湖是座开放的城市，自从汉代设县以来，本土人才与外来人才一起，齐手并肩，持续发力，将芜湖建设成长江流域的一颗璀璨明珠。为了进一步弘扬芜湖历代名人的功绩和奉献精神，继承优秀的历史文化，芜湖市委宣传部决定编写一本以历代名人与芜湖为中心的图书，经过讨论，最终命名为《说著芜湖数风流》。书名综合北宋诗人林逋"说著芜湖是胜游"、苏轼"千古风流人物"和毛泽东"数风流人物"等诗句而成，全书收录古今中外芜湖历史上100位人物，重点关注他们在芜湖的生活、业绩。

本书从2023年底开始谋划，今年初正式启动。承芜湖市委宣传部和本书编委会的信任，让我担任主编。我在芜湖学习和工作40年，对芜湖充满感情，因此也乐意为地方文化建设贡献绵薄之力，并借机进一步学习芜湖历史文化。本书得以顺利完成，首先要感谢芜湖市委宣传部坚强有力的领导。宣传部组织成立编委会，协调各县区相关部门的资源，多次召开推进会、审稿会、协调会，从而保证了本书的质量和进度。其次，要感谢编委会的有关专家。从确定编写体例、入选名单到图片征集、校对文字、确定书名、封面设计，编委会都贡献了集体智慧和力量。其三，要感谢本书的作者队伍，在百忙之中，克服时间紧、任务重等困难，及时交稿。最后，感谢安徽师范大学出版社的高度重视和大力支持。

本书中图片除部分源自网络，大部分都由编委会协调相关部门和专家提供。全书成于众手，加之编者精力和水平有限，错误之处，在所难免，敬请广大读者批评指正。

胡传志

2024 年 12 月 2 日